KB200380

나는 오늘도 꿈을 꿉니다

사랑의 왕진가방 계속되는 이야기

나는 오늘도 꿈을 꿉니다

지은이 | 박세록
초판 발행 | 2021. 1. 13
2쇄 발행 | 2021. 1. 14
등록번호 | 제1988-000080호
등록된 곳 | 서울특별시 용산구 서빙고로 65길 38
발행처 | 사단법인 두란노서원
영업부 | 2078-3352   FAX | 080-749-3705
출판부 | 2078-3331

책값은 뒤표지에 있습니다.
ISBN 978-89-531-3942-8 03230

독자의 의견을 기다립니다.   Printed in Korea
tpress@duranno.com   www.duranno.com

두란노서원은 바울 사도가 3차 전도여행 때 에베소에서 성령 받은 제자들을 따로 세워 하나님의 말씀으로 양육하던 장소입니다. 사도행전 19장 8-20절의 정신에 따라 첫째 목회자를 돕는 사역과 평신도를 훈련시키는 사역, 둘째 세계선교(TIM)와 문서선교 (단행본·잡지) 사역, 셋째 예수문화 및 경배와 찬양 사역, 그리고 가정·상담 사역 등을 감당하고 있습니다. 1980년 12월 22일에 창립된 두란노서원은 주님 오실 때까지 이 사역들을 계속할 것입니다.

사랑의
왕진가방
계속되는
이야기

나는 오늘도
꿈을 꿉니다

박세록 지음

두란노

차례

3
Part

사랑의 왕진가방 박세록 장로의 계속되는 사역

하나님의 허가를 받았습니다

예수님,
이곳에도 빨리 오세요

나는 오늘도 그 아이들의 꿈을 꿉니다.
나쁜 곳으로 팔려가기 직전 우리 팀이 즉석에서 모은 헌금으로 구하여
현지의 한 가정에 키워 달라고 맡겼던 열세 살 먹은 여자아이.
작고 왜소한 몸에 머리통만 유난히 큰
열다섯 살 먹은 남자아이.
독풀을 잘못 먹고 죽은 엄마의 가슴을 파고들며
힘없이 울던 어린 아기.
척추의 아래쪽에 구멍이 뚫려 척추액이 줄줄 흐르던
선천성 기형을 가진 아이.
죽지도 않는다고 엄마가 한탄하던 아이.
홍역을 앓다가 폐렴으로 죽어
코와 입에서 거품이 흐르던 아이.

그러나 나의 꿈속에서는 이 아이들이 건강한 모습으로
푸른 들판을 뛰어놉니다.
아이들을 사랑의 눈으로 바라보며 두 팔을 벌리고 계시는

예수님이 계시기에.

나는 오늘도 꿈속에서
엄마들의 힘없는 울음소리를 듣습니다.
죽은 아이의 얼굴에 자기의 뺨을 비비며
"나는 어찌하라고, 나는 어떻게 하라고" 하며 외치던 엄마.
차라리 아이와 같이 죽게 해 달라고 조르던 그 엄마.
8개월 만삭의 몸으로 팔려가며 살려 달라고 외치던
주은이 엄마.

그러나 나는 따스한 손길로
그들의 머리를 만져 주시는 예수님의 인자한 모습을 봅니다.
한결같이 "예수님, 이곳에도 빨리 오세요.
그래야만 우리도 살 수 있어요" 외치는 그들의 모습을 봅니다.
나의 이 소박한 꿈이 하루속히 이루어지기를 소원하며
나는 오늘도 그들의 꿈을 꿉니다.

나는 오늘도 그들의 꿈을 꿉니다.
밭일하다가 고혈압과 당뇨로 쓰러져 병원에 실려 온 60대 노인.
이후 퇴원할 때 그가 짓던 순박하고 환한 표정을 잊을 수 없습니다.
내외가 멀리서부터 함박웃음을 지으며 달려와
나를 덥석 안고는

"선생님 덕분에 살았습니다, 고맙습니다" 합니다.
말은 통하지 않았지만 눈물 흘리며 손을 놓지 못하는 그들을
지금도 잊을 수 없습니다.
이것이 "물댄동산 프로젝트"의 시작입니다.

공장에서 기계를 다루다 손을 크게 다친 30대의 젊은 청년.
너무 아파서 3일 동안 잠 못 이루었다는 말에 마음이 찡해
치료비를 손에 쥐어 주고 큰 병원으로 보냈습니다.
3개월 후 그는 나를 찾아와 눈물 흘리며 감사 인사를 했습니다.
나는 그의 손에 작은 십자가 목걸이를 걸어 주었습니다.

냉동 창고의 시멘트 바닥에서
생선 골라내는 일을 하던 20대의 젊은 여성.
생리대가 없어 아래쪽을 신문지로 막고 일을 했더니
그곳이 곪고 헐어 고통스러워했습니다.
그녀의 손을 잡고 우리 팀은 같이 울었습니다.
이것이 계기가 되어 "여성 생리대 보내기" 운동이 시작되었습니다.

매년 심장병 어린이들을 모아
치료와 수술을 받게 한 뒤에
그 아이들이 건강하게 자라는 모습을 볼 때
우리도 같이 감격했던 일들.

한국의 개안 수술 단체들이 우리 병원을 찾아와
시력 수술을 하고 눈을 뜨면
"보인다" 소리치며 기뻐하던 모습.
우리 병원의 다락방을 찾아와
겨울 외투, 신발, 생필품들을 가지고 가면서
내 손에 눈물 흘리던 그들.

열심히 고기를 팔았는데 사람들이 돈을 주지 않아
3일을 굶고 견디다 못해 나를 찾아온 두 남성.
그들 손에 돈을 쥐어 주었더니 주저앉아 엉엉 울던 그들.

소련 연해주에서 의료봉사를 하면서 집회를 하면
1,000명이 넘는 사람들이 "아민, 아민"(아멘) 하며 힘차게 외치던 모습.
그들과 함께 감사의 기도를 드리면서
그들의 눈물을 닦아 주던 그 순간들을
지금도 잊을 수 없습니다.
그래서 나는 오늘도 그 긴 시간들이 씨앗이 되어
열매 맺기를 소망합니다.
"주님, 그곳에만 계시지 마시고
하루속히 이곳에도 오셔서
이들의 기도를 들어주옵소서" 구합니다.
그날이 곧 올 것을 믿으며 나는 오늘도 꿈을 꿉니다.

강을 건너

세계 선교로

○

사랑의 왕진가방
박세록 장로의
삶과 사역

chapter 1

하나님을
찾으라,
네가 살리라

동반자에서
동역자로

박 권사와 저는 54년째 같이 살고 있습니다. 아내를 만난 때는 제가 부산 군수기지 사령부 의무대장으로 군복무를 할 때였습니다. 당시 저는 퇴근한 후 일할 아르바이트 자리를 찾고 있었습니다. 그때 어떤 분이 웨슬레병원 원장님(이후 장인어른)을 소개해 주셨는데, 원장님이 집으로 초청해 주셔서 간 자리에서 지금의 아내를 만났습니다. 첫눈에 '내 사람이다' 하는 마음이 생겼습니다. 우리는 재미있게 데이트를 시작했지만, 당시 형편이 결혼은 꿈도 꿀 수 없었던 터라 미국에서 결혼하자며 서로 마음을 나누었습니다.

아내는 참 예쁘기도 하지만 마음이 착합니다. 어려운 형편에 있는 저를 잘 이해하고 제 생각을 편안하게 잘 따라 주었습니다. 그때 아내는 피아노 레슨을 하면서 번 수입을 제 군인 월급에 보태 매달 어머니의 생활비로 보내 드렸습니다. 이 일은 1965년 미국으로 와서도 이어졌고, 어머니의 생활비에 덧붙여 동생들 학비까지 감당하게 되었습니다. 아내는 제가 레지던트 훈련을 받는 동안 아이들과 본인의 옷을 손수 지어 입으면서까지 아끼고 모아 서울에 계신 어머니를 정성껏 섬겼습니다.

돌이켜 보면 아내 덕분에 우리 가족이 살아남을 수 있었습니다. 그래서 제게 아내는 '하나님이 주신 평생에 가장 큰 선물'이고, 제 삶의 시작이며 현재이며 미래입니다. 아내는 나이가 들어 갈수록 더 긍정적이고 적극적인 사람이 되었습니다. 강한 신앙의 힘으로 많은 경우 저를 격려하고 항상 "우리는 할 수 있습니다. 하면 돼요" 하며 큰 용기를 주는 제 동반자입니다.

1987년 우리 부부는 아이들 셋을 큰딸 수지에게 맡기고 인도 선교를 떠났습니다. 저는 항상 저 자신이 지금까지 참 많은 고난의 시련을 받았다고 생각하며 살아왔습니다. 그런데 인도에서 세상에는 정말 힘들게 살아가는 사람들이 많고, 특히 그 땅에는 단 한 번의 기회도 얻지 못한 채 생명을 포기하고 죽어 가는 영혼이 많다는 사실을 알고는 얼마나 큰 충격을 받았는지 모릅니다. 제가 누구보다 큰 축복을 받았고, 특히 영적으로 하나님의 자녀가 되었다는 사실을 다시 한번 깨달아 감사하는 좋은 기회가 되었습니다.

처음 인도를 가게 된 것도 주님이 강권적으로 이끄신 좋은 기회였습니다. 그때 아내는 주님이 우리를 쓰고자 부르신다는 사실을 바로 알아채고는 "좋은 기회이니 우리가 가야 합니다" 하며 적극적이었습니다. 그때 저는 하나님이 제게 주신 달란트로 나만을 위해 사는 것이 아니라 병들어 고통받는 불쌍한 환자들을 치유하고 그들의 생명을 살리는 것이 나를 향한 주님의 뜻이라는 사실을 깨달아 가는 과정 중에 있었습니다. 인도를 시작으로 우리의 삶이 얼마나 많이 달라졌는지 모릅니다. 오늘 여기까지 오게 될 줄은 전혀 알지 못했습니다. 정말 새로운 시작이었습니다.

우리는 미국 동부에서 뉴욕으로, 뉴욕에서 서울로, 대만으로, 그리고 인도 뭄바이까지 이동했습니다. 그때 아내는 비행기 안에서 고약한 냄새에 반죽음이 된 저를 일으키고 격려해 주었습니다. 뿐만 아닙니다. 뭄바이에 도착해서는 전기도 없는 깜깜한 숙소에서 수돗물에 흙 찌꺼기가 쌓인 줄도 모르고 마시고는 탈이 나고 말았습니다. 다음 날 아침 택시를 타고 병원으로 가는 길이 아직도 기억 속에 생생합니다. 손발이 없는 앵벌이 아이들이 택시를 붙잡고 늘어지며 돈을 구걸하던 모습, 소와 사람과 자동차가 한데 범벅이 되어 진땀을 흘렸던 그 순간 말입니다. 제 손을 잡고, 끌고, 순간순간 넘길 수 있도록 도와준 아내가 없었다면, 저 혼자였다면 결코 해 내지 못했을 일입니다.

뭄바이 대학에서 강의가 끝나면 원래 작정했던 대로 호텔은 사양하고 게스트하우스에 머물렀습니다. 방갈로르, 마드라스, 그리고 다시 델리 등 인도 남북을 다니면서 강의를 했고, 그 사이사이 시골 마을에서 의료봉사를 했습니다.

이때도 아내는 훌륭한 격려자가 되어 주었습니다. 환자들을 진료하는 동안 왕 모기 떼가 달려들었기에 우리는 40도에 달하는 고온에도 긴 소매, 긴 바지로 무장해야 했습니다. 저는 그만 숨이 막혀 죽을 것 같은데 아내는 "여기서 죽으면 순교예요"라고 말하며 더 열심히 환자들을 대하고, 친절하게 약을 나눠 주고, 저를 돕고 챙겨 주었습니다. 그리고 가끔 제게 "남자가 뭐 이런 것을 가지고 그러세요?", 또는 "믿음으로 이겨야 합니다"라는 말로 힘을 주었습니다.

이제 아내는 연약하고 병투성이인 남편을 살려야 한다면서 취미로 열심히 공부해 온 식품 분야 전문가가 되었습니다. 매일 한 끼도 빠지지 않고 식이요법으로 정성을 다해 먹이고 돌보아 주니 몇십 년간 매일 한 줌씩 먹던 약들이 어느 날엔가 다 끊어져 의사들이 깜짝 놀랐습니다.

이처럼 아내와 저는 자연스럽게 동반자에서 한 걸음 더 나아가 동역자가 되었습니다. 우리는 어디를 가도 함께합니다. 특별히 저는 아내가 없으면 힘이 빠져 불안합니다.

언젠가 미국 교회 주일 집회에 초청되어 간증과 말씀을 전할 기회가 있었습니다. 많은 성도님이 감동을 받으셨습니다. 그때 담임목사님이 권면하셔서 즉석에서 봉헌하는 시간을 가졌는데 5,000달러가 조금 넘게 모였습니다. 담임목사님이 매우 기뻐하시면서 "이 자리에 사모님도 같이 오셨는데 사모님의 이야기도 들어 보고 싶습니다" 하며 제 아내를 연이어 단에 세워 주셨습니다. 아내가 간증을 한 후 다시 봉헌을 했는데 성도님 한 분이 1만 달러를 헌금하셔서 모두가 크게 놀랐습니다.

그 후 지금까지 우리는 북한에도 함께 갑니다. 아내의 말인즉, 혹시 무슨 일이 일어나도 자기가 있어야 한다는 것입니다. 이제는 아내가 하라는 대로 하면 편안합니다. 아내는 저를 잘 돌보아 주고, 사역에 큰 힘을 보태 줄 뿐 아니라, 항상 제 곁에 있는 참 좋은 동반자요 동역자입니다.

둘이 아니고
셋이에요

2007년 12월 우리는 세계 해외 주재 한인 대표 디아스포라 67명을 한 팀으로 임산부와 어린아이들을 위한 영양제를 생산하는 북한의 SAM평양제약공장 개원식에 참석했습니다.

병원은 우리가 원하는 대로 자유로운 출입과 시술을 하려면 시간이 더 많이 필요할 것이라 판단해 우선 인도적인 지원 차 임산부와 어린아이들의 건강을 도울 수 있는 방법으로 제약공장을 만들어 전국에 보급하자는 계획을 세웠습니다. SAM제약공장을 평양시 선교동에 세우고 RUTF(Ready to Use for Therapeutic Food, 임산부와 어린아이들을 위한 영양제 등 응급영양식품) 제조공장을 만들어 응급영양식품을 전역으로 분배했습니다. 하지만 더 이상 약속한 대로 분배를 확인할 길이 없어 1년 후에는 중단했습니다.

SAM평양제약공장 개원 후 그 주일에 칠골교회에서 다 같이 모여 예배를 드렸습니다. 우리는 가기 전에 미리 책임자들과 의논하고 예배가 끝난 후에 연이어 성찬식을 하겠다는 허락을 받았고, 성찬식에 필요한 포도주와 기구들을 준비했습니다.

북한 사람들은 그때까지 성찬식이 무엇인지 잘 몰랐던 것 같습니다. 성찬식이 무엇이냐고 묻는 말에 "예배를 드리면서 우리끼리 작은 잔으로 포도주를 마시는 예식입니다"라고 간단하게 설명했더니 "그래요, 알아서 하십시오"라고 답해 허가를 받았던 것입니다. 우리가 예배를 드리고 있을 때 마침 한국 대형 교회 성도들 100여 명이 그곳에 병원을 짓기 위해 방문한 후 칠골교회를 찾았다가 우리가 성찬식을 하는 장면을 보았습니다.

예배가 끝난 후 우리 팀 목회자들이 차례로 등단해 말씀을 읽고 통성기도를 시작했습니다. 모두 손들고 "주여" 삼창을 했습니다. 나중에 들은 이야기이지만, 밖에서 우리를 안내하는 사람들은 안에서 난리가 난 줄 알았답니다.

꿈에도 그리는 조국의 통일과 화해를 위해 기도하는 그 순간을 얼마나 기다렸던지, 우리는 모두 감격과 감사의 눈물을 흘렸습니다. 포도주 잔을 돌리는 순간 모두가 간절한 기도와 애통하는 마음으로 하나 되었습니다. 그런데 우리가 눈물 흘리며 통성으로 기도할 때 북한 측 찬양대원들 중에 우리와 같이 눈물을 흘리는 사람들이 있었습니다. 예수님 안에서 우리는 하나입니다. 성령 안에서는 남과 북이 없고, 원수도 없고, 오직 하나 된 우리가 있을 뿐입니다.

맨 앞 좌석에 저와 아내 둘이 앉아 있었는데, 우리도 감동이 되어 손을 잡으며 말했습니다.

"우리 둘이서 같이 손잡고 기도합시다. 이 얼마나 아름다운 순간 이오."

그런데 그 순간 아내가 "둘이 아니고 셋이에요"라고 말하는 것이 아닙니까. 그래서 "셋이라니 누가 또 있단 말입니까?"라고 묻자 아내 가 이렇게 말했습니다.

"여기까지 인도하시고 또 지금도 우리와 함께 우리 곁에 앉아 계 신 예수님이 계시잖아요."

저는 그 말에 가슴이 울컥했습니다. 우리는 간절히 기다리고 기다 리던 귀한 시간에 감사, 감격해 두 손 들고 통성으로 기도했습니다. 어떤 사람들은 일어서서 두 손 들고 기도하고, 또 어떤 사람들은 바 닥을 치며 기도했습니다. 그 모습을 보던 북한의 찬양대원들 중에 우 리를 따라 떡과 잔을 받아 들고 눈물을 흘리는 사람들이 늘었습니다.

우리는 항상 잊고 살아가지만, 예수님은 항상 우리 곁에 계시며 우 리를 긍휼히 여기셔서 새 힘을 주시고 선한 길로 인도하심을 다시 알 게 되었습니다. 그리고 한편으로 내 생각, 내 행동으로 항상 앞서가 며 두려워하고 놀라고 힘들어하던 제 모습이 선명하게 보이는 순간 이었습니다. 우리를 버리지도, 떠나지도 아니하시는 주님이 지금 여 기에도 함께 계심에 감사하고 감격합니다.

그리운
나의 아버지

저의 아버지는 46세에, 제가 대학교 2학년 때 세상을 떠나셨습니다. 원산의 큰 공장을 다 버리고 부산으로 넘어와 고생 끝에 장사를 하셨지만, 그 유명한 부산 국제시장에 큰불이 나는 바람에 전 재산을 모두 잃으셨습니다. 이후 맨주먹으로 서울로 올라와 겨우 남대문시장 한 모퉁이에서 양말 장사를 시작하셨습니다.

제가 서울의대 합격 소식을 전해 드리니 아버지는 눈물을 흘리면서 제 손을 잡고 가서 맛있는 국밥을 사 주셨습니다. 다른 대학에 비해 등록금이 절반도 안 되는 금액이었지만, 우리 가정에게는 역부족이었습니다. 아버지는 아무 말씀이 없으시다가 마지막 날 돈 봉투를 제게 건네시며 등록을 하라고 하셨습니다. 저는 그 돈이 어디서 난 것인지 생각할 겨를도 없이 그저 감사하고 기뻤습니다.

후에 안 일이지만, 당시 아버지는 여기저기서 일수 돈을 빌리셨습니다. 그때부터 매일 갚아야 하는 빚을 진 자가 되어 시달림을 받으셨고, 여러 사람이 한꺼번에 몰려와서 고성이 오가면 그때마다 아버지는 "죄송합니다. 돈을 통째로 버스 안에서 도둑을 맞았습니다" 하며 머리를 숙이셨습니다. 아버지가 "우리 아들이 의사가 되면 몇 배로 갚아 드리겠습니다"라고 말씀하시면, 돌아오는 말은 "그 처지에 기간도 길고 돈도 많이 드는 의과대학을 가는 자도 미친놈이고 보내는 사람도 미친놈이다"라는 비난조의 말이었습니다. 그 후부터 아버지는 제게 법대를 가서 판검사가 되라고 말씀하셨고, 돌아가시기 전날까지도 법대에 가서 고시를 볼 것을 권면하셨습니다.

당시 우리 가족은 단칸방에서 아버지 병수발까지 하면서 어렵게 살았습니다. 그룹 과외를 하느라 따로 나가 있던 제가 집으로 갈 때마다 우유와 달걀, 고기 조금을 사 가지고 가면 한참 제 손을 잡고 우시던 아버지 모습이 지금도 눈에 선합니다.

대학 입학 후 2년이 지난 어느 날 아버지는 지병으로 돌아가셨습니다. 그날은 혹한 추위에 꽁꽁 얼어붙어 제 평생에 제일 추웠던 날이라 기억됩니다. 제대로 장례를 치를 수 있는 형편이 안 되니 동네에 있는 교인들이 많이 도와주셨고, 친구들의 도움으로 산소 자리를 정한 후 큰 돌을 옮겨 비석으로 세웠습니다. 얼어붙은 바위 땅을 간신히 파고 그곳에 아버지를 묻어 드렸습니다.

저는 추위보다도 마음이 너무 서러워 목 놓아 울었습니다. 아버지는 이 공평하지 못한 세상의 희생물이 되신 것입니다. 아버지의 한 많은 세상을 이기는 힘이었던 "아들이 성공하면 며느리 앞세우고 서울 구경 다닐 거야"라는 소박한 음성이 아직도 귓가에 생생합니다.

그러나 아버지의 사랑을 깨달은 것은 많은 세월이 지난 후였습니다. 아버지의 고생과 고난은 모두 오늘의 저를 있게 하기 위한 희생이었으며, 하나님은 아버지를 쓰셔서 저에게 많은 것을 배우게 하셨습니다. 저는 아버지의 모습을 보며 많은 것을 배웠습니다. 가난한 자, 연약한 자, 병든 자를 보고 지나치지 못하는 마음이 그때 생겼고 실천할 수 있도록 가르쳐 주신 때도 그때였습니다. 아버지가 너무 보고 싶고 죄송한 마음이 가득합니다.

아버지는 참 착하시고 인정도 많으셨습니다. 그러나 말년에는 피난살이를 하면서 연달아 실패하자 약한 모습을 보이셨습니다. 가장 힘든 사람은 어머니셨고, 그다음은 맏아들인 저였습니다.

그 시련을 지나면서 스스로 맹세한 것들이 있습니다.

'가족을 힘들게 하지 않는 남편과 아비가 되어야 한다.'

굳게 다짐했습니다. 그리고 자식의 미래를 위해 아버지가 목숨 걸고 나의 첫 학비를 만들어 주셔서 오늘의 내가 있게 하신 것처럼, '자식들의 미래를 위해 내 모든 것을 희생할 수 있는 자가 되겠다'고 소원했습니다.

그런데 아버지는 제게 엄청난 짐을 남기셨습니다. 의과대학 2학년이던 장남에게 세상 물정도 모르시는 어머니와 동생 4명을 맡기고 미련도 없이 훨훨 가셨습니다. 동생들을 공부시키고, 결혼시키고, 어머니를 끝까지 잘 모신 것은 모두 최선을 다해 감당해 준 아내 덕분입니다. 모든 것이 하나님의 은혜입니다.

오늘 제가 있기까지, 당신은 굶으면서도 아들은 먹이려고 참고 견디신 부모님이 계셨습니다. 그분들의 희생과 헌신이 있기에 제가 존재하는 것입니다. 저는 부모님으로부터 남을 섬기고 도움을 주며 사는 삶을 배웠습니다. 이 모두가 하나님의 사랑이요 은혜임을 알게 된 것은 많은 세월이 흐른 후였습니다. 그 덕분에 저는 착한 아내, 자녀들, 이제는 손자, 손녀와 함께 행복하게 살고 있습니다.

God is
Provider

사역을 시작하고 미시건주를 떠나 캘리포니아주로 옮기기 전이었습니다. 아내와 함께 종종걸음으로 비행장 내를 걸어가고 있었는데, 갑자기 앞에서 남성과 동행하던 여인이 "Hi, doctor Park!" 하면서 반갑게 인사를 했습니다. 그러고는 갑자기 옆에 서 있는 남성에게 저를 소개하며 말했습니다.

"이분이 나를 임신시킨 사람입니다."

그 말을 들은 저도 깜짝 놀랐지만, 더 놀란 사람은 제 곁에 선 아내와 그분 곁에 있는 남성이었습니다. 모두 이상한 눈으로 그분을 쳐다보았습니다. 어색해진 상황을 금세 눈치챈 그분은 자기가 말실수를 했다며 표현을 정정했습니다.

"이분은 제가 임신하도록 도와준 의사 선생님입니다."

그제야 모두 안심하고 한바탕 함께 웃었습니다.

그분은 10년이 넘도록 아기를 가지지 못해 임신에 좋다는 일은 다 해 보았지만 성공하지 못하고 결국은 인공수정을 하기 위해 저를 찾아왔습니다. 제가 당시 대학에서 불임전문센터를 맡고 있었기 때문입니다. 다행히도 두 번째 인공수정에 성공해 아이를 낳았습니다. 이후 몇 번이나 감사 카드와 선물을 보냈기에 저도 잘 기억하고 있었습니다.

그분은 노스웨스트항공사에 고위 중역으로 있는 분이었습니다. "어디를 그렇게 급하게 가세요?"라는 질문에 간단히 평양제3병원 및 사역에 관해 설명해 주자 감동받은 그분은 자기가 무엇을 도와줄 수 있을지 생각해 보겠다고 했고, 우리는 헤어졌습니다.

일본 동경행 비행기를 타고 앉아 있을 때였습니다. 기내 방송에서 우리 일행 8명의 이름을 부르더니 비즈니스석으로 안내해 주었습니다. 이유를 들어 보니, 항공 회사 고위 담당자가 우리 좌석을 변경해 주었다고 했습니다.

비즈니스석을 이용한 날은 그날만이 아니었습니다. 그분은 이후 가끔 자리가 허락되면 비즈니스석을 내 주었고 우리가 들고 메고 나르는 의료기계들을 중국 북경까지 무료로 비행기에 실어 주었습니다. 주님의 섭리는 참으로 놀랍습니다. 지금 생각해도 정말 놀라운 주님의 준비하심입니다.

하지만 중국 북경에서의 상황은 달랐습니다. 북경에서 북한행 비행기를 타려면 의료기계들에 대해서도 전부 운임을 물어야 했습니다. 우리가 "이 의료기계들은 우리의 동족들을 치료하고 생명을 살리는 일에 쓰일 것입니다. 운임을 절약하면 다음에는 더 많은 기계를 가지고 올 수 있습니다"라고 아무리 설명해도 소용없었습니다. 그들은 "우리는 그런 것 모르고, 짐을 실었으면 운임을 내시오" 하며 강경했습니다. 주님이 직접 준비하신 믿는 자들과 믿음을 알지 못하는 자들이 확연히 다름을 느낄 수 있었습니다.

그리고 평양에 도착하기까지 수고로운 일을 해야 했습니다. 그 무거운 의료기계들을 손수 옮겨야 한다는 것이었습니다. 우리 일행은 평소 무거운 짐을 들거나 힘든 일을 하지 않던 사람들이라 일이 다 끝나고 나면 허리 병이 나거나 몸살이 나서 드러눕고 말았습니다.

그런데 의료기계들을 받는 사람들이 제일 관심 있어 하는 것은 따로 있었습니다. 기계들의 가격이었습니다. "얼마입니까?"라는 그들의 질문에 "1만 달러는 될 것입니다"라고 답하면, 그들은 기계 값을 금방 부풀려 적었습니다. 값이 높을수록 더 큰 공로를 인정받을 수 있기 때문입니다.

하나님은 우리를 계속해서 지켜보시고 준비하고 계십니다(God is provider). 하나님의 명령으로 100세에 얻은 아들 이삭을 모리아산에서 번제로 드리는 아버지 아브라함의 마음이 어떠했을지 우리는 잘 알 수 있습니다. 그러나 그는 말씀에 순종했습니다. 아브라함이 아들을 칼로 치려는 순간, 하나님이 그를 막으시고 미리 예비하신 뿔이 수풀에 걸려 있는 숫양을 대신 바치게 하셨습니다. 이로써 이삭이 살게 되었습니다. 순종이 먼저이고, 그러면 하나님이 모든 것을 준비하십니다. 지나고 보면 모든 것이 '여호와 이레'입니다.

사실 그때는 내가 능력이 있어 내가 하면 된다고 착각했습니다. 하지만 알고 보니 하나님은 치밀하게 계획하시고, 보시고, 준비하셨다가 때에 따라 일을 이루어 주셨습니다. 내가 한 것이라 오해하고 우쭐해하는 저를 보고 환하게 웃으시면서 "그래, 잘했다" 하며 빙긋이 웃으시는 하나님, 감사합니다. 처음부터, 아니 그보다 훨씬 전부터 모든 일을 하나님이 직접 하셨고, 제게 그 일을 맡겨 주셨음을 알게 된 것은 먼 훗날이었습니다.

은혜는 돌에, 원수는 강물에

박 권사의 부친은 1·4후퇴 때 원산 시장을 지내면서 미 해군 LST(Landing Ship Tank, 전차 상륙용 함정)의 도움으로 4,000명을 실어 부산과 제주도로 피난시키셨습니다. 그래서 대통령상도 받으셨습니다. 그때 미국이 도와주지 않았다면 다른 사람들은 말할 필요도 없이 지금의 아내도, 우리 가족도 없습니다.

아내는 원산에서 1·4후퇴 때 남쪽으로 피난을 왔고, 우리 가족은 해방 후 소련 군인들의 횡포에 밤만 되면 여기저기에서 여인들의 울음소리가 들려 더 이상 견딜 수 없게 되자 아버지가 식구들을 명태 배에 실어 남쪽으로 먼저 보내셨습니다. 처음에는 중간에 붙잡혀 오지 못했고, 두 번째에는 무사히 삼척으로 갔습니다. 그런데 그 일이 남한으로 와서 고난을 이기고 살아남는 힘이 되었습니다. 우리 부부는 원산 동향 사람이라 당시 처참했던 현장에서 그날그날 죽지 않고 산 것이 기적임을 함께 체험했습니다. 게다가 오늘날 우리가 이렇게 잘 먹고 잘 살 수 있을 것이라고는 생각지도 못했습니다.

제가 학교를 다닐 때는 미군이 응급 식품들을 나누어 주었고, 스웨덴 사람들이 서울에 와서 병원을 개원했습니다. 저는 학생 때 그 병원에 가서 생전 처음 커피를 마셨습니다. 물론 지금은 세상이 많이 변했고 그 옛날 호랑이가 담배 피우던 시절의 이야기라 생각하겠지만, 당시를 살아 보지 않은 이들이 그 시대를 살았던 사람들의 잘잘못을 뒤돌아 평가하는 것은 옳지 못하다고 생각합니다. 미국 사람들의 보호와 도움이 없었다면 오늘날 우리가 없음을 잊지 말아야 합니다. 지금 한국은 세계가 부러워하는 선진국이 되었으니 물론 우리의 국익과 형편이 먼저입니다. 그러나 과거의 고마움은 잊지 말아야 할 것입니다.

의과대학을 졸업하고 인턴을 시작해 한 달에 8,000원을 받았는데, 셔츠 한 장 세탁비가 3,000원이나 되었습니다. 어머니와 동생들을 도와야 하는 제 형편으로는 살 수가 없었습니다. 고맙게도 우리 가족을 살린 것은 미국이었습니다. 자격 시험과 미국 의사 시험을 통과한 후 미국으로 간 저는 가족에게 매달 미화를 송금해 가족들은 물론 간접적으로 국가를 도왔습니다.

또한 미국은 당시 함께 공부했던 의과대학 학생들을 세계적인 의료인들로 만들어 주었습니다. 120명의 동기들 중 90명이 미국으로 가서 훈련을 제대로 받아 의대 교수가 되거나 성공적인 전문의가 되었고, 이를 발판으로 오늘 한국이 최첨단 의료 발전 국가가 되는 힘을 길러 냈습니다. 그때 한국에는 8개(지금은 48개)의 의과대학이 있었고 시설 및 지식도 열악해 우리 같은 의과대학 학생들을 받아 전문의로 훈련시켜 줄 상황이 턱없이 부족했습니다.

물론 지금은 형편이 많이 달라졌습니다. 이제 한국은 세계에서 인정받는 국가가 되었습니다. 세월이 많이 변해 옛날에는 상상할 수도 없었던 오늘을 살아가는 우리는 6·25전쟁에 참전한 미국을 비롯한 22개국의 125만 명이 흘린 피를 잊어서는 안 됩니다. 부족한 부모를 원망하고 불평할 수 없는 것처럼 미국은 우리에게 고마운 나라입니다. 그러나 그처럼 어렵고 절박한 때를 살아 보지 않고 현재 우리가 아는 잣대로 고마움을 잊은 채 우리를 도와준 이들에게 소원하거나 그들을 잊어버릴 수는 없습니다.

"은혜는 돌에 새기고 원수는 강물에 새기라" 하였습니다. 국가의 미래를 위해 감사한 것은 감사하고, 이제는 우리도 당당하게 우리의 길을 걸어가는 것이 중요합니다.

병원
못 합니다

제가 사역과 학교 강의를 병행하기가 너무 벅차 학교를 조기 은퇴했을 때 그 동네에서 크게 사업을 하는 한 분이 찾아오셨습니다. "학교를 그만두셨다고 들었습니다"라는 그분의 말씀에 "5년째 강의와 환자 돌보는 일을 반으로 줄여 파트타임으로 하는데도 여행이 너무 잦고 사역이 계속 커져서 더 이상 감당할 수 없어 은퇴했습니다"라고 말씀드렸습니다. 그러자 그분이 이런 제안을 하셨습니다.

"당신이 학교에 오래 있었고 또 당신에게 진료를 받기 원하는 환자들이 많이 있는 것으로 알고 있습니다. 제가 자본을 투자해 이곳에 종합병원을 차려 줄 테니 병원을 운영해 돈을 벌어 볼 생각은 없습니까?"

저는 돈을 벌 수 있다는 말에 귀가 솔깃했습니다. 당시는 단동병원에 들어가야 하는 의료기계들을 구입하기 위해 열심히 모금을 하고 있는 중이었기 때문입니다. '모금하기가 이렇게 힘든데 차라리 내가 돈을 직접 벌어 의료기계들을 사고 우리 사역자들을 팍팍 밀어 주면 얼마나 좋을까?' 생각하니 흥분되었습니다. 저의 긍정적인 답변에 그분은 당장 건물을 지을 땅을 물색하고 건축설계사를 만나 일을 진행시키셨습니다.

그러던 중 새벽 기도를 하는데 하나님의 음성이 들렸습니다.

"내가 언제 너더러 돈 벌어 오라 했느냐? 네가 돈을 벌면 얼마나 벌 것이냐? 지금까지 재정이 모자라서 사역을 못한 적이 있느냐?"

저는 정신이 버쩍 들었습니다.

그 후 제게 병원을 제안하신 분을 만나 간곡하게 거절하고 용서를 빌었습니다. 그분이 크게 실망하신 것은 말할 필요도 없습니다. 그분과 헤어져 집으로 돌아오니 마치 시내에 나갔다가 큰 금덩어리를 도둑맞고 온 것처럼 마음이 허전해 말도 하기 싫었습니다.

'하나님이 주신 기회를 또 놓친 것이 아닐까? 내가 과연 잘한 일인가?'

머릿속이 복잡해 마음에 안정을 찾지 못하고 있을 때 지인에게서 전화가 왔습니다. 점심을 같이하자는 내용이었습니다. 저는 "지금 점심이나 먹으러 다닐 마음이 아닙니다"라고 말하며 거절했지만, 그분은 "그래도 나오세요"라고 하며 저를 끌어내셨습니다.

그분을 만나 점심을 잘 먹고 일어서던 참이었습니다. 갑자기 그분이 10만 달러 수표를 손에 쥐어 주시며 "꼭 필요한 곳에 쓰십시오" 하시는 것이 아닙니까. 저는 망치로 머리를 얻어맞은 것처럼 멍해졌습니다. 주님이 제 고민을 알고 대답해 주신 것입니다. 예수님은 지금도 제 곁에서 제게 필요한 것을 채워 주시고 준비해 주시는데, 저는 아직도 세상적인 방법으로 사역을 감당하려는 생각을 버리지 못한다고 생각하니 저 자신이 정말 부끄러웠습니다.

'환자 한 명에 100달러씩 받아 인건비, 의료품 값 등의 경비를 물

고 나면 얼마가 남을까?'

머릿속에서 이런 계산이나 하고 잔머리를 굴리는 제 모습이 주님이 보시기에 얼마나 한심할까 생각되었습니다. 그날 집으로 돌아오던 길에 저는 하늘을 쳐다보고는 회개와 감사의 눈물을 흘렸습니다. 주님이 모든 일을 주관하시고 저는 그분의 사역을 하고 있다면서 너무나 쉽게 나의 생각, 지식으로 고난을 이기려는 얄팍한 신앙을 가졌습니다. 그래서 하나님은 사탄의 유혹에 넘어가는 제게 주님만 의지하고 하나님의 말씀에 순종하라고 다시 인도해 주셨습니다.

나를 나보다 더 잘 아시는 주님, 나의 부족함과 버리지 못하는 인간적인 생각을 손바닥 보듯 다 아시는 주님은 제가 주님을 찾을 때 이미 저를 찾으셨습니다. 제 알량한 지식과 능력만을 믿고 너무 멀리 떠나지 않도록 다시 붙들어 주신 하나님께 감사합니다.

"하나님을 찾으라, 네가 살리라. 아멘!"

저는
모릅니다

우리가 평양제3병원 공사를 마치고 개원식을 하려는데, 병원 침대 500개와 환자들이 덮을 담요 1,000장이 필요했습니다. 그래서 서울에서 침대 500개를 만들고 중국에서 담요 1,000장을 만들었습니다.

그때만 해도 중국의 제조업이 발달하기 전이고, 우리도 속이는 사람들을 잘 분별하지 못한 탓에 담요가 그만 병원에서 쓸 수도 없게 잘못 만들어지고 말았습니다. 할 수 없이 담요 1,000장을 서울에서 다시 제작했습니다.

그러나 갑자기 남북 간의 상황이 악화되어 그때까지 비공개적으로 물건을 싣고 왕래하던 배편이 모두 운항 금지되었습니다. 우리는 침대와 담요를 항구에 쌓아 놓은 상태에서 배편이 막히는 바람에 난감한 상황이 되었습니다. 그날 동역자들은 항구에 모여 열심히 기도했습니다.

그때 온두라스의 선박 선장이 저를 찾았고 연락이 왔습니다. 자기들도 한국에서 물건을 싣고 들어가는 스케줄이 취소되어 할 수 없이 빈 배로 들어가게 되었으니 우리 침대와 담요를 남포까지 실어다 주겠다는 것입니다. 그 말을 믿을 수 없어서 의아해하는 우리에게 그분이 말했습니다.

"당신들이 이곳에서 손을 잡고 오래 기도하는 모습을 보고 감동을 받아 사람들에게 물어보고는 당신들의 어려움을 알게 되었습니다."

침대와 담요는 이처럼 기적적으로 평양제3병원으로 들어가게 되었습니다.

그런데 개원식 날 담요가 보이지 않는 것입니다. 한 간부에게 물었더니 "나쁜 담요를 보내 환자들에게 쓸 수가 없었습니다"라고 말하는 것이 아닙니까. 너무 놀라서 그 담요를 가져오라고 강하게 요구했습니다. 담요는 최상품이었습니다. 도저히 이해가 안 되어 고위 간부에게 조용히 물었더니 자신들의 곤란한 입장을 설명해 주었습니다.

"담요 1,000장 중 4장에 'made in Korea'라는 마크가 그대로 붙어 있어서 우리 입장이 곤란해졌습니다."

한국에서 제작했다는 마크를 모두 떼기로 약속을 했건만, 작업 과정에서 4장을 미처 떼지 못하고 붙은 채 온 것입니다. 다행히 그분이 자신이 처리할 것이니 염려하지 말고 그대로 쓰라고 허락해 일등품 담요와 침대가 방마다 모두 채워져 개원식을 잘 마칠 수 있었습니다.

개원식이 끝나자마자 한국의 대형 교회 목사님을 포함한 우리 일행과 북한기독교연맹 목사님은 건물 앞에서 손을 잡고 찬송하고 기도하면서 감사의 눈물을 흘렸습니다. 많은 사람이 유심히 지켜보는 가운데 우리는 뜨거운 마음으로 기도했고 "우리는 하나다!"라고 외쳤습니다. 이 모든 과정이 꿈만 같습니다. 평양제3병원은 이처럼 우여곡절 끝에 세워졌습니다.

세상 사정에 어두워 간신히 자기 밥벌이밖에 할 줄 모르는 나 같은 사람을 주님이 택하시고 들어 쓰시고자 얼마나 힘드셨을까요. 생각할수록 감사합니다. 한 가지도 거저 된 일이 없고, 모든 것이 하나님이 직접 인도하시고 늘 함께하신 은혜입니다. 어떤 일들은 그때는 이해가 안 되었지만 지나고 나면 '아! 그 일도 주님이 선하심으로 인도하셨구나' 하고 깨닫게 됩니다.

우리 하나님께 무릎 꿇고 영광을 올려 드립니다. 처음부터 모든 것이 주님의 역사입니다. 30년 남짓 사역하면서 하나님은 안 될 것 같은데 되게 하시고, 될 것 같은데 안 되게 하셔서 다른 길로 돌아가게 하셨습니다. 하나님의 손길과 입김이 관여하지 않은 일은 아무것도 없습니다.

저는 동역자들이 심각한 질문을 하면 "저는 모릅니다. 기도해 보세요"라는 대답을 잘합니다. 저의 그 말 한마디에 담긴 뜻을 잘 알기 때문입니다. 마음 깊은 곳에서 우러나는 진정한 소리이기 때문입니다. 그리고 나의 뜻이 아니라 하나님의 뜻만이 이루어지기를 소망하는 제 간절한 기도 제목이기 때문입니다. 저는 하나님이 때에 따라서 세미한 음성으로, 진한 마음의 감동으로, 정 답답하시면 먼저 앞장서서 일을 이루어 가심을 보아 왔습니다. 또 하나님은 돌이켜 회개하게 하시어 주님의 선을 이루어 가시는 분입니다.

내 삶의 목적:
성공한 의사 vs. 섬기는 의사

제가 의사가 된 첫날 어머니는 두 마디 말씀을 하셨습니다. 당신은 많은 공부를 하지 못하고 큰아들의 힘든 공부 과정을 곁에서 지켜보신 어머니는 그동안 힘들게 공부하느라 수고했다고 말씀하셨고, 덧붙여 말씀하셨습니다.

"의사가 돈을 좇아가는 것처럼 서글픈 일이 없다. 환자를 잘 돌보고 사랑을 베풀어 정성껏 섬기는 마음으로 치료하면 돈은 저절로 생긴다는 사실을 명심해라."

저는 이 말씀을 지금까지 살아오면서 한 번도 잊어버린 적이 없습니다. 이 말씀은 제가 부자가 아니니 마치 변명처럼 들릴지 몰라 조심스럽지만, 최선을 다하여 봉사하고 어려운 사람을 도울 수 있는 힘이 되어 주었습니다.

한창 병원에서 바쁠 나이인 50세에 하나님이 인도 선교로 불러 주셨고, 1년 후에 북한의 초청을 받아 사역을 시작했습니다. 북한과 세계를 다니는 바쁜 스케줄 때문에 점점 환자를 보는 시간이 줄었고, 결국은 학교 강의를 그만두고 사역에 전념하게 되었습니다. 그러나 한 번도 후회한 적은 없습니다.

서울의대에서는 졸업 40주년이 되는 해에 지난 40년 동안 의사로서 가장 잘 살아온 사람을 한자리에 모인 동기들이 즉석에서 뽑아 '자랑스러운 서울의대상'을 수여하는 전통이 있습니다. 저는 그날 교회 집회를 마치고 조금 늦게 모임 장소로 들어갔는데, 안에서 제 이름이 불렸습니다. 동기들이 저를 뽑아 준 것입니다.

우리 동기들은 120명 중에 90명이 미국으로 갔고, 한국에는 30명 가량이 남아 한국의 대형 병원 및 의과대학 학장으로서 한국 의료 발전에 중추적인 역할을 감당했습니다. 물론 미국으로 간 동기들도 모두 전문 의료인이 되어 의대 교수 또는 성공적으로 개업해 활발하게 활동함으로 미국 의료계에서 인정받는 의료인들이 되었습니다. 그런데 제가 '자랑스러운 서울의대상'을 받게 되었습니다.

제가 매우 좋아하자 곁에 있던 아내가 그렇게 좋으냐고 물었습니다. 한국의 120명의 수재들로서 6년간 함께 공부하면서 저를 속속들이 다 아는 친구들이 저를 격려해 주고 힘을 주었다고 생각하니 그 어느 상보다도 더 값지게 느껴졌습니다.

그러면서 많은 생각이 들었습니다. '의사로 일생을 산다는 것이 무슨 의미일까?'라는 생각에서 시작해 '삶의 목표는 무엇일까?'라는 질문으로 확장되었습니다.

세상에는 성공의 기준이 능력이고, 그것이 곧 돈, 권력, 건강이라 믿고 사는 사람들이 많습니다. 그러나 시편 기자는 "우리의 연수가 칠십이요 강건하면 팔십이라도 그 연수의 자랑은 수고와 슬픔뿐이요 신속히 가니 우리가 날아가나이다"(시 90:10)라고 말합니다. 막상 살아 보니 세월이 너무 빠릅니다. 아무리 100세 시대라고 하지만 건강하지 못한 100세는 큰 의미가 없습니다.

그렇다면 우리는 실망하고 무거운 짐을 지고 고통 가운데서 왜 살아가는 것입니까? 목적이 없는 삶은 무조건 실패한 인생입니다. 우리 인생의 궁극적인 목적은 세상이 아니고 천국에 있습니다. 이 같은 신앙적인 결론 외에는 그 누구도 다른 분명한 대답을 가지고 있지 않습니다. 우리의 일생이 천국으로 가는 준비를 하는 기간이기 때문입니다. 이 목적을 잊어버리면 우리는 육신의 정욕, 안목의 정욕,

이생의 자랑으로 스스로 자신을 망가뜨리고 어느 날 갑자기 때가 지나게 됩니다.

하나님을 기쁘시게 해 드리는 것이 우리 삶의 목적입니다. 그렇다면 구원받고, 믿음으로 말씀대로 살고, 사랑을 나누어야 합니다. 하나님은 사랑이시기 때문입니다. 그런데 우리도 알고 노력하지만 완전한 실천은 불가능합니다. 그러나 감사하게도, 하나님은 나보다도 더 나를 잘 아십니다. 그래서 내 모습 이대로 받으시고, 그렇게 살려고 몸부림치는 우리를 보고 등을 두드려 주십니다. "내가 다 안다" 하며 일으켜 주십니다. 그래서 우리가 다시 일어서서 하나님이 주신 대로 행복하게 살게 되는 것입니다.

저는 용서와 평화가 있는 날, 그리고 마지막 날 환한 얼굴로 두 팔 벌리고 안아 주실 주님을 생각하며 그날을 향해 세상을 이기며 열심히 사역을 감당할 것입니다.

chapter 2

죽도록
충성하겠습니다

물이 바다를
덮음같이

단동병원이 세워진 지 14년 만에 그곳에 새로운 타운이 형성되며 우리는 철수해야 하는 상황이 되었습니다. 아니, 사실 우리는 강제적으로 100개의 병상을 가진 3층과 4층 2개의 병동에서 쫓겨났습니다. 그 과정에서 많은 결정과 복잡한 법적 절차를 겪는 가운데 참으로 큰 마음의 상처를 받았습니다. 이국 땅에서 우리를 돕는 사람이 아무도 없으니 소통도 안 되고 문화도 달라 고생이 이만저만 아니었습니다.

동역자들이 제 건강을 걱정하던 차에 하루 시간을 내어 근처 외딴 섬에 쉬러 갔습니다. 가는 날이 장날이라더니, 안개가 끼어 앞이 보이지 않아 배가 떠나는 시간을 놓쳤고, 또 썰물로 바닷물이 빠져 배가 모래밭에 덜렁 올라서서 밀물 때가 오도록 4-5시간을 기다려야 했습니다. 11월의 바닷바람은 칼날처럼 차게 느껴졌습니다. 마음속으로 이런저런 기도를 하면서 걱정을 하다 보니 더 춥게 느껴졌습니다. 우리는 서로 등을 두드려 주며 추위를 이기고 배가 떠나기를 기다리는 일 외에는 아무것도 할 수 없었습니다.

드디어 물이 들어왔습니다. 배를 타고 1시간가량 이동해 외딴섬에 도착했습니다. 하지만 때마침 정전이 되어 전 섬이 암흑천지였습니다. 지친 심신을 의지해 간신히 숙소를 찾아가 희미한 전등을 하나 빌렸습니다. 하루 종일 굶은 배를 채우기 위해 서로 손을 잡고 식당을 찾았습니다. 그 길에서 우리는 한 발자국 앞도 볼 수 없었고, 하늘은 점점 더 깜깜해졌습니다.

그런데 그때 수많은 별이 마치 가루를 뿌려 놓은 듯 하늘 전체를 덮었습니다. 깜깜할수록 별은 더 빛났고 하늘은 별천지가 되었습니다. 하늘에 이렇게 별이 많았는지 미처 몰랐습니다. 별들이 서로 경쟁하듯 반짝이며 제게 인사를 했습니다. 밤이 깊어 더 깜깜해지니 하나님의 아름다운 창조의 은혜가 별처럼 온 세상을 덮는 놀라운 모습에 감탄했습니다. "와! 하나님의 위로구나!"라고 감탄하며 간신히 숙소로 돌아와 그대로 잠이 들었습니다.

아침에 눈이 부셔서 일어나 보니 바다 위로 떠오른 큼직한 태양이 해맑은 웃음으로 우리를 맞이해 주었습니다. 바닷물 위에 마치 붉은 카펫을 깐 듯 붉은색의 긴 그림자가 깔려 창문까지 닿을 듯했고 태양이 그 위를 걸어 저를 향해 오는 것만 같았습니다.

"와! 하나님의 영광이구나! 영광이 온 세상에 가득하리라!"

찬양이 절로 나왔습니다. 어젯밤에 느꼈던 절박함과 깜깜한 가운데 있었던 두려움 모두가 한 방에 날아갔습니다. 아침에 보니 어제

걸었던 그 길이 바로 바다 옆길이었음을 알 수 있었습니다. 바닷물이 들어와 길가까지 꽉 차 있었습니다.

하늘의 별들, 바다를 덮은 물, 그리고 제 창문까지 찾아온 태양의 사랑, 모든 것이 온 세상에 가득한 하나님의 영광을 나타내는 은혜요, 저를 사랑하시는 하나님의 증표입니다. 우리가 지치고 주저앉았을 때 우리는 결코 혼자가 아닙니다. 하나님이 우리 곁에 계시며 때에 따라 우리를 안으신 채 강과 바다도 건너시고, 환한 태양의 모습으로 따스하게 웃으며 두 팔 벌려 안아 주시기도 합니다.

물이 바다를 덮음 같은 끝없는 사랑과 용서와 화해를 베푸시는 하나님은 그로써 부족한 사람이 변하게 하시고, 세상을 이기게 하시며, 하나님의 영광이 온 세상에 넘치게 하십니다. 저만 아니라 사랑하는 모든 분에게도 같은 은혜가 넘치기를 소원합니다.

"오직 나와 내 집은 여호와를 섬기겠노라"(수 24:15). 여호수아의 고별 설교입니다. 우리는 믿음으로 살아간다고 하면서도 너무나 많은 경우 내가 주인이 되고, 내가 필요한 것, 즉 건강, 재정, 칭찬 등 세상적인 것에 목을 매고 무거운 짐들을 지고 살아갑니다. 이 무거운 짐들에 눌려 믿음이라는 본질을 잃어버리고 스스로를 지치게 합니다.

약 20회의 전쟁을 승리로 이끌어 전 가나안을 평정하고 각 지파에게 그 땅을 분배한 여호수아의 승리는 세상이 아니라 하나님의 말씀대로 하나님 편에 서서 순종한 결과입니다. 우리의 고난이 엄청나게 커서 마치 우리를 짓누르는 것 같더라도, 그럴수록 더 하나님 편에

서서 그분의 뜻, 섭리, 은혜, 사랑에 맡겨 드리고 믿고 따라가야 합니다. 그러면 하나님이 전쟁에서도 이기게 하시고 능력을 베풀어 승리하게 하실 것입니다.

주님이 필요한 자는
나입니다

백두산 근처를 다니면서 의료봉사를 할 때입니다. 그날은 유난히 많은 환자가 몰려와 점심도 먹지 못하고 환자들 속에 묻혀서 지냈습니다. 그러다 드디어 마지막 환자 진료를 마쳤습니다. 손을 씻고 의자에 걸터앉아 눈을 감고 긴 숨을 쉬면서 "아, 피곤하구나!"라는 말이 연달아 나왔습니다. 눈을 감았다 뜨면 세상이 빙빙 도는 것 같아 정신을 차릴 수가 없었습니다.

바로 그때 한 초라한 여인이 바쁜 걸음으로 진료실로 들어왔습니다. 밖에서 간호사들이 진료가 끝났다고 말해도 전혀 개의치 않고 제게로 다가왔습니다. 곁에 다른 의사들도 있었는데, 아마도 저라면 꼭 진료를 해 줄 것이라고 생각한 듯했습니다. 저는 간신히 눈을 뜨고 "아주머니, 어디가 아프세요?"라고 물었습니다.

"머리가 아프고, 배가 아프고, 기침이 나고, 모든 관절이 아프고, 다리도 아프고, 손가락도 아프고…."

마치 걸어 다니는 종합병원 같았습니다. 끝없이 이어지는 하소연을 그대로 두면 계속될 것 같았고 우선 제가 죽을 지경이었기에 말을 끊고는 청진기를 대고 앞뒤를 대강 들어 보았습니다. 별 이상은 없었고 '신경성 만성 통증' 진단은 이미 난 터였습니다. 농촌에서 죽도록 농사일을 해도 배고픔을 면하지 못하는 현실에 심신이 지쳤던 것입니다. 약을 골라 처방해 주고 약국에 가서 약을 받아 복용하라고 일러 주었습니다.

그런데 그 여인은 처방지를 쳐다보더니 눈물을 주르륵 흘렸습니다. 그러더니 허탈한 모습으로 돌아섰습니다.

"미국에서 훌륭한 의사들이 온다는 소문을 듣고 답답한 마음에 속시원한 진단을 받으려고 오늘 새벽 4시부터 3시간을 걷고 6시간 기차를 타고 버스로 여기까지 왔습니다. 내가 여기 온 것은 처방을 받으려는 것이 아닙니다."

그분이 돌아서는 뒷모습을 보면서 저는 머리를 망치로 한 대 얻어맞은 것처럼 멍해졌습니다. '혹시 이분이 예수님이 아닐까?' 하는 생각이 들었습니다. 그래서 "이리 오세요. 다시 봐 드리겠습니다"라고 말씀드렸습니다. 그러나 그분은 "아닙니다. 선생님도 무척 피곤하신 것 같습니다" 하며 아쉬워하는 우리를 모른 체하고 돌아가셨습니다.

예수님이 이 오지까지 찾아오셨는데 저는 알아보지도 못했습니다. 저는 항상 "죽도록 충성하라"는 말씀만 입버릇처럼 외웠는데, 결국은 또 예수님을 실망시켜 드렸습니다. 우리는 다음 날 새벽, 말씀

묵상을 하면서 이 간증을 하고 회개와 새로운 다짐이 담긴 눈물을 흘리며 은혜가 넘쳤습니다.

미국의 한 교회 목사님의 간증 설교가 생각납니다. 그 목사님은 주일 하루 종일 굶고 세 번의 설교를 마친 후 너무 피곤해 강단 마루에 주저앉아 넥타이를 풀었습니다. '빨리 집으로 가서 좀 누웠으면' 생각하는 그때 눈앞에 50대로 보이는(실제 나이는 37세) 한 젊은이의 초라한 모습이 보였습니다. 그 젊은이가 다가오자 목사님은 심한 악취에 견딜 수 없어 돈을 구걸하는 사람이라고 판단해 5달러짜리 한 장을 주었습니다. 그런데 그 젊은이가 돈을 받아 다시 목사님 손에 쥐어 주더니 이렇게 말하는 것이 아닙니까.

"목사님, 나는 돈이 아니고 오늘 당신이 말하는 예수님을 만나러 왔습니다."

목사님이 너무 놀라서 젊은이를 안자 그에게서 아름다운 향기가 났습니다. 그에 비해 양복에 넥타이까지 매고 있는 자신의 모습이 너무 초라해 보여 눈물의 회개를 했습니다. 이후 그 청년에게 교회를 관리하도록 맡겼고 신앙생활을 잘하게 도와주었다고 합니다. 내가 맡는 상대의 향기는 나의 향기에 따라 달라질 수 있는 것입니다.

우리는 예수님의 아름다운 향기를 어느 때나 누구에게나 보여 주어 본이 되어야 합니다. 그로써 우리를 만나는 사람들이 예수님을 찾을 수 있도록 인도하는 것이 우리의 의무입니다. 이 사실을 잘 알면서도 쉽게 넘어지고 추한 모습을 보이는 저 자신이 바로 제일 먼저,

가장 많이 예수님이 필요한 자임을 고백합니다. 저에게도 예수님의 향기가 날 수 있도록 회개하고 기도합니다.

내가 지금까지
사역하는 이유

저는 선교부 담당 장로로 시무하던 때에 동료 의사들과 함께 나라를 위해 기도하던 중 민족의 영혼을 구하는 것이 통일과 평화를 위한 하나님의 뜻이라 생각하며 기도했습니다. 기도 중에 하나님이 우리를 평양으로 부르셨습니다. 당시는 1988년 서울올림픽을 치른 직후라 지금으로서는 상상도 할 수 없는 불가능한 사역이었습니다. 저 스스로의 의지로 목숨 걸고 들어갈 수 있는 가능성이 전혀 없는 일이 일어난 것입니다,

그 소식을 들은 가족은 물론 주위 사람들은 마치 죽으러 가는 사람을 보내는 것처럼 함께 울었습니다. 북한에서 우리 부부를 초청했지만, 제가 아내를 달래 혹시 내가 나오지 못하더라도 혼자서 아이들을 잘 키우라고 말했습니다. 그리고 후배 장현식 박사와 둘이 북한에 들어갔습니다. 하룻강아지 범 무서운 줄 모른다고 무슨 용기로 갔는지 모르겠습니다. 온전히 성령의 역사하심이라 믿습니다.

그 일이 일어난 지가 어언 32년 전인데, 저는 학교를 조기 은퇴하

고 세계가 좁다고 다니면서 아직도 사역을 하고 있습니다. 육신은 피곤하고 질릴 만한데 아직도 신 나고 재미있게 감당하고 있습니다. 이제는 할 만큼 했다고 생각되기도 하지만, 그래도 놓지 못하고 '죽도록 충성하는' 이유는 제가 아니라 에벤에셀의 하나님이 여기까지 도우시고 모든 것을 하셨다는 확신이 있기 때문입니다.

저는 모태 신앙도 아니고 아내를 만나기 전에는 교회에 전혀 관심이 없었습니다. 따라서 처음부터 무조건 믿는 사람들과는 좀 다릅니다. 아직도 갈 길이 멀었지만, 지금은 하나님의 은혜와 사랑을 확실히 믿고 주위의 많은 사람에게 예수님을 믿기를 권면합니다.

'무엇이 나를 이렇게 변하게 했을까?' 궁금해서 깊이 생각하곤 합니다. 하나님이 저를 택하시고 부르신 것은 확실합니다. 하지만 제가 자청한 것도 아니고 누가 등 떠밀어 강권적으로 보낸 것도 아니며, 피치 못할 강력한 힘에 끌려서 평양으로 갔습니다. 그 후 500병상을 가진 평양제3병원과 연이어 압록강 맞은편 단동에 100병상을 가진 병원을 개원했습니다. 저는 30년이 넘는 긴 세월 동안 수많은 어려움과 핍박을 받아 어떤 때는 "나 좀 이제 그만 놔 주세요!"를 외치며 달아나려 했습니다. 하지만 그래도 항상 하나님께, 이 사역에 붙어 있었던 것이 저 스스로도 신기합니다.

그런데 요즘 기도하면서 느낀 점이 있습니다. '지금까지 일어난 수많은 일은 내가 한 것이 아니라 하나님이 하셨다'는 사실입니다. 저는 할 능력도 안 되고 할 수 없는 일인데 그 일이 이루어졌고 현재도 이루어지고 있음을 깨닫게 되었기 때문입니다. 우리는 하나님의 섭리를 미리 알거나 보지 못합니다. 따라서 실제로 일어나고 있는 하나님의 역사도 알지 못하고, 때에 따라서는 마치 내가 전부 한 것처럼 착각합니다. 그러다 보니 두려워하고 놀라고, 잠을 자지 못하며 억울해합니다.

그런데 오랫동안 신앙생활을 하면서 오지에서 생명을 구하며 일어나는 기적을 체험하면서 이 일은 내가 한 것이 아니고, 내가 나 된 것은 오직 하나님의 은혜임을 알게 되었습니다. 이것은 마치 모세가 하나님이 이스라엘 백성을 40년 동안 불 기둥과 구름 기둥으로 광야 생활을 인도하셨다고, "하나님이 이곳까지 우리를 안고 오셨습니다" 하고 고백한 것과 같습니다.

다 지난 후 영영 모르고 묻혀 버릴 수 있지만, 돌이켜 보게 하시고 알고 느끼게 하신 하나님께 감사합니다. 하나님은 이로써 제 믿음이 성장하게 하십니다. 신실하신 하나님이 항상 함께하실 것을 확신하기 때문입니다. 이것이 제가 계속 사역하고 있는 이유입니다.

'여호와 이레' 하나님이 현재와 미래를 미리 준비해 주시고, '에벤에셀' 하나님이 여기까지 도우시고 그 도우심으로 우리를 믿음 가운데 성숙하게 하시고, '임마누엘' 하나님이 우리와 영원히 함께하실 것을 믿습니다. 우리는 하나님께 축복받고 영원히 사랑받는 자들임을 믿습니다. 여기까지 우리를 도우신 하나님을 찬양합니다.

주는 것 =
살아 있는 신앙

미시건주에서 환자들을 진료할 때 워낙 바쁘게 생활하다 보니 너무 피곤했습니다. 계속되는 강의와 세미나 준비로 다른 생각은 할 수가 없었습니다. 자연히 쌓인 스트레스를 만만한 가족들에게 짜증을 내는 것으로 풀었으니, 당시를 생각하면 잘 참고 견뎌 준 아내에게 고맙고 아이들에게 미안한 마음이 항상 있습니다.

물론 지금은 아무런 문제없이 예수님처럼 되었다는 뜻은 아닙니다. 아직도 힘들고 복잡한 사역을 32년째 감당하다 보니 가끔은 짜증을 내게 되고, 곧 후회하곤 합니다. 그래서 아내가 저더러 "당신, 참 많이 변했어요"라며 칭찬할 때는 오히려 미안한 마음이 듭니다. 저는 교회를 열심히 다니고 일찍 장로로 봉사하는 제게 하나님이 복 주시는 것은 당연하다고 생각했던 사람입니다. 반면 어려움이 생길 때면 "하나님, 이것은 아니지 않습니까?" 하며 투정을 부리곤 했습니다. 그렇다 보니 투정하는 횟수가 조금씩 줄었다는 아내의 칭찬이 반갑기만 합니다.

수년 동안 한국일보 미주판에 건강 칼럼을 연재했는데, 칼럼 위쪽에 항상 제 사진이 실렸습니다. 하루는 한 부인으로부터 전화를 받았습니다. "저는 ○○○인데요, 장로님은 저를 잘 모르실 것입니다. 장로님이 미시건주에서 제 복부 수술을 해 주셔서 저를 살려 주셨어요." 그 말을 들은 저는 누군지 잘 기억이 나지 않아 미안한 마음으로 "아 그러세요, 지금은 건강하시지요?" 하며 형식적인 인사를 드렸습니다. 그분은 오래전에 샌프란시스코로 이주하셨는데, 이후 제가 UC데이비스(UC Davis) 의과대학으로 가서 샌프란시스코판에 연재한 제 칼럼을 다시 보게 된 것이었습니다. 그분은 계속해서 이야기했습니다.

"제가 수술을 받았을 때 장로님은 너무 바쁘시고, 단정하고 말쑥한 얼굴에 찬바람이 쌩쌩 불어 말을 붙이기도 쉽지 않았습니다."

참으로 미안한 마음이 들어 "아, 죄송합니다"라고 대답을 했습니다. 그 후 그분은 전화를 건 목적을 밝히셨습니다.

"사실 오늘 전화를 드린 이유는 우선 살려 주신 것에 감사하고, 신문에 보이는 장로님 얼굴이 참 인자하고 좋다는 말씀을 해 드리려고요."

그분은 전화 통화 내내 연신 고맙다고 말씀하셨습니다.

미시건판에 이어 샌프란시스코판까지 5년간이나 의학 칼럼을 썼으니 과거 제 환자 중에 또 그 부인과 같은 분들이 계실지 모른다는 생각에 걱정이 되었습니다. 미안한 마음이 들었습니다.

그 후 저는 깊은 묵상에 빠져 제 과거의 모습을 돌이켜 보았습니다. 주님이 모든 상황에 늘 함께하시고 오래 참고 기다려 주신 것임을 알고 또 수없이 들었지만, '나는 할 수 있어. 내가 잘하는 거지' 하며 자만했습니다. 저는 항상 큰 은혜를 받기만 하고 부족한 것을 원망하는 자였습니다. 즉 받기만 하고 주지 못하는 자였습니다.

예루살렘에 있는 사해는 항상 물을 받기만 하지 내보내지는 못하는 바다와 같은 큰 호수입니다. 흐르지 못하는 물은 증발해 소금을 다량 포함하게 되었습니다. 심지어 사람이 들어가면 저절로 둥둥 떠다닐 정도로 짠물이 되었습니다. 생명이 없는 죽은 물이 된 것입니다. 물론 사해 물을 이용해 특수한 화장품을 만들어 판매하는 이들도 있습니다만, 근본적으로 사해의 물은 생명의 물이 아닙니다.

주님은 우리가 그분을 온전히 믿고 순종하면 천국에서 영원한 삶을 살도록 해 주셨습니다. 그런데 우리가 이 사실을 자신만 움켜쥐고 나누지 않는다면 우리는 스스로 죽은 삶을 살 수밖에 없습니다. 마치 예루살렘의 사해 물처럼 말입니다. 그래서 우리가 봉사하고, 헌신하고, 사역자가 되기도 하는 것입니다.

우리는 은혜로 죄 사함을 받고, 믿음으로 회개하고, 능력을 받습니다. 그 증거가 바로 사랑과 나눔입니다. 여기서 힘이 나옵니다. 다른 영혼을 위한 눈물의 기도와 마음에서 우러나는 깊은 나눔은 다른 사람을 감동시키는 힘이 있음을 믿습니다. 죽은 신앙이 아니라 살아 있는 신앙이 되기를 소원합니다.

그리스도인 바울처럼
그리스도인 되어

바나바와 바울은 수리아 안디옥 교회에서 1년간 공동 목회를 하며 말씀을 가르쳤습니다. 그 후 사람들은 그리스도를 믿고 따르는 자들을 가리켜 '그리스도인'이라 불렀습니다(행 11:26). 세상에서 구별되어 하나님께 속한 자들이요, 하나님께 영광 돌리는 자들이라는 의미입니다.

영광이 무엇입니까? 영광이란 하나님이 하나님의 뜻을 따라 우리에게 맡겨 주신 사명을 잘 감당해 하나님을 기쁘고 자랑스럽게 해 드리는 것입니다. 부모가 가장 기뻐하는 때가 자녀들이 잘 자라서 부모의 뜻을 따라 삶으로 부모를 기쁘고 자랑스럽게 해 주는 때인 것과 마찬가지입니다.

영화 속 개선 행진 장면에서 흔히 볼 수 있듯이, 장군이 임무를 다하고 승리를 안고 돌아오면 백성 모두가 손을 들고 대대적으로 환영하곤 합니다. 그때 백성이 왕을 향해 "왕께 영광을 돌립니다!" 하고 외치면 왕이 기쁜 얼굴을 한 채 손을 들어 환영하는 것과 같습니다. 즉 영광은 하나님이 나에게 주신 사명을 잘 이해하고 쓰임 받는 것을 의미합니다.

토기장이가 그릇을 만들 때는 사용하려는 목적이 있습니다. 문을 열기 위해 열쇠를 만들었는데 정작 문을 열지는 못하고 오히려 문을 부수는 데만 계속 사용하고자 한다면 사탄의 역사를 부르는 지름길입니다. 성경을 보면, 좁은 문과 넓은 문을 소개합니다. 하나님의 길과 세상에 속한 길, 두 길밖에는 없다고 이야기합니다. 세상에 속한 길은 쉽기에 많은 사람이 떼를 지어 달려가지만, 결국은 사탄의 길입니다. 좁은 문으로 들어가는 자는 세상에서 고난을 받을 수 있습니다. 그러나 그 결국은 하나님의 길입니다.

베드로전서 4장 16절은 그리스도인으로 고난을 받는 자들에게 부끄러워하지 말고 도리어 그리스도인이라는 영광스러운 이름으로 하나님께 영광을 돌리라고 권면합니다. 우리의 반석과 요새가 되시고, 피할 바위와 방패가 되시며, 생명의 면류관을 주시는 하나님의 사랑이 우리에게 풍성하기 때문입니다. 이것이 우리가 세상에 속한 자가 될 수 없는 이유입니다.

당시 '그리스도인'이라는 별명은 안디옥 성도들이 하나님의 말씀을 배우고, 그 말씀대로 살고, 다른 사람들에게 본이 되는 삶을 살아가는 모습을 보게 된 세상 사람들이 자기들과 다르다는 이유로 붙여 준 이름이었습니다. 안디옥의 '그리스도인'들은 예수님을 따라가며 그분을 닮아 가는 자들, 그리고 하나님을 믿고 당당하게 승리하며 살아가는 자들이었습니다. 그래서 마침내 주후 313년 콘스탄틴 대제가 기독교를 국가의 종교로 선포하기에 이르렀습니다.

우리는 예수님이 우리에게 오시고 십자가에서 나 대신 흘리신 보보혈로 죄 사함과 구원을 받아 하나님의 사람이 되었습니다. 그러니 말씀대로 살며 예수님을 닮아 가는 변화된 삶을 살아야 합니다. 안디옥의 '그리스도인'들처럼 말입니다.

바울의 원래 이름은 사울이었습니다. 사울왕처럼 세상적으로 성공하고 힘을 갖기를 원하는 뜻으로 부모가 지어 준 이름일 것입니다.

그러나 그는 그리스도인이 된 이후 제1차 전도 여행 중 작은 자 또는 낮은 자 바울로 변했습니다.

사람들이 바울을 '그리스도인 바울'로 부른 것처럼, 우리도 '그리스도인 세록', '그리스도인 수지' 등으로 불러 주기를 소원합니다. 더 나아가 이름만 변하는 것이 아니라 하나님의 사람으로 완전히 바뀌는 역사가 있기를 기도합니다. 그래서 좁은 길로 들어가 고난을 이기고, 낮아지고, 죽도록 충성해 하나님께 영광을 올려 드리는 우리가 되기를 간절히 바랍니다. 하나님은 나의 반석, 나의 요새, 나를 건지시는 자, 나의 피할 바위, 나의 방패, 나의 구원의 뿔, 나의 산성이 되시고, 나의 하나님이시기 때문입니다. 나의 힘이 되신 여호와가 나의 하나님이십니다.

chapter 3

살았다,
다시 살았다!

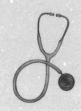

시작과 지금,
그리고 미래

부르심

1988년 12월 저는 발신인이 없는 편지 한 통을 받았습니다. 북한에서 온 초청장이었습니다. "지금 우리의 의료 현황이 좋지 못하여 미국의 재미 동포 의사를 초청해 도움받기를 원한다"는 내용과 우리부부가 함께 와서 보고 도움을 줄 수 있기를 바란다는 내용이었습니다. 제가 미국 신문에 연재한 인도 방문기와 인도 신학교 운영 보고를 본 후 "인도뿐 아니라 조국도 도움이 필요하다"고 도움의 손길을 요청한 것입니다.

앞에서도 잠시 언급했지만, 우리 부부는 어린 자녀들을 두고 갔다가 돌아오지 못할 수도 있다는 생각에 망설였습니다. 하지만 그동안 민족 선교를 놓고 막연하게 기도만 하던 일이 현실이 되었다고 생각하니 무조건 가야 한다는 사명감이 더 컸습니다. 아이들을 위해 아내를 남겨 두고 당시 같이 기도하던 후배 장현식 박사와 함께 가기로 결정했습니다. 그 소식을 들은 가족들은 마치 우리가 죽으러 가는 듯 걱정이 이만저만 아니었습니다. 하지만 우리는 두려움이 가득한 채 그래도 가야 한다는 사명감으로 그 땅으로 떠났습니다. 그해 연말, 우리는 중국을 거쳐 북한으로 들어갔습니다.

북한 땅에서 우리가 직접 본 의료 시설은 생각했던 것보다도 훨씬 열악했고 형편이 많이 딱했습니다. 특히 평양의 병원들은 추운 겨울 날 전기가 공급되지 않아 잘 보이지도 않았고, 차가운 대기실마다 환자들이 꽉 차 있어 우리의 마음을 아프게 했습니다. 그들을 위해 내가 할 수 있는 일을 해야 한다는 생각밖에 없었습니다. 최선을 다해 잘해 보자는 우리의 선한 뜻이 그들에게도 전달되기를 바랐습니다.

하지만 그들의 경직된 사고와 한 민족이지만 너무 다른 이념이 걸림돌이 되었습니다. 첫 방문 때부터 그런 그들과 실랑이를 벌이다 보니 아무것도 우리 마음대로 되지 않았고, 오히려 심한 감시와 제재 때문에 여러 번 어려움을 당했습니다.

그럼에도 그들의 어려움과 많은 병자, 특히 임산부의 영양과 신생아의 어려움과 죽음은 보기만 하고 모른 척할 수 없다는 마음은 변함이 없었습니다. 이후 우리의 현명한 인도적 지원이 시작되었고, 지난 30년 넘게 거의 매해 특별 영양식품, 의약품, 생필품을 보냈고 겨울나기 운동으로 생명을 살리기 위한 노력을 지금까지 꾸준히 해 왔습니다.

이렇게 시작된 북한 사역은 사랑의 의료봉사와 RUTF와 ERDF(Emergency Relief Dried Food)와 같은 응급 식량과 의약품, 임산부 특별 영양제 및 종합 비타민 등을 직접 생산하거나 다른 구호단체들의 도움으로 시골 마을을 다니며 직접 진료하고 생명을 살리고 돕는 역할로 이어졌습니다. 미국, 한국, 호주, 유럽 등 각국에서 의료진들이 참가해 함께 압록강과 두만강 강변은 물론 북한 내부 시골까지 찾아다니며 의료봉사를 했습니다.

1995년 11월에는 평양제3병원을 개원했는데, 저는 처음으로 북한 주민에게 개복 수술을 실시한 외국인 의사가 되었습니다. 그러나 그 직후 출입금지를 여러 번 당했습니다. 사람의 생명보다는 체제가 우선인 북한 측에서 우리가 그리스도인임을 알고부터 더욱 경계가 심해졌고, 우리가 원하는 것(특히 시골 마을 의료봉사)이 그들에게 큰 부담이 되었던 것입니다.

그 후 우리는 압록강 강변을 따라 3,000리 길을 다니며 조선족들과 강변에서 우리를 찾아온 북한 동포들에게 생필품과 의약품을 전달했으며, 당시 소련 연해주와 우수리스크까지 다니며 의료봉사를 했습니다.

그러는 중에 우리는 중국 단동으로 인도되었는데, 단동이 북한으로 들어가는 관문이며 북한 생필품의 80%가 그 지역을 통해 들어간다는 사실을 알게 되었습니다. 따라서 단동에 100병상을 소유한 단동복지병원을 20년 계약으로 다시 세워 1999년에 개원했습니다.

단동병원을 세운 후 중국 관리들을 상대하는 것이 얼마나 힘들었는지 모릅니다. 그래도 꾸준히 그들을 도와주면서 차곡차곡 신임을 쌓아 갔습니다. 하지만 최근 외국 병원에 대한 횡포가 심해져서 마지막 2-3년 동안에는 힘든 시간을 보냈습니다.

단동병원에서는 특히 우리를 찾아온 북한 환자들에게 진료는 물론 많은 경우에 생필품과 의약품을 공급해 주어 크게 도움이 되었습니다. 단동을 기반으로 매년 10-15명의 의료진과 그들을 돕는 사람들이 3-5회씩 찾아와 우리 팀과 함께 압록강과 두만강 강변을 다니며 진료를 했고, 북한 주민들을 대상으로 사랑의 의료봉사와 인도적 지원을 했습니다.

특히 단동병원에는 '사랑방'을 만들었는데, 우리를 찾아온 사람들에게 의약품과 생필품, 그리고 겨울옷을 나누어 주는 일을 했습니다. 우리 손을 잡고 눈물을 흘리며 감사하던 많은 사람의 모습이 지금도 눈에 선합니다.

지금 중국, 특히 강변 지역에는 감시가 더욱 심해졌습니다. 미중 무역전쟁으로 중국 정부의 감시가 엄해졌을 뿐 아니라 외국인, 특히 미국인과 한국인들을 무조건 쫓아내려는 정책 때문에 하루아침에 일터를 잃고 야반도주하는 기업가들과 종교인들이 많아졌습니다. 더 이상 중국에 머물지 못하도록 막대한 세금을 부과했기 때문입니다. 우리 병원도 이 소용돌이에서 예외가 될 수 없었습니다. 여러 가지 검열이 심해지고 조금만 트집이 잡히면 큰 벌금을 부과하고 내쫓아 버렸습니다.

참 감사하게도, 그런 가운데 우리는 20년 계약 기간을 다 마칠 수 있었습니다. 하나님은 우리가 중국 당국 및 후원자들과 약속한 20년의 사역을 끝까지 마무리하고 약속을 지키게 해 주셨습니다. 게다가 모든 중국 직원에게 보험료와 퇴직금, 그 외에 3개월 치 급료를 주었는데, 헤어지기 아쉬워 서로 부둥켜안고 우는 사람은 있어도 불평하는 사람은 한 사람도 없었습니다.

코로나19 바이러스로 인한 난리가 시작되기 직전에 병원 문을 닫고 완전히 철수할 수 있게 되어 참으로 감사합니다. 하나님이 저에게 맡겨 주신 모든 의무를 마치고, 같이 수고한 사람들에게 최선을 다해 그동안의 수고에 섭섭하지 않도록 해서 아쉬움 속에 보낼 수 있어서 참으로 감사합니다.

20년 동안 우리 병원을 찾아와 진료를 받은 북한 환자들의 수는 정확히는 몰라도 평균 한 달에 100명 정도 됩니다. 1년에 1,200명이라고 하면 20년간 약 2만 4,000명이 우리 병원에서 사랑의 의료 진료를 받았습니다. 그중에는 고위 군인도 있었지만 대부분은 불쌍하고 추위에 벌벌 떨고 배고픈 자들이었습니다. 그들 대부분은 떠날 때면 우리 손을 잡고 눈물을 흘리며 말씀을 잊지 않고 공부하겠다고 약속을 하곤 했습니다. "살려 주어서 고맙습니다"라는 인사를 여러 번 하며 제 손등에다 눈물을 뚝뚝 떨구는 이들도 많았습니다.

비록 우리는 중국을 떠났지만, 때가 되면 중국으로 다시 들어가 병원뿐 아니라 학교도 설립하고 양로원도 열어 중국 사람들과 맞은편

북한 사람들까지 도울 것입니다. 한국의 선교사 호레이스 언더우드
(Horace Horton Underwood)가 세운 학교와 병원 같은 시스템을 우리도
그 땅에 만들 것입니다. 중국에서 20년 동안 봉사하며 쌓아 온 인맥
들이 도울 것이고, 수백 명의 직원들이 앞장설 것입니다. 결국은 평
양제3병원과 단동의 미래 병원이 하나의 네트워크로 연결이 되어 우
리의 궁극적인 목적인 "강을 건너 세계 선교로"가 시작될 것입니다.

하나님의 뜻

중국의 변화와 동시에 평양의 문이 다시 열렸습니다. 그 사람들은 저
를 다시 찾아와 평양제3병원의 현재 상황을 이야기해 주었습니다.
25년 동안 건물 보수를 못한 것은 물론 의료기계들이 모두 낡고 못 쓰
게 되어 환자를 진료하기가 어렵다고 했습니다. 병원이 병원 역할을
할 수 없게 된 데다 특히 지붕에 구멍이 나서 비만 오면 수술실이 홍
수가 난다고 했습니다.

하루에 평균 1,000-2,000명의 환자를 진료하고 떼를 지어 환자들
이 기다리고 있는데 무엇으로 어떻게 환자들을 치료할지 생각하니
마음이 답답해졌습니다. 그들은 저를 평양제3병원의 명예원장으로
추대하고 다시 병원을 도와 달라고 부탁했습니다.

제가 평양제3병원과 인연을 단절한 데는 몇 가지 이유가 있었습니
다. 먼저, 근본적인 이유는 앞서 설명했듯이, 우리의 생각과는 너무
다르기 때문이었습니다. 공산주의와 민주주의는 체제가 달라도 너

무 달라 마치 기름과 물 같습니다. 그러나 우리는 수천 년 역사 속에서 온갖 고난을 함께해 온 한 민족입니다. 그러므로 언어, 음식, 사고방식이 변하지 않고 같습니다. 그래서 통일은 우리가 해야 합니다. 북한 주민들을 만나면 마치 여느 이웃을 만나듯 마음이 통하고, 서로 털어놓고 이야기하게 되고, 마음이 하나 되기 때문입니다.

사랑의 의료봉사와 인도적 지원은 우리 민족의 생명을 살리는 일입니다. 그 외에 우리의 사랑으로 그들의 마음이 열리면 우리는 하나가 되고, 결국 이것이 천심이 됩니다. 천심은 곧 하나님의 마음이니, 그때는 이 민족이 다시 하나 될 것이라고 믿습니다.

그러나 병원과의 인연을 정리하게 한 가장 어려웠던 일은 방법을 가리지 않고 우리의 일을 방해하고 질투하는 이들 때문이었습니다. 앞서가는 사람들과 힘을 합쳐 더 큰 일을 할 방법은 전혀 없었습니다. 그들은 분열을 만들어 자기 사역으로 만들어 가며 북한 관리들에게 우리를 모함하고 헐뜯었습니다.

그들 대부분은 제가 인도하여 북한을 방문하고 이산가족을 만난 이들인데, 돌아와서는 배반하고 자기들의 일로 만들어 버리며 우리를 모함했습니다. 이 일을 빌미로 저는 북한 관리들에게 오해를 받아 출입금지를 여러 번 당했습니다. 그런데 그들은 항상 우리를 다시 찾아왔고, 우리는 지금까지 30년이 넘도록 인도적 지원을 계속하고 있습니다.

어떤 사람들은 우리가 오랫동안 오직 순수하게 인도적 지원을 계속하는 것에 대해 오해를 합니다. 하지만 우리는 미국 로스앤젤레스 지역에 국제본부, 북가주지부, 한국본부, 중국지부 등이 있으며, 우리보다는 쉽게 북한을 오갈 수 있는 중국지부가 지원 물품과 의약품과 함께 그 땅에 들어가 전달과 분배를 확인하고 있습니다. 물론 완전하지는 않으나, 현재로서는 이보다 더 좋은 확인 방법이 없습니다.

"평양제3병원 활성화 프로젝트": 미약하나 하나님의 귀한 도구가 되기를
평양제3병원은 병원 개원 당시 제가 직접 내시경 의료기계들을 일체 전달해 내시경 수술 센터를 시작했습니다. 큰 수술이 아니라 간단한 수술의 경우 개복을 하지 않고 내시경을 이용하면 쉽게 처치할 수 있고 회복도 더 빠릅니다. 그러나 25년 전에 우리 팀이 미국에서 직접 들고 가서 전달한 의료기계들이 이제는 모두 작동을 못하고, 남은 기계도 더 이상 사용이 불가능한 형편이 되었습니다.

우리는 2019년부터 "평양제3병원 활성화 프로젝트"를 추진 중에 있습니다. 그러나 미국, 중국, 북한, 한국 등의 복잡한 이해관계로 한 치 앞도 내다볼 수 없는 상황에, 마치 어느 곳에서든지 전쟁이 일어날 것만 같은 급박한 상태가 되었습니다. 동시에 UN과 미국의 제재로 더 이상 아무 일도 할 수가 없게 되었습니다.

그런데 하나님이 새 길을 열어 주셨습니다. 우리는 하나님이 빌라델비아 성도들에게 하신 말씀을 잘 알고 있습니다. 빌라델비아 교회는 비록 힘은 미약하지만 주님으로부터 "네가 작은 능력을 가지고서도 내 말을 지키며 내 이름을 배반하지 아니하였도다"(계 3:8)라는 칭찬을 받았습니다. 그 교회를 향해서는 책망이 없고 칭찬만 있었습니다. 빌라델비아 교회는 7개의 교회 중에서 가장 모범적인 교회였습니다.

저도, 우리도, 또 SAM(Spiritual Awakening Mission) Care 단체도 미약한 단체입니다. 다윗의 열쇠를 가지신 이, 곧 열면 닫을 사람이 없고 닫으면 열 사람이 없는 하나님의 말씀과 그분의 뜻에 우리는 죽도록 충성할 것입니다. 과거에도 그랬듯이, 현재에도, 미래에도 하나님의 함께하심만을 따라갈 것입니다. 제 의지는 무조건 하나님입니다. 말씀을 지키고 배반하지 않도록 하나님이 저를 지키시고 인도해 주시기를 기도합니다.

"하나님, 빌라델비아 교회를 향해 '내가 네 행위를 아노니 네가 작은 능력을 가지고서도 내 말을 지키며 내 이름을 배반하지 아니하였도다'라고 칭찬하셨습니다. 그리고 이어서 '거짓말하는 자들 중에서 몇을 네게 주어 그들로 와서 네 발 앞에 절하게 하고 내가 너를 사랑하는 줄을 알게 하리라'(계 3:9)라고 말씀하셨습니다. 거짓을 말하고, 모함하고, 모든 사역을 통째로 빼가고 오히려 방해하는 자들을 막아 주시옵소서. 그들이 속히 회개하고 돌아오도록 은혜를 베풀어 주시옵소서.

저도, 우리도 더 낮아지고 끝 날까지 주님의 사랑을 받는 자가 되게 하옵소서. '네가 나의 인내의 말씀을 지켰은즉 내가 또한 너를 지켜 시험의 때를 면하게 하리니 … 내가 속히 오리니 네가 가진 것을 굳게 잡아 아무도 네 면류관을 빼앗지 못하게 하라'(계 3:10-11). 이것은 하나님의 말씀입니다. 주여, 어서 오시옵소서. 아멘!"

나부터,
우리부터

지금은 세계가 하루 생활권으로 연결되어 국가의 의미가 많이 희석되었습니다. UN을 보더라도 국가는 있지만 국경은 없고, 자유롭게 어느 나라든지 오갈 수 있습니다. 그러나 민족은 우리의 DNA에 박혀 있는 것이니 민족을 바꿀 수는 없습니다. 우리가 어디에 살든지 우리는 한국 민족입니다. 다른 나라에서 살아가더라도 생활 습관이나 사고방식 자체는 한국인으로 살아갑니다.

스데반의 순교 이후 유대인들은 극심한 핍박을 피해 구브로섬과 길리기아, 밤빌리아, 그리고 로마까지 흩어져 살았습니다. 당시 디아스포라들은 이방인과 온 세계에 기독교를 전파하는 중요한 역할을 했습니다. 그 대표적인 사람이 사도 바울입니다.

유대인들은 민족이라는 개념 이외에도 메시아이신 예수님이 인간을 살리기 위해 이 땅에 오셨고 십자가에서 흘리신 보혈로 우리가 구원받았으며, 천국을 사모하고 준비하는 삶을 살아야 한다는 사실을 깨우쳐 주었습니다. 이것이 유대인들이 세계 모든 족속을 위해 선택된 민족이 된 이유입니다.

이처럼 민족은 중요하고 함께 살아가야 하는 동족입니다. 그러므로 형제에게 주는 것은 우리가 스스로 받는 것과 같아 결국은 우리도 그 덕을 보게 되는 것입니다. 민족의 가장 작은 단위는 가정입니다. 한 민족이라면 상대가 설혹 떼를 쓰고 마음에 들지 않더라도 우리가 할 수 있는 일, 해야 하는 일만 최선을 다해야 합니다. 우리의 평화와 통일이 세계의 평화와 영혼 구원에 큰 본이 되기 때문입니다.

"골짜기마다 돋우어지며 산마다, 언덕마다 낮아지며 고르지 아니한 곳이 평탄하게 되며 험한 곳이 평지가 될 것이요"(사 40:4), 그래서 여호와의 영광이 나타나리라는 말씀을 따라 우리가 죽도록 충성하며 순종하면 우리 민족만 아니라 세계 모든 민족에게 평화와 통일의 좋은 사례가 될 줄 믿습니다.

한국은 '세계에서 가장 급성장한 나라요, 머리 좋은 사람들이 사는 나라'라는 평가를 듣곤 합니다. 이처럼 이 민족은 경제적으로는 발달했지만, 남북이 갈라져서 서로를 향해 총을 겨누고 원수 아닌 원수로 살아가는 유일한 나라라는 불명예를 안고 있기도 합니다. 여기서 벗어나려면 우리는 단연코 무엇인가 해야 합니다.

지금 우리가 할 수 있는 일은 인도적 지원입니다. 이것은 생명을 살리고 북한 사람들의 마음의 문을 열게 하는 가장 강력한 길입니다. 인도적 지원은 단지 먹거리와 생필품을 공급하는 것만을 말하지 않고, 그와 동시에 하나님의 복음이 들어가 그들도 하나님의 은혜와 사랑을 받게 하는 것을 뜻합니다.

물론 지금은 공식적인 전도는 불가합니다. 그러나 우리를 찾아오는 대부분의 북한 사람들은 우리가 그리스도인임을 이미 알고 있으며, 대부분의 경우 기도해 달라는 부탁도 합니다. 정치, 군사, 경제는 잠시 뒤로하고 마음과 마음이 하나 되어 상호 믿음을 형성하는 일이 먼저입니다. 그래서 지도자와 가진 자들이 솔선수범해 통일 자금을 만드는 운동을 벌여야 합니다.

통일을 대비해 한국의 두 가족이 북한의 한 가족을 앞으로 10년 동안 책임지고 보조할 수 있는 자금을 만들어야 합니다. 어떤 사람들은 이 일은 개인이 할 수 있는 일이 아니고 국가가 할 일이라고 생각합니다. 물론 국가가 중심에서 앞장서야 합니다. 하지만 국가 홀로 할 수 없는 일들이 있습니다. 정부의 정책으로, 주위 나라들과의 역학적인 이해관계로 오히려 정부가 자유롭지 못한 경우가 많기 때문입니다. 정치와 군사가 전부는 아니라는 뜻입니다.

이런 일은 개인들, 특히 NGO가 순수한 지원을 통해 할 수 있는 부분이 많습니다. 우리도 지난 30년 넘게 미국 정부의 허락을 받고 꾸준하게 인도적 지원과 사랑의 의료봉사를 실시해 생명 살리기를 했습니다. 2017년에는 시가 1,100만 달러 상당의 의약품과 응급 식량을 북한에 보냈고, 2018년 6월에 다시 4개의 대형 컨테이너에 시가 50만 달러 상당의 응급 식량을 보냈습니다. 정부가 이념 전쟁을 하느라 아무 일도 할 수 없던 때 우리의 지원을 통해 많은 생명이 살고 치료를 받게 되었습니다. 이 같은 인도적 지원은 북한 사람들의 마음 속 깊이 사랑을 전달하고, 그들의 열린 마음은 평화와 통일에 큰 힘이 될 것입니다.

교회에서 십일조 헌금을 권면하는 것처럼, 교회도 개인도 사업체도 민족의 영혼과 생명을 구하는 일에 최선을 다하여 힘을 합치면 하나님이 한층 더 반가워하실 것입니다. 성도들이 바친 헌금이 민족의 생명을 살리고 그 영혼을 구하는 일에 쓰인다면 그 무엇보다 하나님을 기쁘시게 할 것입니다. 이것이 바로 하나가 된 우리 민족이 "강을 건너 세계 선교로" 향하는 것이 우리의 궁극적인 목적인 이유입니다. '내가', '우리가' 하는 생각은 가능하지도 않고, 버려야 할 것입니다. 모든 일은 하나님이 하시기 때문입니다.

여호와
이레

창세기 22장에서 하나님은 아브라함을 시험하시기 위해 모리아산(시온산)으로 보내 이삭을 번제로 드리게 하셨습니다. 이삭이 나무를 지고 올라갔다고 하니 당시 청년이었을 것이라 추측됩니다. 아브라함이 하나님의 말씀에 순종하려고 단을 쌓고 칼을 들어 아들을 잡으려 하자 하나님은 그를 말리시고는 "내가 이제야 네가 하나님을 경외하는 줄을 아노라"(창 22:12)라고 말씀하셨습니다. 아브라함은 하나님이 미리 준비하신 숫양으로 제사를 드렸습니다. 하나님이 보시고, 아시고, 미리 공급하셨습니다. 미리 준비하셨습니다. 그런데 순종이 먼저입니다.

요한계시록 2장에서 에베소 성도들은 주님께로부터 "내가 네 행위와 수고와 네 인내를 알고 또 악한 자들을 용납하지 아니한 것과 자칭 사도라 하되 아닌 자들을 시험하여 그의 거짓된 것을 네가 드러낸 것과 또 네가 참고 내 이름을 위하여 견디고 게으르지 아니한 것을 아노라"(계 2:2-3)라는 칭찬을 받았습니다. 그러나 이어서 "너의 처음 사랑을 버렸느니라 그러므로 어디서 떨어졌는지를 생각하고 회개하여 처음 행위를 가지라 만일 그리하지 아니하고 회개하지 아니하면 내가 네게 가서 네 촛대를 그 자리에서 옮기리라"(계 2:4-5)라는 책망을 받았습니다. 초심을 찾으라는 것입니다.

두 말씀을 종합해 보면, 하나님은 우리의 순종을 번제보다도 더 귀하게 받으시고, 순종하면 모든 것을 미리 보시고, 아시고, 공급하시고, 준비해 주십니다. 그리고 회개하여 처음 행위를 가지라 말씀하십니다.

여기에 더하여 우리가 해야 할 일이 있습니다. 말씀 안에서의 열정, 믿음에서 믿음으로 자라는 노력, 그리고 죽도록 충성하는 것입니다. 이 일도 하나님이 우리의 정성과 마음을 보시고 은혜로 이루어 주십니다.

우리는 육신의 정욕, 안목의 정욕, 이생의 자랑 등 세상 것을 좇아 땅에 거하는 자가 되지 말고 세상에 속한 욕심, 자랑, 교만을 모두 버려야 합니다. 그리고 하늘(하나님)에 속한 자가 되어야 합니다. 그런 우리에게 하나님은 미리 준비해 주시고, 미리 공급해 주시는 분임을 믿습니다.

단동교회,
예배와 뜨거운 영성 수련회

단동병원에는 개원할 때부터 4층[(구)단동병원]과 3층[(신)단동병원]에 교회가 있었습니다. 중국에서 외국인들이 교회를 하는 것은 거의 불가능하지만, 우리는 우리대로 십자가를 걸어 놓고 20년 동안 주일예배는 물론 매일 새벽예배를 드렸습니다.

우리는 (신)단동병원으로 이전한 후 종교국에 교회를 정식으로 인정해 줄 것을 신고했습니다. 그들은 수차례 나와서 점검하고 직접 예배 시간에 나와서 보기도 하면서 그동안 우리의 좋은 인상을 재확인하고 자기들이 묵인하는 조건으로 허락을 했습니다.

저를 포함해 6명의 미국 목사님들이 함께 이사진을 만들어 외국인 교회를 시작했습니다. 단동에는 한국의 한 교회에서 파송한 교회가 있지만, 그들은 교회이면서도 '한국인 모임 장소'라는 이름으로 예배를 드립니다. 그러나 중국 삼자교회를 제외하고는 미국인 교회로서 특히 강변에는 우리 교회가 유일한 교회로 정상적으로 예배를 드리는 교회가 되었습니다.

(신)단동병원 건물의 3층 한쪽 전체가 교회인데, 매주 주일예배, 매일 새벽예배를 드렸습니다. 단동병원에는 개원 이래 지난 3년을 제외하고 매년 단기선교 5-6팀이 10-20명씩 그룹을 지어 방문했습니다. 그들은 올 때마다 단동병원 교회에서 예배를 드렸고, 백두산 근처까지 다니면서 강변 사역과 의료봉사와 백두산 기도회까지 갖는 일정을 가졌습니다.

그리고 단동교회에서는 매년 1-2회 외부에서 목사님들과 교인들이 참석해 3박 4일 영성 수련회를 열었는데, 많을 때는 본교회 교인들 100여 명과 우리 사역자 30명가량이 함께 모여 예배를 드렸습니다. 서로를 위해 기도하며 재충전하는 귀한 시간이었습니다.

강을 건너 우리를 찾아온 북한 사람들에게 사랑의 의료봉사를 하는데, 병을 치료하기도 하지만 필요한 생필품과 의약품을 주고 원하는 사람들은 교회에서 그들을 위해 기도해 주기도 했습니다. 그러면 어떤 사람들은 성경을 달라고 하기도 합니다. 어떤 경우 성경 말씀을 적어 주고는 손을 잡고 위로해 주기도 합니다. 떠나는 그들을 향해 "또 오십시오", "건강하십시오" 하고 인사하면 어떤 이는 눈에 눈물이 핑 돌기도 하고, 또 어떤 사람은 사랑에 굶주리고 서러움에 북받쳐 큰 소리로 엉엉 소리 내어 울기도 했습니다. 그 모습이 지금도 눈에 선합니다.

우리의 굽은 십자가, 주님,
그리고 태평다리

(구)단동병원 4층을 예배실로 만들고 개원하는 첫날, 우리 동역자들은 뒷동산에 있는 나뭇가지를 다듬어 십자가를 만들어 걸고 감격하며 예배를 드렸습니다.

"드디어 우리의 십자가를 주셨다!"

감격한 가운데 기도를 시작하자마자 외부로부터 연락을 받았습니다. 십자가를 곧장 떼라는 것이었습니다. 우리는 누군가 먼 거리에서 망원경으로 우리 내부를 속속들이 들여다보고 감시한다고 생각하니 많이 놀랐습니다. 십자가를 내려놓으면서 말했습니다.

"예수님, 잠시 동안은 안에 들어가 계세요."

예배 때만 십자가를 걸어 놓고 시작한 작고 미약한 교회가 지금은 정부로부터 허가를 받고 매일 새벽예배와 매주 주일예배를 드리고 1년에 한두 차례 한국과 미국의 목사님들이 오셔서 영성 수련회를 인도하는 교회가 되었습니다.

한국의 한 대형 교회 목사님이 우리 교회를 방문하신 적이 있는데, 십자가가 인상 깊다고 하셨습니다. 본당 정면에 걸어 놓은 우리 십자가는 비록 작고 엉성한 십자가이지만 예수님의 형상을 볼 수 있어 우리에게는 큰 은혜요, 힘들고 두려울 때마다 그 십자가를 생각하면 기도하게 되는 소망의 십자가입니다. 그 십자가가 우리만 아니라 외부 사람들에게도 큰 은혜가 되는 줄 믿습니다. 우리를 여기까지 오게 하시고 어려운 환경 속에서도 견디고 살아남을 수 있도록 인도하신 하나님의 능력입니다.

이 십자가는 여느 곳에서 볼 수 있는 십자가와는 사뭇 다릅니다. 우리 동역자들이 뒷동산에 심긴 나무의 가지를 가져다가 다듬어 만들었기에 반반하지 못하고 여기저기 구부러졌습니다. 그런데 굽은 모습이 참으로 은혜가 됩니다. 마치 십자가에 달려 죽으신 예수님의 모습 같습니다.

머리 부분은 마치 힘들어하고 두려워하는 우리에게 주님이 "두려워 말라. 놀라지 말라. 내가 너와 함께하고 너의 하나님이 되리라"라고 말씀하시는 것 같습니다. 머리를 숙여 우리를 내려다보고 계신 주님 같습니다. 팔 부분은 안으로 굽어 있어 우리를 안아 주시려는 주님의 모습을 연상시킵니다. "수고하고 무거운 짐 진 자들아 다 내게로 오라 내가 너희를 쉬게 하리라"(마 11:28)라고 말씀하시며 우리의 등을 두드려 주시는 듯합니다. 무릎 부분은 유난히도 툭 불거져 낙타 무릎처럼 보입니다. 흡사 쉬지도 않으시고 주무시지도 않으며 갈 바를 알지 못하는 우리를 위해 하나님 아버지께 간구하시는 주님의 모습입니다. 저는 이 십자가를 통해 예수님의 은혜와 사랑을 느끼고는 많이 울었습니다.

한번은 압록강을 따라 의료봉사를 할 때 우리에 대한 소문을 듣고 찾아온 조선족 택시 기사가 "이 근처에 태평다리가 있는데, 이쪽 절반은 중국 땅입니다. 그 다리에 올라가면 맞은편 북한을 볼 수 있습니다"라고 말했습니다. 그 말을 들은 우리 팀은 어디로 가는지도 모르고 그를 따라갔습니다. 도중에 가끔 중국 경비원들이 나와 택시 기사에게 질문을 하면 그가 중국말로 유창하게 답해 쉽게 통과했습니다.

우리는 드디어 태평다리에 도착했습니다. 우리는 급하게 준비한 음식과 과일을 담은 상자를 들고 다리 한가운데까지 갔고, 상자를 밀어 국경을 넘어 북한 쪽으로 들여보낸 후 돌아섰습니다. 그런데 그 순간, 중국 경찰인 공안들이 와서 붙들려 갔습니다.

조사를 받는 동안 그들은 우리의 여권을 보면서 "여기가 어딘 줄 알고 마음대로 들어왔느냐?" 하며 목적을 대라고 추궁했습니다. 두렵고 떨려 제대로 대답도 못하고 있는 그 순간, '혹시 우리 10명의 봉사자들이 여기서 나가지 못하고 그 사실이 세상에 알려지면 우리는 어떻게 될까?' 생각하니 진땀이 났습니다.

중국 공안들은 우리의 가방을 뒤졌지만 청진기와 혈압기만 들어 있었고, 또 모두가 외국인들이기에 한참 만에 풀어 주었습니다. 조사를 받는 동안 제 눈앞에는 우리의 십자가가 떠나지 않았습니다. 하나님이 저를 향해 "두려워 말라. 놀라지 말라. 내가 너와 함께하고 너의 하나님이 되리라"라고 말씀하시는 듯했습니다. 감사의 눈물이 흘렀습니다. "이때를 위함이라"라는, 미리 예비하신 하나님의 은혜가 넘쳤습니다.

조금 더
가까이

우리가 20년 전에 (구)단동병원을 개원할 때는 외국인들이 병원을 지어 독자 병원을 운영하는 일은 중국 사람들에게 새롭고 신기한 경험이었습니다. 물론 우리도 단동이라는 지역이 압록강 강변이고, 전쟁 때 끊어진 다리가 전쟁의 참상을 보여 주고 있으며, 북한의 젖줄이라 80%의 교역이 이곳에서 이루어지고 있다는 것 외에는 아무것도 아는 바가 없었습니다.

단동 정부에서 합자병원을 할 상대 중국 병원을 정해 주어 단동 시내에서 차로 약 30분 걸리는 거리에 위치한 조용한 온천 지역에 100병상을 갖춘 4층 건물 2개 동을 다리로 이어 아름다운 병원을 개원했습니다. 그 후 13년, 그곳에서 많은 경험을 하고 살아남기 위한 무한한 노력을 기울였습니다. 그러나 중국 경제의 급성장으로 몰아닥친 새로운 개발과 팽창의 회오리바람을 피하지 못했고, 바로 그곳에서 쫓겨나게 되었습니다.

이후 우리는 압록강을 걸어서 갈 수 있는 단동 시내에 3층짜리 (신)단동병원을 다시 개원했습니다. 한 가지 다행인 점은 우리가 가슴에 품고 기도하는 북한 압록강과 북한 땅을 걸어서 갈 수 있을 만큼 가까워졌다는 것이었습니다. 이것은 우리를 찾아오는 북한 환자들에게 그만큼 쉽고 가까워졌다는 의미이기도 했습니다. 물론 우리의 숙소도 이에 따라 병원 근처로 옮겨졌습니다.

그런데 이번에는 우리 숙소의 주인이 아파트를 팔아야 한다며 방을 비워 달라는 통보를 해 왔습니다. 단둥도 아파트 값이 많이 올라 월세까지 덩달아 올랐기에 재정적인 부담이 컸습니다. 새로운 처소로 옮겨야 하는 것은 외국인들에게는 쉽지 않은 일이었습니다. 우리 동역자들이 발 벗고 나서서 동서남북을 뒤졌으나 알맞은 처소를 발견하지 못했습니다.

아직 시간적인 여유가 조금 있으니 천천히 찾아보기로 결정했는데, 하루아침에 시세보다 저렴한데 살기 좋은 집이 나왔다는 기쁜 소식을 들었습니다. 가서 본즉 하나님이 우리를 불쌍히 여겨 준비해 주신, 하나님의 사랑이 아니면 불가능한 집이라는 생각이 들 정도로 정말 좋은 곳이었습니다. 확 트인 11층 아파트 창문으로 보이는 압록강과 신의주는 눈만 뜨면 볼 수 있어 볼수록 감개무량합니다. 통일이 되면 바로 이 압록강을 건너 신의주와 평양으로 들어가 함께 잘 사는 나라, 평화와 번영을 이루어 전 세계가 부러워하는 나라, 그리고 강을 건너 세계로 예루살렘까지 모두 돌아가는 영적인 나라가 될 수 있음을 믿습니다. 하나님이 압록강이 내려다보이는 아파트 창문을 통해 민족의 평화와 화해를 미리 보여 주신 것입니다.

바울은 고린도에서 지중해를 건너 로마를 보고 자신이 궁극적으로 가야 할 목적지를 깨닫게 되었습니다. 하나님은 이를 위해 바울로 하여금 수많은 과정을 겪게 하신 후 결국은 하나님의 섭리로 미리 준

비하셔서 로마로 인도하셨습니다. 하나님은 우리에게도 미리 보여
주시고, 쉬지 않고 기도할 수 있도록 인도해 주셨습니다.

25년 전 건축한 평양제3병원의 활성화 프로젝트로 대대적인 보수
와 의료기계들을 채워 '건강한 통일'의 밑거름이 되기를 소원합니다.
하나님이 이때를 위하여 우리를 30년 넘게 돌고 돌게 하시고 이제 압
록강 바로 앞까지 인도하셨으니 진정 이때를 위함이라 믿습니다. 다
함께 기도하고 동참할 수 있기를 소원합니다.

아레오바고(Areópago),
"살았다, 다시 살았다!"

그리스의 수도 아테네(아덴)에 있는 아크로폴리스 언덕 위에는 유네
스코 첫 번째 세계문화유산인 파르테논 신전이 있고, 맞은편 자그마
한 언덕에는 가장 오래되고 권위가 있었던 아레오바고 법정의 언덕
이 있습니다.

사도 바울은 제2차 전도 여행 당시 빌립보에서 감옥에 갇혔다가
간수에게 전도한 후 데살로니가와 베뢰아를 거쳐 아덴으로 갔습니
다. 당시 아덴에는 세계 철학자들과 학식 있는 자들이 있었는데 그
들은 "이 말쟁이[바울]가 무슨 말을 하고자 하느냐"(행 17:18) 하며 바울
을 아레오바고로 데리고 가서 그의 설교를 들었습니다.

여기서 바울은 하나님이 창조주이시고 부활하신 그분의 아들 예수님을 믿고 회개하지 않으면 심판을 받을 것이라고 헬라인들과 학자들에게 서슴없이 전파했습니다. 그러자 몇 사람이 믿기 시작했고, 그중 그 지역을 다스리는 관원이었던 디오누시오는 후에 그 지역 첫 번째 감독이 되었습니다.

한번은 북한에 들어갔는데 출입국에서 다른 사람은 다 보내 주고 저만 따로 세워 두었습니다. 당시 15명이 한 팀이었는데, 저는 제 출입금지가 다 해결되었다고 해서 들어갔는데 그만 공항에서 걸린 것입니다. 먼저 나간 동역자들이 불안해하는 모습이 제일 걱정이 되었습니다. 저는 북한 관리들에게 "저 여기 오고 싶어 온 것이 아닙니다. 만약에 어려움이 있으면 공항에서 기다리다가 다음 항공편으로 돌아가겠습니다"라고 말했습니다. 그러자 아무런 반응도 없더니 약 30분이 지난 후에 통과가 되었습니다.

저녁 시간에 한자리에 모여서 저녁 식사를 하려는데, 한 북한 관리가 오더니 "밥이 목구멍으로 넘어갑니까?" 하는 것이 아닙니까. 나중에 알고 보니 좀 전 출입국에서 저만 따로 세워 둔 바로 그 사람이었습니다. 가슴이 섬뜩했습니다. 저는 저녁 식사가 채 끝나기 전에 불려가 기다리고 있는 차를 타고 나무가 울창한 깊은 산속으로 들어가 작은 집(안가)에 도착했습니다. 그는 의자를 손으로 가리키며 "앉아 기다리시오"라는 말만 하고 나갔습니다. 그때 저는 드디어 일이 일어났구나 싶어 전신이 떨렸습니다.

한참 후 고급 관리 세 사람이 들어와서 앉더니 들고 온 큰 봉투를 열고 그 안에 들어 있는 종이 뭉치를 풀어 놓았습니다. 언뜻 보기에 신문 조각들, 나의 책(《사랑의 왕진가방》), 여러 개의 카세트테이프, 그리고 편지처럼 꽉 채워진 서류 등이 보였습니다. 눈앞이 캄캄했습니다.

'드디어 모든 것의 끝이 나는구나.'

그때 문득 그 직전에 성지 여행과 아테네의 파르테논 신전을 방문하며 큰 감동을 받았던 기억이 났습니다. 사실 그 여행은 갈 수 있는 형편이 아니었는데, 동역자들이 밤낮 눈코 뜰 새 없이 바쁘게 살아가는 저에게 잠시라도 쉼을 주어야 한다며 꼭 함께 가야 한다고 마련한 것이라 등 떠밀려 갈 수밖에 없었던 여행이었습니다.

당시 아레오바고에 도착한 저는 아레오바고 언덕에 서서 사도 바울이 용기와 믿음으로 감동의 메시지를 전하는 모습을 상상하며 큰 감명을 받았고, '나도 바울처럼 능력 있고 담대한 종이 되었으면 좋겠다'고 생각하면서 가슴이 뛰었습니다. 바로 그때 그 순간이 떠올랐고 그 장면이 제 눈앞에 커다랗게 보였습니다.

'아! 이래서 그때 하나님이 나를 아레오바고로 인도하시어 보게 하셨구나!'

모든 것이 하나님의 섭리 가운데 이루어졌다는 사실을 알게 되니 마음이 많이 진정되었습니다. '나보다 나를 더 잘 아시는 하나님이 미리 준비해 주셨다'라는 확신이 생기자 그 후부터는 담대해졌습니다. 저는 그리스도인이고 조국의 평화와 통일에만 관심이 있는 민족주의자입니다. 그것은 북한 관리들도, 세상 모든 사람도 아는 사실입니다. 하지만 저에 대한 대부분의 오해는 주위 사람들, 특히 저를 시기하고 질투해 모함하여 자기들의 입지를 더 공고하게 하려는 자들이 제 설교와 강의 등 동영상을 모아 즉시 북한 관리들에게 전달하고 왜곡했기 때문에 비롯한 것이었습니다. 그런 까닭에 저는 그 자리에서 벌떡 일어서서 말했습니다.

"여러분도 저에게 할 말이 많겠지만, 저부터 먼저 하겠습니다. 저는 오직 제가 믿는 기독교적인 순수한 마음으로 조국과 민족을 사랑하고, 병든 자들을 치료하고, 생명을 살리는 일에만 관심이 있는 사람입니다. 저는 미국에서 주립대학교 의대 교수로 평생을 살았기에 제가 가지고 있는 여러 자원들을 총동원해 평양제3병원을 세웠고 계속해서 인도적인 의약품과 구호물자들을 보냈습니다. 만약에 이것이 잘못이라면 이제부터 더 이상 하지 않고 저도 당신들과 상관하지 않을 것입니다. 그러나 당신들은 다른 사람들의 말만 듣고 저를 배신자로 만들고 출입금지까지 시켰으니 저도 더 이상 계속할 마음이 없습니다."

저는 감정이 복받쳐 어느새 목청이 커졌고 눈에서는 눈물이 흘렀습니다. 그때 가운데 앉아 있던 고위 관리의 눈가가 촉촉해지더니 일어나 손을 내밀며 악수를 청하며 말했습니다.

"우리 모든 것을 없던 일로 합시다. 그동안 수고 많이 했습니다."

이 일은 아레오바고를 통해 저를 준비시켜 주신 하나님의 기적이 었습니다. 주 안에서는 거저 일어나는 일이 없습니다. 그리고 불가능이 없음을 믿습니다. 그러더니 그는 제게 "앞으로는 더욱 조심해서 조국을 돕는 일을 계속하겠습니다"라고 간단하게 서면으로 적어서 내일 떠나기 전에 제출해 달라고 요청했습니다.

그날 저는 밤새 '어떻게 하면 이 글을 쓰지 않고 갈 수 있을까?' 궁리하느라 잠을 설쳤습니다. 새벽이 되어 연락하는 사람이 와서 오늘 오후에 심양으로 가는 비행기는 만석이라 아침 일찍 8시에 북경으로 갈 사람이 필요하다고 말했습니다. 순간적으로 저는 "우리가 가겠습니다!"라고 답했습니다. 그래서 아침도 거르고 북경으로 나왔습니다.

비행기에 타기는 했지만 이륙하기 전까지는 안심하지 못해 관리들만 보면 저를 잡으러 오는 것 같아 가슴이 두근두근거렸습니다. 항공기가 이륙하자 그제야 안심하고 몸에 힘이 쭉 빠졌습니다. 그 순간 눈을 감고 하나님께 감사의 기도를 드렸습니다.

수많은 사람으로 북적이는 북경 공항에는 발 들여 놓을 틈도 없었고 동서남북이 어딘지 분간조차 되지 않았습니다. 평양에서 급하게 출발하느라 아침도 못 먹고 나왔으니 배가 무척 고프고 지칠 대로 지쳤습니다. 우리 일행은 맥없이 한쪽 구석에 주저앉아 있었습니다. 그런데 그때 L집사가 저에게 물었습니다.

"장로님, 왜 이렇게 험하고 밑도 끝도 없이 핍박만 받는 사역을 계속하십니까?"

그 질문을 듣고는 정신이 버쩍 들어 말했습니다.

"집사님, 이 사역은 제가 하고 싶다고 하는 것이 아니고, 또 하기 싫다고 그만두는 것도 아닙니다. 하나님이 무슨 이유인지는 잘 모르지만 저를 부르시고 사역을 맡겨 주셨으니 죽도록 충성하는 것이 제가 해야 하는 일이기 때문입니다."

그러면서 우리 둘은 손을 잡고 눈물을 흘렸습니다.

바로 그때 "박 장로님 아니세요?"라는 귀에 익은 음성이 들렸습니다. 저보다 조금 먼저 목회를 그만두고 장애인으로서 장애인 선교를 하기 위해 북경에 와서 의족을 만들어 보급하는 사역을 하시는 목사님이셨습니다. 저는 그분의 손을 잡고 벌떡 일어나 우리의 형편을 말씀드렸습니다. 그러자 목사님은 우선 식사부터 하게 해 주시고, 또 국적기가 있는 곳으로 우리를 안내해 주셨습니다. 그래서 우리는 국적기를 타고 서울로 돌아왔습니다. 비행기가 이륙한 후에야 '다시 살았다!'는 안도의 숨을 내쉬었습니다.

여호와 삼마
(Lord is there)

하나님은 에스겔의 환상 중에 나타나셔서 예루살렘 성전이 재건되리라는 소망의 말씀을 주셨습니다. "우리가 사로잡힌 지 스물다섯

째 해, 성이 함락된 후 열넷째 해 첫째 달 열째 날에 곧 그날에 여호와의 권능이 내게 임하여 나를 데리고 이스라엘 땅으로 가시되"(겔 40:1). 이어지는 에스겔 48장 35절에는 "그 사방의 합계는 만 팔천 척이라 그날 후로는 그 성읍의 이름을 여호와 삼마라 하리라"라고 기록되어 있습니다.

에스겔 선지자는 예루살렘 함락 전에는 회개를, 예루살렘 함락 후에는 하나님의 위로와 구원을 전한 선지자입니다. 이는 이스라엘 백성이 다시 그들의 땅을 회복하는 소망을 하나님이 이루어 주실 것을 에스겔이 선포한 메시지입니다. 하나님은 그곳에도 계시고, 우리와 함께 계셔서 보시고, 아시고, 미리 준비하십니다. 그래서 우리에게 소망을 주십니다. 그래서 하나님은 우리에게 "두려워 말라. 놀라지 말라. 내가 너와 함께하고 너의 하나님이 되리라"라고 말씀하십니다.

내가 아니고, 하나님이 그곳에서 직접 하셨다는 확신은 제게 새로운 소망을 주고 계속해서 넘치는 소망을 줍니다. 저는 그 은혜와 사랑을 미리 보지 못해 힘들어하고, 두려워하고, 어려워하면서 좌절하는 경우가 너무 많았습니다. 그러나 하나님은 제게 은혜를 베푸시고, 돌이켜 보게 하시고, 후에라도 깨닫고 알게 하시고, 내가 아니라 하나님이 하셨고 하나님이 항상 함께하신다는 확신을 절실히 깨닫게 하심으로 제 믿음이 자라게 하셨습니다. 이것이 제가 지금까지 사역을 하는 힘이요 이유입니다.

여호와 삼마, 하나님은 그곳에도 계셨습니다. 에벤에셀, 하나님이 여기까지 도우셨습니다. 여호와 이레, 하나님이 아시고, 보시고, 현재와 미래를 아시고, 미리 준비하셨습니다. 임마누엘, 하나님이 우리와 영원히 함께하십니다.

2호
사랑의왕진버스

지금 한국에는 많은 외국인 노동자가 일하고 있습니다. 그들 중에는 비자를 받고 들어와 일하는 사람도 있지만, 비자가 만료되었거나 불법으로 체류하는 사람도 있습니다. 그들은 한국 의료보험이 없거나 있더라도 언어가 통하지 않아 의료 진료와 혜택을 받지 못하는 경우가 많습니다.

우리는 중국 단동병원에서 '사랑의왕진버스'를 만들어 운영했습니다. 단동에서 백두산 아래 지역 중 압록강 강변 지역을 다니면서 중국 가정교회와 우리를 기다리고 있는 환자들을 대상으로 의료봉사를 했습니다. 많은 환자가 오랫동안 큰 혜택을 받았고, 우리 사역자들도 열심히 즐겁게 다니며 봉사했습니다.

우리의 사역이 소문나면서 중국 공안이 여러 번 찾아와 경고를 했습니다. 하지만 우리가 마음대로 가는 것이 아니라 소문을 들은 그들의 간청을 받고 가는 것이고, 가는 곳마다 반응이 좋아 한동안은 공안도 별 말이 없었습니다. 이후 우리가 마음대로 이동하지 않아 공안이 경계를 풀었고 그들이 초청해서 방문하면 대환영을 받으면서 봉사할 수 있게 되었습니다.

처음에는 사랑의왕진버스를 3대 마련해 1호는 압록강 강변에서, 2호는 한국에서 외국인 노동자들을 위해, 나머지 3호는 압록강을 건너 북한 내부로 다니며 의료봉사를 할 계획을 세워 두었습니다. 그러나 1호는 7-8년간 잘 운영되다가 결국은 제재를 받고 중단하게 되었고, 2호는 다행히도 한국 정부에서 우리 사역을 도와 매번 치료 버스 한두 대를 임대해 주어서 지금도 계속해서 외국인 노동자들을 대상으로 전도와 의료봉사를 하고 있습니다. 3호는 아직도 문이 열리지 못해 실천하지 못하고 있습니다.

사랑의왕진버스는 대형 버스로, 내부에 엑스레이와 초음파 기계, 치과 도구, 그리고 간단한 치료와 진단을 위한 장비들이 준비되어 있습니다. 한국에서 사용하는 차는 산부인과 진료 시설도 구비되어 있고 뒤편에는 간단한 진료실이 있습니다.

지금 중국이 미래를 보고 단동에서 신의주를 연결하는 새로운 압록강 다리를 만들어 열리기만을 기다리고 있은 지 이미 4-5년이 지났습니다. 근래 중국 측은 열었지만, 아직도 북한이 닫혀 있습니다. 최근 접한 소식에 의하면, 중국에서 북한 측의 모든 연결을 맡아서 해 주겠다고 했답니다. 그렇게 되면 단동에서 신의주는 다리 하나 건너면 갈 수 있는 직통 거리가 됩니다. 우리는 이미 오래전부터 그 다리를 염두에 두고 사랑의왕진버스 3호를 계획하고 있었습니다. 하루속히 그날이 오기를, 북한의 문이 열려서 모두가 잘 사는 세상이 오기를 소원합니다.

한국 사랑의왕진버스 2호는 열심히 사역을 감당하고 있고, 특히 진료를 기다리는 사람들이 큰 기대를 하고 있습니다. 게다가 진료실이 열리는 날이면 모처럼 한자리에 모여서 식사를 하고 즐거운 시간을 가지곤 합니다. 그 모습을 보면 큰 자부심이 느껴집니다. 대부분의 외국인 노동자들은 그 사역을 담당하는 목회자를 중심으로 교회 생활을 하고 있기에 진료를 하는 날이면 성도들과 목회자, 외국인 노동자들, 우리 담당 선생님들과 자원봉사자, SAM Care 한국 스태프 등 모두가 같이 기도하고 격려하며 시간을 보냅니다.

우리 담당 선생님들, 특히 치과, 일반 내과, 소아과, 산부인과, 그리고 가정의학과, 약사 등 많은 선생님이 매번 시간을 내어 주시고 지치지도 않고 계속 환자들을 돌보아 주심으로 이 사역이 계속해서 이루어지고 있습니다. 우리는 이러한 섬김을 통해 한국에 온 외국인 노동자들이 모두 주님을 영접하고, 고국에 돌아가서 전도자가 되고, 그들 역시 한국에서 보고 배운 사랑의왕진버스 혹은 또 다른 봉사를 통해 세상에 큰 도움을 주는 사람들이 되기를 소원합니다.

바울과 나,
그 사역의 시작과 끝

지중해 동북부에 위치한 구브로섬은 길리기아, 밤빌리아, 수리아에서 약 100km 거리에 있는데, 바나바와 바울이 처음 복음을 전한 지역입니다. 이곳에서 사울(somebody)의 이름이 바울(nobody)로 변했습니다. 당시 동행했던 마가가 떠남으로 바나바와 바울은 크게 다투었습니다. 이 일로 두 번째 전도 여행에서는 서로 갈라져, 바나바는 스데반 집사의 순교 이후 박해를 받아 구브로로 온 유대인들에게 설교하며(행 11:19-20) 성공적인 목회를 했고, 바울은 아시아를 떠나 유럽을 통해 결국은 로마까지 가는 세계 전도를 했습니다.

바울과 바나바 같은 위대한 전도자들이 크게 다툰 이유는 개인적인 욕심 때문이 아니라, 하나님이 각자에게 주신 사명에 순종하며 죽도록 충성하는 것이 자신들의 갈 길임을 믿었기 때문입니다.

바나바는 성령과 믿음이 충만하고 매우 착한 사람이었고, 영적으로 담대한 은혜의 소유자였습니다. 그는 바울이 다메섹 도상에서 예수님의 부르심을 받은 후 예루살렘으로 가서 제자들에게 배우고 그들과 사귀기를 원했지만 그들이 바울을 신뢰하지 못해 두려워했을 때도 그의 회심을 알리고 변호해 준 온유하고 인자한 자였습니다. 반면에 바울은 적극적이고 죄에 엄격한 사람이었습니다.

두 사람은 성격뿐 아니라 하나님이 주신 사명과 은사가 달라 사역 역시 다를 수밖에 없었습니다. 이처럼 전도자는 하나님께 부르심을 받고 주신 사명을 따라 순종해야 하지, 자기의 욕심이나 개인적인 목적을 따르는 자는 자칭 전도자일 뿐 결국에는 실패하고 맙니다.

사역자도 사람이기 때문에 갈등이 있고 사람 냄새가 나기 마련입니다. 그러나 세상 것을 모두 내려놓고 죽도록 충성하기로 서원한 사람들은 세상 사람들과는 구별되어야 합니다. 자아를 죽이고, 자기의 욕심과 자존심을 내려놓고, 주님의 인도하심에 무조건 따라야 합니다. 생명까지도 주 안에서 내려놓아야 가능합니다.

바울은 제3차 전도 여행을 마치고 방향을 바꾸어 예루살렘으로 향했습니다. 그곳에서 결국은 체포되었고 가이사랴에서 아드라뭇데노 배에 올라 로마로 가는 길에 바람의 거스름을 피해 서쪽으로 가야 하는 배가 동쪽으로 가면서 구브로 해안을 의지하게 되었습니다(행 27:4-5).

자신의 고향 길리기아(바울의 고향 다소가 있는 곳)와 밤빌리아, 그리고 첫 전도지인 구브로를 지나가는 바울의 심정은 어떠했을까요? 바울의 전도는 구브로에서 시작되었고, 이제 그는 죄수의 몸으로 로마로 향하게 되었습니다. 그 길에서 다시 구브로와 고향을 지나게 된 그는 사역의 시작부터 마감까지 그간의 모든 사역을 돌이켜 보며 여기까지 인도하신 하나님의 은혜와 앞으로 있을 로마 사역으로 이어지는 대장정의 열매를 잘 맺고자 결단했을 것입니다. 노(老)사역자의 눈에는 감사와 감격의 눈물이 흘렀을 것입니다.

그런데 도중에 바울은 유라굴로 광풍을 만나 여러 날 동안 해와 달을 보지 못했고 구원의 여망도 없어지고 말았습니다. 바로 그때 하나님의 음성이 들렸습니다. "바울아 두려워하지 말라 네가 가이사 앞에 서야 하겠고"(행 27:24). 하나님은 바울과 함께하셨습니다.

지난 30년 동안 수많은 고난을 당하고 50세(오늘날의 나이로 환산하면 70세가량으로 추정)의 노약하고 병든 몸으로 복음을 위해 생명을 바치고자 로마로 가는 사도 바울은 끝까지 승리할 것을 다짐하는 마음으로 기도했을 것입니다. 그리고 두 팔을 벌리고 환하게 안아 주시는 주님을 향해 "내 모습 이대로 왔으니 주여, 받아 주시옵소서!"라고 외쳤을 것입니다.

저는 바울의 일생의 사역을 공부할 때마다 더욱 그를 존경하게 되고 일면 무척 부럽기도 합니다. 바울의 위대한 믿음과 순종, 그리고 생명의 위협을 받기도 여러 번 했던 그의 사역은 그 누구도 흉내조차 낼 수 없는 바울만이 할 수 있는 엄청난 일이었고, 충분히 우리 신앙의 본이 될 만합니다. 특히 바울의 인생의 말년에, 복음을 전하고자 로마로 가는 길에서 그는 많은 생각에 잠겼을 것입니다. 성경을 읽는 제가 전율이 오고 감동의 눈물을 흘릴 정도로 뭉클합니다.

하나님이 제게 성경을 배우고, 읽고, 생명의 책으로 나의 끝 날까지 믿고 살 수 있도록 허락하신 것에 감사합니다. 말로 다할 수 없는 큰 축복이요 은혜입니다. 그 가운데서도 바울은 예수님 다음으로 제게 큰 영향을 준 사도입니다.

그런 바울이지만 그에게도 가끔 인간적인 면이 있었습니다. 학식과 로마 시민권을 가지고 있던 바울은 스데반의 죽음을 목격하고 예수님을 믿는 자들을 핍박하기 위해 다메섹으로 가던 중 예수님을 만났습니다. 그때 예수님이 부르지 않으셨다면 바울은 일생을 세상적으로 살았을 것입니다. 뿐만 아니라 앞서 이야기했듯이 공동 목회를 하던 바나바와 선교하다가 서로 다투고 갈라졌습니다. 바울도 때로는 실수했습니다. 그러므로 바울이 더욱 친근하게 느껴집니다.

저도 때에 따라서 앞이 캄캄하던 일, 억울해 눈물 흘리던 일, 두려움에 떨면서 포기하면 좋겠다며 빗나갔던 일들을 생각하면 너무 부끄럽습니다. 하지만 그럴 때마다 제게 가장 큰 위로와 새 힘을 주는 사람은 역시 사도 바울입니다. 그래서 바울은 지금도 우리 속에 살아 있고 우리 믿음의 본이 되는 것입니다.

감히 바울의 사역에 비교할 수는 없지만, 우리도 이제 사역을 시작한 지 30년이 넘었습니다. 그래서 이 말씀들이 제 마음에 더 깊은 여운을 주고, 30년 후 로마로 간 바울의 승리가 더욱 감격스럽습니다. 이제 하나님의 뜻이면 저도 '로마'(제게는 '북한')로 가서 끝까지 봉사하고 전도하다가 우리 내외가 함께 천국으로 가는 꿈을 기대해 봅니다.

"물댄동산 프로젝트"

제가 60대의 K환자를 처음 만난 때는 그가 정신을 잃고 쓰러져 병원으로 실려 온 때였습니다. 농촌에서 힘든 일을 하면서 오랫동안 고혈압과 당뇨병으로 고생한 그분은 병원에 갈 시간이 없어 계속 약만 복용하다 혈압이 너무 오르고 동시에 혈당이 급격히 떨어져 정신을 잃고 말았습니다. 다행히 병원에서 치료를 받고 회복되어 며칠 입원한 후 퇴원을 했습니다. 우리는 퇴원하는 그분을 붙잡고 여러 가지 약과 주의 사항을 자세히 알려 주고 꼭 지켜야 한다고 신신당부했습니다.

유난히 그분이 기억에 남는 이유는 아마도 극적으로 생명을 찾았다는 것 외에도 그분이 환한 얼굴에 함박웃음을 잃지 않았고, 특히 고마운 마음을 전달하느라 제 손을 꼭 잡고 눈물을 글썽거리던 모습이 참으로 순박해 보였기 때문입니다.

그분이 퇴원한 후 약 2개월이 지나 문득 궁금해졌습니다.

'약은 제대로 잘 복용하고 있는가? 별 다른 일은 없는가?'

저는 우리 팀과 함께 그분의 집을 직접 방문해 보기로 했습니다. 중국 공안이 우리가 개인적으로 중국 주민들의 집을 방문하는 것을 좋아하지 않는다는 말을 듣고 그간 자제해 왔는데, 이번에는 의사와 환자라는 좋은 뜻으로 조심스럽게 그분의 시골집을 찾았습니다.

우리가 온다는 연락을 받고 아침부터 먼 골목길까지 나와서 안절부절못하며 기다렸다는 그분을 보니 저도 무척 반가웠습니다. 그분은 제 앞에서 뛰는 시늉을 하면서 이제는 뛸 수도 있을 정도로 건강해졌다며 환하게 웃었습니다. 병원에 있을 때에는 걷지도 못하고 도움이 없이는 돌아누울 수도 없었던 그분이 이제는 두 팔을 벌리고 뛰면서 "선생님, 저를 보세요"라는 말을 반복했습니다. 곁에 있던 목소리가 큰 아주머니도 "기적입니다. 고맙습니다"를 반복했습니다.

부엌이 바로 방인 그분들의 삶의 공간으로 들어가 환자를 누이고 저도 그 옆에 털썩 주저앉아 진찰을 했습니다. 모두 정상이었습니다. 그 소식을 전하자 그분은 다시 저를 안고 눈물을 흘렸습니다.

"정말 고맙습니다. 선생님이 아니었으면 저는 누워 죽기만을 기다렸을 것입니다."

심한 농사일에 찌든 그분의 얼굴에 미소가 가득했습니다. 다 빠져버린 앞니 사이로 목구멍이 다 들여다보일 정도로 크게 웃었습니다. 저도 같이 눈물이 났습니다. 그분들에게 다시 살 수 있는 힘을 주었다는 생각에 제게도 감사가 넘쳤습니다.

꼭 식사를 하고 가시라는 아주머니의 간청을 뒤로하고 나오다가 하늘을 쳐다보았더니 오늘따라 더 푸르른 하늘과 하얀 구름이 저를 향해 손을 흔들어 환영하는 것 같았고, 그 사이로 웃고 계시는 예수님의 모습이 보이는 것 같았습니다.

"아멘, 할렐루야, 감사합니다."

조용히, 그러나 마음 깊은 곳에서 나온 간절한 고백입니다.

이 일이 소문이 나서 그 마을 촌장이 동네 전체 의료봉사를 해 달라고 초청을 했습니다. 그리고 그 옆 마을도, 또 다른 마을도 방문을 요청해 왔습니다. 우리는 사랑의왕진버스를 장만해 숨 죽여 간 것이 아니라, 그 마을 지도자들의 초청을 받고 가서 많은 환자를 진료했

습니다. 어려운 농사일에 모두 만성질환을 가지고 있어 우리를 환영
했고, 우리도 동네 사람들이 참 소박하고 다정해 즐거운 시간을 보
냈습니다. 우리는 이 사역을 "물댄동산 프로젝트"라고 불렀습니다.

불행하게도 지금은 국가 간의 이해 부족과 갈등으로 중단되었지
만, 하루속히 다시 시작해 우리의 사랑이 필요한 사람들에게 나누어
질 수 있기를 소망합니다.

chapter 4

후회는
조금도 없습니다

목마른 자들아
다 이리 오라

성경에서 물은 성령입니다. 청결함이 없이는 성령님의 역사도 없기 때문입니다. 예수님은 유대에서 갈릴리로 가시는 중 사마리아를 통과하며 수가에 이르셨습니다. 이곳은 야곱이 아들 요셉에게 준 땅인데, 야곱의 우물이 있었습니다. 야곱의 우물은 2,000년이 지난 지금도 풍성하고 좋은 물을 내는 우물이라고 합니다. 이 우물은 야곱이 얍복강을 건너 세겜 땅으로 들어와 판 우물입니다.

수가의 우물가에서 죄 많은 사마리아 여인을 만나신 예수님이 그녀에게 물을 좀 달라 하시니 여인은 왜 유대인이 사마리아인에게 물을 달라 하느냐고 물었습니다. 이에 예수님은 "네가 만일 하나님의 선물과 또 네게 물 좀 달라 하는 이가 누구인 줄 알았더라면 네가 그에게 구하였을 것이요 그가 생수를 네게 주었으리라"(요 4:10)라고 말씀하셨습니다. 그리고 이어서 "이 물을 마시는 자마다 다시 목마르려니와 내가 주는 물을 마시는 자는 영원히 목마르지 아니하리니 내가

주는 물은 그 속에서 영생하도록 솟아나는 샘물이 되리라"(요 4:13-14)
라고 말씀하셨습니다.

　이로써 그 물은 마셔도 마셔도 계속 목마르고 배가 터지도록 마셔
도 또 마셔야 하는 세상의 물과 구별된 성령의 물임을 알게 하셨습니
다. 하나님의 선물은 성령이요, 성령은 생수라 영원히 목마르지 않
고 그 속에서 영생하도록 솟아나는 샘물이라고 말씀하셨습니다. 예
수님은 여인과 전부 일곱 번의 대화를 나누셨는데, 결국은 이 여인의
증언으로 많은 사마리아인이 예수님을 믿게 되었습니다.

　항해하는 배에는 평형수가 반드시 필요합니다. 평형수는 배의 균
형을 잡기 위해 배 아래에 채우는 바닷물을 의미합니다. 성령님은 평
형수와 같이 우리가 넘어지지 않고 좌우가 아니라, 하나님만을 바라
보게 합니다. 좌우, 즉 세상의 유혹에 빠지다 보면 욕심이 더 큰 욕
심을, 권력이 더 많은 권력을 좇게 하며, 무언가에 홀린 사람처럼 배
가 터지도록 먹고 스스로 무덤을 파게 됩니다. 사탄은 물이 없는 곳
을 찾아다니며 우리를 방해하고 판을 쳐 우리로 하여금 서로 원수
가 되게 하니, 성령으로 충만해야 이러한 사탄의 역사를 막을 수 있
습니다.

　지금 세상의 혼란은 사탄의 역사요, 이는 성령님이 그들의 마음에
계시지 않기 때문입니다. 그래서 현실에 대한 책임은 우리 모두에게
있지만, 특히 교회와 믿는 자들이 진실과 감동으로 사회를 변화시키
고 본을 보여 주지 못하는 데 아쉬움이 있습니다. 믿지 않는 자들은

성령님의 임재를 알 수 없기 때문에 성령 충만한 교회와 믿는 자들이 본이 되고 물이 되어 세상을 바른길로 인도해 진실된 삶이 어떠한 것인가를 보여 주어야 합니다.

우리는 성령 충만이라는 말을 많이 사용합니다. 이것은 나의 모든 생각, 행동, 말, 그리고 믿음까지 성령의 의지에 맡기는 것입니다. 성령님이 인도하시는 대로 따라가는 것입니다. 부정적이고 두려운 생각을 벗어버리고 성령님, 곧 하나님의 의지에 맡겨 드리고 격려와 칭찬, 그리고 은혜 충만한 삶을 사는 것입니다. 성령님이 내 안에 함께하십니다.

야고보 사도는 "너희는 하나님이 우리 속에 거하게 하신 성령이 시기하기까지 사모한다 하신 말씀을 헛된 줄로 생각하느냐"(약 4:5)라고 말합니다. 우리 안에 계신 성령님은 내리는 비와 부는 바람에도 불평하고, 마치 나 혼자인 것처럼 힘들어하고, 나 혼자 살기도 너무 힘든데 무슨 선교이고 무슨 인도적 지원이냐고 억울해하는 못난 우리를 오늘도 시기하기까지 사모하신다는 사실을 확실히 알고 믿어야 할 것입니다.

저는 1994년 미국 동부에서 서부로 이사한 후 그곳 동역자들과 함께 국제샘재단을 창설했습니다. 그때 저는 재단의 이름을 생각하며 기도하는 가운데 성령님의 인도하심으로 찬송 "목마른 자들아"(새찬송가 526장)를 계속해서 불렀는데, 부르면 부를수록 깊은 마음의 감동을 받았습니다.

'샘', '샘물', '성령님'을 연결하다 보니 'SAM'(Spiritual Awakening Mission, 영적 각성), 그리고 한국어로는 '샘물'이 되는 지혜를 주셨습니다. 다른 사람의 영혼을 구하려면 우리가 먼저 성령 충만하고 영적 각성이 되어야 가능한 줄 믿습니다. "목마른 자들아 다 이리 오라."

많은 시간이 흘러 여기까지 오면서 사람들의 욕심과 시기, 질투로 상처투성이가 된 것 같지만, 그 가운데 우리는 살아남았고, 하나님이 무엇보다도 귀한 믿음의 성장을 주셨습니다. 그들의 탓보다는 저의 성령 충만이 부족했던 것입니다. 이를 아신 하나님이 우리의 신앙을 자라게 하셨고 성숙한 믿음, 성숙한 소망이 되도록 은혜를 베푸신 것입니다. 하나님은 우리가 고난 가운데서 인내하게 하셨고, 인내는 연단을, 연단은 소망을 이룬다는 섭리를 알고 믿게 하셨습니다.

아직도 갈 길이 멀지만, 그래도 포기하지 않으시고 참고 인내하시며 날마다 회개하고 조금씩 변하게 하시는 그 은혜에 감사합니다. 아직도 넘어졌다가 다시 일어나기를 반복하는 이 못난 심령 위에 성령님이 함께하심을 믿게 하시고 죄를 사하여 주시는 그 은혜에 감격합니다. 그래서 저는 SAM재단을 생각할 때마다 감사의 눈물을 흘립니다.

어떤 환경보다도 더 강한 성령 충만함이 제 속에 항상 넘쳐 맡겨주신 사역을 감당하면서 하나님 앞에 가는 날까지 충성하기를 소원합니다.

"더 열심히 진실과 순수한 마음으로 섬길 수 있도록 성령 충만하게 하옵소서."

아,
예수님이셨구나!

모든 일상을 뒤로하고 떠나기 전부터 지친 상태로 미국 동부에서 서부로, 그리고 일본으로 2박 3일의 긴 비행 여정과 공항에서의 대기 시간을 거치느라 몸살이 났습니다. 열이 나고 식은땀이 나서 제대로 앉아 있기도 힘든 상태에서 북경으로 가는 비행기에 탑승했습니다.

그때 건너편에 앉은 젊은 미국 청년이 책 한 권을 들고 와서 제게 물었습니다.

"이 책이 무슨 책인지 아십니까?"

저는 그가 중국으로 사업을 하러 가는 사람이라 생각했고, 그 책이 중국어 사전인 줄 알았습니다. 몸살로 가뜩이나 심기가 불편했던 저는 퉁명스럽게 대답했습니다.

"제가 지금 몸이 불편하여 관심이 없습니다."

그러자 청년은 자기 자리로 돌아갔습니다. 그런데 잠시 후 그 청년이 갑자기 "아멘, 할렐루야!" 하는 것이 아닙니까. 저는 정신이 버쩍 들어 그가 손에 든 책을 다시 보았습니다. 그 책은 성경책이었습니다.

청년과 대화하는 중에 그는 지금 중국으로 복음을 전하러 가는 길이고, 자기 옆에 있는 사람인 제가 무척 괴로워하는 모습을 보니 틀림없이 구원받지 못한 사람이라 생각해 제 영혼을 위해 기도했다고 설명했습니다. 저는 너무 놀라서 서둘러 일어나 가방 속에 들어 있는 제 성경책을 꺼내 "사실은 저도 우리 민족의 영혼을 위하여 지금 가는 길입니다"라고 말했습니다.

그때부터 청년과 저는 손을 잡고 서로를 위해 기도했습니다. 저는 제 어리석은 신앙을 눈물로 회개하고 청년은 그 자신의 고백을 하면서 우리는 성령 충만했고, 마음이 뜨거워졌으며, 후회와 감사의 눈물을 흘렸습니다. 그는 저를 위해, 저는 그를 위해 기도했습니다. 긴 4시간이 금방 지나갔습니다. 어느새 그렇게 쑤시고 아프던 몸이 언제 그랬냐는 듯 멀쩡해졌습니다.

북경에 도착해 복잡한 사람들 사이를 헤치고 짐을 찾으러 홀연히 떠나는 청년의 뒷모습을 보다가 문득 "여기 연락처를 적어 우리 서로 기도 동역자가 되기를 바랍니다"라고 말했습니다. 그러자 그는 발걸음을 멈추더니 "제가 당신에게 드린 성경 말씀을 기억하고, 저도 당신이 주신 말씀을 기억했다가 우리 천당에서 만납시다" 하고는 다시 가던 길을 부지런히 갔습니다. 저는 그때에 깨달았습니다.

'아, 예수님이셨구나!'

예수님이 저를 찾아오신 것입니다. 아니, 주님은 항상 제 안에 같이 계셨습니다. 제가 힘들어할 때 제게 용기를 주셨고, 제가 슬퍼할 때 제 눈물을 닦아 주셨고, 제가 주저앉을 때 저를 일으켜 주셨습니다. 하나님은 말로만 듣고 지식으로만 알던 성령님이 내 안에 임재하심을 확실히 믿게 하셨습니다. 성령님의 영성이 우리 모두에게 넘치기를 소원합니다.

예수님은 "사람이 물과 성령으로 나지 아니하면 하나님의 나라에 들어갈 수 없느니라"(요 3:5)라고 말씀하셨습니다. 물은 우리를 청결하게 합니다. 즉 이는 죄 사함이고 말씀의 역사입니다. 성령님이 물처럼 내 안에 채워지면 우리는 능력을 받아 "와 보라" 하고 확실한 믿음으로 영혼과 생명을 구원할 수 있는 힘을 받습니다. 성령님이 말씀을 지킬 수 있는 힘을 주시고 하나님의 뜻을 이룰 수 있는 능력을 공급해 주시기 때문입니다.

눈으로 말하고
사랑으로 답합니다

미국과 호주팀 의료진들이 여러 가지 생필품을 넣어 큰 가방 30개를 만들어 항공으로 싣고 들어가 평양에서 3시간 걸리는 시골 마을에서 환자들을 보며 흘렸던 눈물을 잊지 못합니다. 생필품과 《사랑의 왕진가방》(두란노, 2005)을 직접 전달하고 진료과마다 나누어 진료를 시작했습니다.

"어디가 아프세요?"

"아기가 유산되었고, 그 후 계속 하혈을 하며 제대로 먹지 못해 힘이 없습니다."

그때 감독하는 사람의 소리가 들렸습니다. "동무, 이제 그만 나가라요" 하고 명령하는 소리였습니다. 환자의 눈에 눈물이 고였습니다. 그 모습을 본 저도 눈물을 흘리며 영양제와 항생제를 손에 쥐어 주면서 등을 두드려 주었습니다. 더 이상 말을 할 수도, 또 할 필요도 없었습니다. 우리는 눈으로 말하고 사랑으로 답했습니다.

우리는 어린이 보육원을 방문했습니다. 갓난아이들은 없었고 2-4세 어린아이들이 모여 있었는데, 한눈에 영양 상태가 좋지 못해 보였습니다. 아이들 중에는 머리에 버짐이 심해 파란 약 같은 것을 발라 머리카락 전체가 많이 빠져 듬성듬성한 아이들이 여럿 있었습니다. 이 외에도 다른 질병들로 고통받는 아이들이 많아 보였는데, 아이들 진료가 허락되지 않아 보지 못했습니다.

이 아이들의 심각한 영양 부족 상태를 보고 그들의 영양 보충을 돕는 것이 우선이라 생각되었습니다. 이 경험은 후에 응급영양식품(RUTF) 제조로 이어졌습니다. 우리 국제팀이 RUTF를 가지고 들어가 3개월 동안 아이들을 치료해 모두가 깜짝 놀랄 만한 효과를 보게 되는 계기가 되었습니다. 3개월 연달아 현장으로 들어가 5세 미만의 어린아이들 70명을 직접 치료했습니다. 우리만 아니라 현지 관리자들도 64명의 아이들이 기적적으로 건강을 찾았음을 증거할 수 있었습니다. 이 일로 국제본부에서 유니세프의 도움으로 우리 자체의 SAM RUTF를 만들었습니다.

하나님은 하나님이 함께하심을 믿는 자들에게는 성령님의 역사와 회개와 말씀으로 내가 변하게 하십니다. 내가 힘들고, 괴롭고, 포기하고 싶은 마음은 있을 수 없습니다. 내가 아니라 내 안에 계신 성령님이 기도하시고 인도하시기 때문입니다. 그리고 나의 가치관이 달라졌기 때문입니다.

그래서 하나님은 제가 학교도, 병원도 조기 은퇴하고 사역에 전념하게 하셨습니다. 저는 제가 세상에서 목숨 걸고 소중하게 여겼던 것들을 다 내려놓았습니다. 제가 가지고 있던 빌딩도 사역에 바쳤습니다. 1997년(59세) 사임 후 파트타임으로 틈나는 대로 진료하고 강의하다가 2002년 조기 은퇴해 50년 의사 생활, 의대 교수 생활을 마감했습니다.

후회하냐고요? 아니요! 후회는 조금도 없습니다. 하나님의 크신 은혜요 축복이라 믿기 때문입니다. 그 어떤 환경보다도 훨씬 더 크신 하나님이 저와 함께하십니다.

하나님은 우리가 상황을 보지 않고 하나님의 사랑을 기억하고, 오늘을 기억해 그것이 현실이 되게 하십니다. 궁극적인 목적은 구원의 완성이며, 소망이 넘치는 소망, 그리고 은혜와 믿음이 성숙해 사명을 주신 것을 감사, 감격하는 것이기 때문입니다.

신앙의 본질을 찾았습니다. 하나님의 뜻에 따라, 성령님의 인도하심을 따라 하나님의 사랑으로 하나님만 바라보고 좌우로 치우치지 않고 충성할 것입니다. 제 생각, 목적을 내려놓고 죽도록 충성하기를 소원합니다. 그러나 믿을 사람이 없습니다. 다 자기들의 아젠다가 있기 때문입니다. 그래서 사역은 외로운 것이고 성령님과 항상 함께하지 않으면 감당할 수 없습니다. 사역은 하나님이 주시는 힘(spiritual power)으로 하는 것임을 믿습니다.

물과 성령

오래전에 한 목사님이 병원에 입원하셔서 아산병원을 방문했습니다. 병원에서 나오면서 택시를 탔는데, 택시 기사가 40대 초반으로 보이는 젊은 여기사님이었습니다. 그런데 한참 이동한 후에 그분이 저더러 "선생님, 의사 선생님이세요, 목사님이세요?" 하고 물으셨습니다. 그래서 제가 "아, 예, 의사입니다"라고 답해 드렸습니다. 기분이 좋았습니다. "선생님, 깡패세요, 도둑놈이세요?"라는 질문보다는 괜찮았습니다. 저도 마음의 문을 열고 "교인이세요?" 물었더니 자기는 모태신앙인이라고 했습니다. 그래서 저는 장로요 선교사라고 대답했습니다.

그러자 기사님이 저를 힐끔 쳐다보더니 "선생님, 왜 이렇게 잘생기셨어요? 젊었을 때는 한 인물 하셨겠어요?" 하시는 것 아닙니까. 이러니 기분이 더 좋을 수밖에 없었습니다. 이후 우리는 많은 이야기를 주고받으며 즐거운 대화를 했습니다.

물론 여기사님이 차에 태우는 손님들 모두에게 그렇게 말하는지, 저에게만 그런 것인지는 알 수 없습니다. 하지만 처음 보는 사람이 "당신, 도둑놈처럼 생겼습니다"라고 말하는 것보다는 듣기 좋았습니다. '그래도 다른 사람 눈에 내가 나쁜 사람처럼 보이지는 않나 보다' 생각하니 저절로 신바람이 났습니다.

제 자랑을 한 것 같아 송구스럽지만, 제가 전하고자 하는 요지는 이렇습니다. 성령 충만한 사람은 행동, 생각, 성격 등 모든 것이 바뀌어 예수님의 모습을 닮아 가야 한다는 것입니다. 겉모습이 닮기보다는 속사람이 닮아야 합니다. 그리고 자신의 변화를 다른 사람들이 인정하고 그들에게 본이 될 때 성령님이 기뻐하실 것입니다.

그래서 성령의 9가지 열매는 사랑, 희락, 화평, 오래 참음, 자비, 양선, 충성, 온유, 절제입니다(갈 5:22-23). 이러한 성품을 완벽하게 완성할 수 있는 분은 오직 예수님뿐이시고, 우리 같은 사람에게는 단지 바람이요 목표입니다. 그러나 분명한 것은 매일매일 완성되어 가는 모습으로 변해야 한다는 것입니다. 이것도 하나의 큰 회개거리입니다. 그런데 성령님이 도우시고 우리에게 간절한 마음이 있으면 하나님의 은혜로 조금씩 자랄 수 있습니다. 세상 말로 '곰뱅이가 100살이 되더라도 곰뱅이'는 결코 아닌 것입니다.

참된 회개도 다른 사람으로부터 인정을 받아야 합니다. 진실됨이 없는 회개와 잘못된 회개는 나 자신을 변화시킬 수 없고, 그래서 다른 사람들로부터 인정을 받을 수도 없습니다.

물이 빠져나가면 사탄의 역사가 시작됩니다. "더러운 귀신이 사람에게서 나갔을 때에 물 없는 곳으로 다니며 쉬기를 구하되 쉴 곳을 얻지 못하고 이에 이르되 내가 나온 내 집으로 돌아가리라 하고 와 보니 그 집이 비고 청소되고 수리되었거늘 이에 가서 저보다 더 악한 귀신 일곱을 데리고 들어가서 거하니 그 사람의 나중 형편이 전보다 더욱 심하게 되느니라 이 악한 세대가 또한 이렇게 되리라"(마 12:43-45).

눈에 보이는 다른 모든 것에 치중하다 중심을 놓치면 갑작스러운 고난을 당하게 되고, 내면의 중심이 튼튼하지 못하면 배가 산으로 올라가듯 낭패하는 일이 일어나기 마련입니다. 하지만 성령님이 내주하신 사람은 성령 충만하여 어떤 경우에도 중심을 잡고 흔들리지 않습니다.

그래서 이스라엘 백성은 수문 앞 광장에서 예배와 회개의 기도를 드렸습니다(느 8:3). 에스라가 율법책을 낭독하고 그 뜻을 해석하여 백성에게 그 낭독하는 것을 다 깨닫게 하니 백성이 다 울었습니다. 그러나 총독 느헤미야와 제사장 겸 학사 에스라와 백성을 가르치는 레위 사람들은 모든 백성에게 "오늘은 너희 하나님 여호와의 성일이니 슬퍼하지 말며 울지 말라"(느 8:9)고 말했습니다. 여기서도 부흥의 주체는 성령님이십니다. 성령님은 우리 안에서 죄, 즉 있어서는 안 될 것들을 제거하시고 있어야 할 것들, 즉 진리와 공의로 채워 주십니다. 하나님이 중심이시지, 내가 아니고 좌도 우도 중심이 아니라는 것입니다.

그리심산과 에발산은 세겜 지역에 있는 가나안의 지리적 중심지로, 두 산의 산정에서 가나안 땅 전체를 볼 수 있습니다. 이 두 산 사이에는 계곡과 분지가 있어 음향 효과가 탁월하고 많은 사람을 수용할 수 있으며, 한쪽 산에서 내는 소리를 다른 쪽 산에서 쉽게 들을 수 있다고 합니다.

이곳에서 이스라엘 백성은 시내산에서 율법을 처음 받았을 때처럼 번제와 화목제를 올리고, 큰 돌들에 석회를 바르고, 율법을 새겼습니다(신 27:2, 8). 그리심산에서는 율법에 대한 순종으로 기록된 축복을 선포하고, 에발산에서는 율법에 대한 불순종으로 기록된 저주를 낭독했는데, 백성이 모세의 지시대로 "아멘"이라 화답함으로 가나안에서의 새 삶을 재확인했다고 합니다.

그 예가 하나님의 명령대로 따랐을 때 여리고성 전투에서 승리했고, 하나님의 말씀대로 순종하지 않았을 때는 아이성에서 패배한 것입니다. 다시 말하면, 예수님이 오시기 전 에발산의 저주가 예수님의 수난과 죽으심으로 그리심산의 축복으로 옮겨진 것입니다. "그러므로 이제 그리스도 예수 안에 있는 자에게는 결코 정죄함이 없나니 이는 그리스도 예수 안에 있는 생명의 성령의 법이 죄와 사망의 법에서 너를 해방하였음이라"(롬 8:1). "그가[예수님이] 우리를 흑암의 권세[에발산]에서 건져 내사 그의 사랑의 아들의 나라[그리심산]로 옮기셨으니 그 아들 안에서 우리가 속량 곧 죄 사함을 얻었도다"(골 1:13-14).

성령님이 함께하시는 기도,
함께 하실래요?

예수님이 승천하신 후 10일째 되는 날인 오순절에 제자들은 두려움에 떨며 마가의 다락방에 모여 있었습니다. 그때 홀연히 하늘로부터 급하고 강한 바람 같은 소리가 있어 그들이 앉은 온 집에 가득하며 마치 불의 혀처럼 갈라지는 것들이 그들에게 보여 각 사람 위에 하나씩 임하여 있었습니다. 그들은 다 성령의 충만함을 받고 성령이 말하게 하심을 따라 다른 언어들로 말하기를 시작했습니다(행 2:2-4). 당시 베드로가 전하는 말씀을 듣고 3,000명이 세례를 받고 믿는 자가 되었습니다.

마가의 다락방에서만 아니라, 성령님은 지금 우리에게 오셔서 우리를 성령 충만하게 하시며, 내 안에 계셔서 내 죄를 깨닫게 하시고, 회개하는 우리에게 능력을 주사 기적을 일으키셨습니다.

우리 가정의 다락방은 결혼 후 즉시 시작되었습니다. 저는 예수님을 영접하기 전에 교회에 대해 관심도 없었고, 오히려 부정적인 생각을 하며 매일 새벽 4시면 일어나 방에서 눈물을 흘리며 기도하는 아내에게 싫은 소리를 자주 했습니다.

"예수 믿는 사람들은 자기들이나 잘 믿지, 왜 다른 사람들까지 꼭 끌어들이려 하나?"

이해가 안 되었습니다. 아내는 결혼 전에나 후에도 제가 아무리 설득하려 해도 새벽에 기도하는 일만은 전연 양보하지 않았습니다. 이렇게 우리 가정의 다락방은 이미 54년 전에 탄생해 긴 역사를 가지고 있고, 지금도 우리의 기도는 계속되고 있으며, 우리 가정은 성령님이 일으키신 기적에 감격하며 살고 있습니다.

가정에 다락방이 생긴 후 저는 교회에서 주일예배 전에 1시간 동안 전 교인 성경공부를 인도했는데, 바쁜 산부인과 의사 생활을 하면서도 한 번도 빠짐없이(멀리 갔다가도 반드시 토요일에는 돌아와) 7년간 인도했습니다. 우리 교회는 의사가 많았기에 우리 교회 다락방에서는 주로 의료선교 기도를 드렸습니다.

이후 인도를 거쳐 1988년 평양의 정부 초청을 받아 시작된 사역이 지금까지 30년 넘게 이어졌습니다. 그리고 이제는 2세들이 대를 이어 국제본부를 맡아 한국, 미국 현지인들도 큰 관심을 갖고 활발하게 봉사하고 있습니다. 이 모든 것이 나의 의지가 아니라, 인도하시는 성령님의 은혜입니다.

평양제3병원을 건설하고 나서 북한 관리들이 가장 먼저 제게 부담을 가졌던 부분은 결과적으로 제가 기도 장소와 예배 장소를 끊임없이 요구했기 때문이었습니다. 당시는 30여 년 전이었으니 외부 사람들에게 북한은 공포의 대상일 뿐 그 땅에 들어간 사람도 없었으니 지금과는 형편이 많이 달랐습니다. 저는 그 땅에 병원을 짓는 이유는 우리 민족을 위한 사랑의 의료봉사와 영혼 구원 때문이라고 믿었습니다.

생각해 보면, 좀 더 현명하게 하나님의 때를 기다려야 했습니다. 그렇게 힘들게 병원을 세웠으니, 그 정도 조건은 들어주어야 한다는 조급한 마음이 제게 있었던 것입니다. 인내가 부족했습니다. 지혜와 명철이 모자랐습니다. 게다가 이 일을 같이한 사람들의 배신과 모함으로 이간질을 당한 저는 그 후 여러 번 출입금지를 당했습니다.

그때 하나님이 우리에게 주신 것은 말씀 공부와 기도의 다락방이었습니다. 국제본부, 한국본부에서도 같은 시간 매일 빠짐없이 지금까지 계속되고 있습니다. 현장에서는 매일 새벽예배는 물론 점심 식사 후 SAM다락방에 모입니다. 12시 30분부터 1시간 동안 다락방 문을 닫고 조용한 마음으로 찬양하고 기도 제목과 서로의 소망을 놓고 기도합니다. 하루도 빠짐없이 서로를 위해, 그리고 민족을 위해 통성 기도를 하면서 함께해 온 지 어언 20년이나 되었습니다.

그 가운데 성령님이 함께하셨습니다. 성령 충만, 이것이 우리가 오늘까지 수많은 고난과 어려움을 겪으면서도 살아남은 힘입니다. 함께 하실래요?

chapter 5

내가 아니고
주님이 하십니다

나는 누구보다
행복한 사람입니다

손꼽히는 부자요 대표적인 투자의 대가로 알려진 겸손하고 검소한
생활을 하는 워런 버핏(Warren Buffett)은 1950년대에 구매한 한 저택
에서 살고 근래까지 2006년도에 산 자동차를 탈 정도로 검소하고 작
은 것에 감사하며 행복하게 사는 지혜의 산 증인으로 불립니다. 그
는 행복이 성공에 있지 않고, 소소한 것에 만족하고 사는 마음에 있
음을 보여 줍니다. 그는 자신의 세금을 올리라고 국세청에 진정했는
데, 가진 자로서 국가와 이웃에게 조금이라도 더 도움이 되고자 하는
그의 여유 있는 마음이 부럽습니다.

워런 버핏은 한 푼이라도 더 벌고 세금은 무슨 수를 쓰더라도 줄여
가는 보통 사람에게 큰 본이 됩니다. 그는 많이 가질수록 더 가지고,
더 큰 것을 가지는 것이 인생의 행복이라고 착각하는 보통 사람과는
다릅니다. 노블레스 오블리주(noblesse oblige)를 실천하며 살아가는
그는 주어진 환경에 만족할 줄 알고, 감사하며, 끝까지 참고 기다릴

줄 알기에 삶에 여유가 있고 행복한 것입니다. 행복은 보이는 외부의 환경이 아니라 작은 일에도 감사하는 마음, 만족할 줄 아는 마음, 그리고 나눔의 생활을 할 수 있는 마음 등 내 마음에 있기 때문입니다.

저도 세상적으로 보면 초라하고 힘든 삶을 사는 것 같지만, 그러나 누구보다도 행복하고 감사한 삶을 살아가고 있다고 믿습니다. 이 나이가 되도록 전 세계를 다니며 많은 사람을 만나고 있으니 말입니다.

저를 혼자 두지 않으시고 늘 함께하시고, 미리 준비해 주시고, 필요한 때에 기적을 베풀어 주서서 30년 넘게 한결같이 사역할 수 있도록 인도하신 주님께 감사합니다. 아침에 눈을 뜨면 오늘 하루도 깨어 일어나 숨 쉬게 하시고, 먹게 하시고, 종종 발걸음으로 맡겨 주신 일들을 감당하게 하시고, 어디를 가든 주님의 자녀로 살 수 있도록 하시니 감사합니다. 우리 가정의 아이들이 다 제 앞길을 감당하고, 건강하게 잘 살고 있고, 부모를 잘 돌보며, 부모가 가르쳐 준 믿음생활을 잘하기에 더 이상 바랄 것이 없습니다.

사람이 살아가면서 항상 좋은 일만 있을 수는 없습니다. 하지만 과거에도, 지금도 항상 곁에 계신 주님이 미리 준비해 주시고 가장 선한 길로 인도하심을 믿고, 주님의 사랑 안에서 제 미래도 책임져 주실 것을 확신합니다.

마음은 뇌의 영향을 받고, 뇌는 스트레스 호르몬, 엔도르핀, 세라토닌 등 분비되는 호르몬들을 통해 사람의 감정과 면역을 조절합니다. 스트레스 호르몬과 모르핀과 같은 엔도르핀은 그 시작이 같은데,

근본은 우리 마음에 달려 있습니다. 마음이 스트레스를 받고 불편하면 스트레스 호르몬이 분비되어 면역을 약하게 만들고, 행복하면 엔도르핀을 분비해 면역도 강해지고 건강하게 되는 것입니다. 이렇게 행복과 건강은 우리 마음과 생각에 따라 결정됩니다.

그래서 예수님은 산상설교에서 "심령이 가난한 자는 복이 있나니 천국이 그들의 것임이요 … 온유한 자는 복이 있나니 그들이 땅을 기업으로 받을 것임이요 … 긍휼히 여기는 자는 복이 있나니 그들이 긍휼히 여김을 받을 것임이요 마음이 청결한 자는 복이 있나니 그들이 하나님을 볼 것임이요 화평하게 하는 자는 복이 있나니 그들이 하나님의 아들이라 일컬음을 받을 것임이요"(마 5:3-9)라고 말씀하셨습니다. 대부분의 복은 우리의 마음과 생각에 달려 있고, 이것이 육신의 건강만 아니라 영혼이 건강해지는 복이 된다고 말씀하신 것입니다.

그런데 문제는 인간의 속성상 작은 일이나 자신이 가진 것에 만족하고 감사하며, 자기보다 못한 사람에게 작지만 나누어 돕는 일은 매우 어렵습니다. 그런데 그 삶을 살게 해 주시는 하나님의 은혜와 사랑이 넘친다면 우리는 아름다운 삶을 살 수 있습니다.

우리는 역사 속에서 그런 삶을 살았던 많은 사람을 알고 있습니다. 그들은 백만장자도 아니고, 권력을 가진 자도 아니고, 몸이 튼튼해 장수한 사람도 아닙니다. 사랑과 섬기는 마음, 그리고 만족하고 즐겁게 살아가는 마음을 소유한 이들입니다. 이 일을 가능하게 하실 수 있는 분은 예수 그리스도뿐이십니다.

그런데 그 주님이 마리아에게 오셔서 성육신하셨고, 낮아져 십자가에 죽으셔서 우리를 죄에서 벗어나게 하셨으며, 승천하셨습니다. 이 모든 사랑과 은혜는 우리에게 더 큰 일을 할 수 있다고 하신 예수님의 말씀처럼(요 14:12) 우리에게 본이 되었습니다. 하나님은 우리 역시 하나님의 은혜와 사랑 안에서 살 수 있는 능력을 주신 것입니다. 이 사실을 그대로 받아들이기란 쉽지 않습니다. 하지만 죽도록 충성하면 우리는 못하지만 주님이 힘과 능력을 허락하셔서 이루실 줄 믿습니다.

하나님은 저 같은 사람도 지난 20년간 단동병원 운영과 30년간 평양제3병원을 통해 민족의 고통에 사랑의 의료봉사로 섬기고 굶주린 자들을 대상으로 인도적 지원을 하며 최선을 다하게 하셨습니다. 그 은혜를 생각하면 참으로 감사하고 저에게 일어난 기적이라고 할 수 있습니다. 그런데 저는 못했지만 주님이 하셨음을 진심으로 고백합니다. 저와 우리 가정, 동행하는 사역자들, SAM재단, 우리를 위해 기도해 주시는 모든 분은 가장 행복한 주님의 친구임을 믿습니다.

막으심도
은혜!

2019년, 우리가 처음 중국 당국과 약속한 대로 20년 만기가 되었습니다. 계약 당시만 해도 만기 후 계속해서 20년씩 연장해 병원을 운영할 수 있도록 합의가 이루어졌지만, 그사이 중국의 정치적 형편이 그전과 너무 많이 달라졌습니다. 이에 외국인들이 운영하는 병원, 특히 기독교 병원의 연장은 불가능하게 되었습니다.

그들은 외국인 병원에 특혜를 주지는 않더라도 좋은 방향으로 인도해야 마땅할 텐데 오히려 소방 검사, 의료기 검사, 재정 검사 등 수십 가지의 검사를 한 달에도 두세 차례씩 실시해 트집을 잡아 협박을 하곤 했습니다. 견딜 수 없이 힘들게 했습니다. 이제 20년 계약 기간을 완전히 마쳤으니 두말하지 않고 나가는 것이 최상의 방법이라 믿었습니다.

이 소문이 단동, 그리고 심양까지 퍼졌습니다. 그러자 평소에 우리 병원이 사역하는 내용을 알고 있던 여러 병원에서 자기들과 합자해서 함께 운영하면 얼마든지 가능하다면서 우리를 초대했습니다.

그래서 제가 가서 보고 의논한 결과, 이제는 우리가 중국의 속내를 너무 잘 알기 때문에 합자는 우리가 이용만 당할 것이라 판단을 내렸습니다. 중국 관리들이나 중국 사람들 대부분의 사고방식이 우리와 달라 언제 어떻게 변할지 모르기 때문에 가능성이 희박하다는 결정이 났습니다. 우리가 약속했던 기간인 20년이라는 세월 동안 많은 우여곡절을 지났으면서도 무사히 마치게 되었고, 또 그동안 아무 사고도 없었고, 중국 사람들이나 사역자들이나 모두 헤어지는 것이 섭섭해 눈물 흘리며 아쉬워할 때 손을 놓고 가는 것이 가장 좋은 길이라 생각했습니다.

바로 그때 단동 신개발구에 허름한 병원이 문을 닫게 되었는데 그 병원(518병원)을 맡아 계속 운영할 사람을 찾던 이들이 우리 소식을 듣고는 연락해 만나게 되었습니다. 이미 정식 병원으로 모든 허가가 다 있었고, 각 과 의료진과 스태프들이 채워져 있어서 우리가 계속해서 운영만 하면 되었습니다. 원장이 나이가 많아 은퇴했기에 우리가 와서 병원을 완전히 개보수하고 의료진과 모든 스태프를 그대로 고용하는 조건으로 임대하기를 원했습니다. 개보수에 필요한 총비용은 우선 약 40만 달러(한화로 약 3억 원)가 들 것이라 판단되었습니다.

우리 형편으로는 막대한 돈이었지만, 그 병원은 단동에서 신압록강 다리로 직접 연결되는 곳이고, 바로 맞은편이 북한의 신의주 자유무역지대로, 앞으로 문이 열리면 많은 교류가 있을 지역에 위치해 있어 우리 사역과 잘 맞다고 여겨졌습니다. 병원뿐 아니라 그 옆에 작지만 그래도 여유가 있는 대지가 있어 그곳을 입원실로 확장해 북한 환자들이 오면 요긴하게 쓸 수 있겠다는 생각도 들었습니다.

미래를 위해 길이 열리는 듯하여 계속 추진하다가 드디어 계약하는 날이 되었습니다. 원장과 그의 아내가 꽃다발을 들고 제 사무실을 찾아와 화기애애한 분위기로 시작했습니다. 그런데 정말 상상도 하지 못했던 일이 일어났습니다. 원장 아내가 갑자기 벌떡 일어나더니 소리를 질렀습니다. 건물 임대 가격이 너무 터무니없이 적다는 것입니다. 그리고 이 계약은 모두 무효라며 큰 소리로 반대를 했습니다. 그분의 얼굴이 마치 마귀의 얼굴같이 시퍼렇고 창백해지면서 입에 거품을 물었습니다.

　그때 저는 예수님의 마음을 알게 되었습니다. 그분의 괴벽한 얼굴을 보고 말릴 수도 없었지만, 순간적으로 '이것은 내가 할 일이 아니다'라는 생각이 들었습니다. 돈을 더 받으려고 미리 짠 것인지, 아니면 다른 이유가 있는지 알 길이 없었습니다. 원장과 그의 아내는 우리가 붙들 기회도 없이, 아니 붙들 가치도 없이 화가 나서 가 버렸습니다. 그후에 다른 사람을 통해 다시 만나자는 연락이 왔지만 대답할 가치도 없는 사람이라고 판단해 더 이상 관심을 갖지 않기로 했습니다.

　만약 그 계약이 이루어져서 지금도 그 병원을 우리가 운영해야 했다면 건물 재건, 응급실과 수술실 재건, 그리고 많은 인건비와 유지비를 감당하느라 다른 일은 아무것도 못하고 꼼짝없이 묶였을 것입니다. 아마 우리가 가진 전부를 집어넣어도 감당하기가 어려웠을 것입니다.

　가장 힘들었던 점은 더 이상 그들의 정직하지 못한 사고방식의 희생물이 될 수 없다는 판단이었습니다. 무엇보다도 지금 중국 관리들, 특히 중앙정부는 2021년까지 그리스도인들을 무조건 몰아낸다는 방침을 취하고 있습니다. 또한 설령 그렇지 않다 하더라도 그들과 서로 의논하고 이해하는 관계는 불가능하다는 사실을 지난 20년 동안 뼈저리게 느끼고 알게 된 터라 먼 훗날은 모르지만 지금은 안 된다는 생각이 확실했습니다.

　곧 우리는 평양제3병원을 다시 찾았고, UN 제재가 풀릴 때까지 평양을 위해 모든 재정과 노력을 기울일 준비를 할 수 있는 재정적, 마음의 여유를 갖게 되었습니다. 만약 우리가 518병원을 맡아서 운영해 양쪽 재정을 함께 감당해야 했다면 사역이 불가능했을 것은 불을 보듯 뻔합니다. 꽃 선물까지 들고 와서 화기애애하게 시작한 좋은 자리에서 원장 아내가 갑자기 큰 방해를 한 것도 주님의 인도하심이었음을 이제야 알게 되었습니다. 하나님께 감사합니다.

지금 돌이켜 보면 주님은 우리와 항상 함께하시고, 우리가 현명하지 못해 다른 길로 갈 때 우리는 도저히 상상할 수도 없는 방법으로 우리를 보호하십니다. "낮의 해가 너를 상하게 하지 아니하며 밤의 달도 너를 해치지 아니하리로다 여호와께서 너를 지켜 모든 환난을 면하게 하시며 또 네 영혼을 지키시리로다 여호와께서 너의 출입을 지금부터 영원까지 지키시리로다"(시 121:6-8). 아멘!

모든 환자의 발은
제가 씻기겠습니다

지난 20년 동안 우리 단동병원을 다녀간 사역자는 100명도 넘습니다. 그 가운데서 독일에서 온 간호사 카렌(Karen)은 지금도 가끔 생각나는 사역자입니다. 제가 독일 교회에 집회를 갔을 때 만났고, 기도하다가 봉사하기로 작정하고 단동병원에 사역자로 왔습니다.

우리 병원에 환자가 입원하게 되면 먼저 목욕을 시키고 환자복으로 갈아입힌 후 진료를 시작합니다. 마침 한 노인 환자가 왔는데 목욕을 하지 못할 형편이라 카렌이 우선 발을 씻어 주었습니다. 그 환자는 아침부터 저녁까지 신발도 신지 못한 채 농사일을 하다가 다리 여러 곳에 상처가 나서 곪고 그 위에 굳은살이 생겨 다리와 발이 퉁퉁 부어 있었습니다. 손으로 만질 수도 없고 고약한 냄새가 나서 카렌은 눈앞이 캄캄해졌습니다. 몇 번이나 마음을 가다듬고 물에다 손을 담그고 발을 씻기려 노력할수록 냄새 때문에 구역질까지 나려 했습니다. 결국 포기한 카렌은 자기 방으로 돌아갔습니다.

'내가 과연 여기서 이런 일들을 감당할 수 있을까?'

곰곰이 생각하며 눈물을 흘렸습니다. 며칠 금식하며 핼쑥해진 그녀는 저를 찾아 자기의 준비되지 못했던 마음을 회개했고, 앞으로는 모든 환자의 발을 씻기는 일을 자기가 감당하겠다고 말했습니다. 이후 환자가 오면 청년, 노인 가릴 것 없이 카렌이 그 앞에 무릎을 꿇고 앉아 정성껏 발을 씻어 주었습니다. 카렌은 환자들의 발을 씻기면서 자기가 평생 살아온 나날들을 돌이켜 보며 회개하고 또 회개했습니다.

그 후 카렌의 얼굴에 생기가 돌았고 2년간 잘 섬기려고 온 본인이 더 큰 은혜를 받고 간다며 기쁨으로 가득해 딴사람이 되어 독일로 돌아갔습니다. 이 일을 목격한 중국의 공회(한국의 노조) 총회에서 자기 사람들을 병원에 보내 봉사하는 방법을 배워 가기도 했고, 또 우리 병원과 노조 병원이 MOU를 맺어 서로 협조하기도 했습니다.

예수님은 성금요일에, 십자가에서 죽으시기 전 제자들과 한자리에 모여 최후의 만찬을 하셨습니다. 예수님은 겉옷을 벗고 수건을 허리에 두르신 후 대야에 물을 떠서 두르신 수건으로 제자들의 발을 씻기셨습니다. 베드로는 깜짝 놀라 "내 발을 절대로 씻지 못하시리이다"라고 말씀드렸습니다. 이에 예수님이 "내가 너를 씻어 주지 아니하면 네가 나와 상관이 없느니라"(요 13:8)라고 말씀하시자 그제야 베드로는 예수님께 발을 맡겨 드렸습니다. 가장 낮은 자리로 내려가신 예수님이 몸소 낮아져 섬기는 모습을 보여 주셨고 친히 본이 되셨습니다.

우리가 지금 사회를 섬기고 우리도 살아남을 수 있는 길은 하나님의 은밀함, 비밀, 즉 복음으로 주신 지혜와 능력으로 모든 책임자의 지시에 잘 따르고, 의료인들과 환자들을 위해 진심으로 기도하는 일입니다. 그러면 놀랍게도 반드시 하나님이 복음의 기적을 일으키시고 능력으로 역사하실 것입니다.

눈 덮인 장백을
떠올리며

9월 한 달도 여전히 바쁜 나날을 보내면서 우리 곁을 떠나가고 10월이 시작되었습니다. 미국도 뜨거운 사막의 햇볕으로 달아오른 한나

절의 더위는 40도를 넘지만, 그래도 다행인 것은 사막의 기후 특성상 아침저녁으로는 시원한 바람이 불어 한낮의 뜨거움을 식혀 주기 때문입니다.

한국도 극성으로 뜨겁던 열기가 이미 그 힘을 잃기 시작해 가을이 오고 있음을 실감하게 합니다. 미국은 온도는 높지만 습기가 낮아 그늘로 들어가기만 하면 시원해지지만, 한국은 습기가 높아 밤에도 열대야 현상이 생깁니다. 이렇게 숨 막힐 듯한 더위도 어느새 시원한 바람에게 밀려 스스로 물러가니 하나님의 섭리가 신기하기도 하지만, 너무 빨리 흘러가는 세월과 함께 아쉬움을 느끼게 합니다.

예전과 다름없이 뒤뜰의 배나무와 사과나무는 열매가 풍성하게 열렸습니다. 주렁주렁 달려 있는 배와 사과들이 떨어지지 않으려고 힘겹게 나뭇가지들을 붙들고 있고, 점점 달콤한 맛이 들어 새들이 달려들기 시작했습니다. 그래서 새들이 먹기 전에 그 단맛을 저도 먹으려고 경쟁을 하고 있습니다.

눈 깜빡할 사이에 11월이 되면 다시 눈이 내려 꽁꽁 얼어붙는 찬 바람에 '언제 여름이 있었나' 까마득하게 느껴질 날들이 코앞에 먼저 와 있을 것입니다. 그러면 저는 백두산 아래 장백의 추운 겨울을 잊지 못합니다. 그곳에 있던 우리 진료실이 쫓겨난 지도 이미 여러 해가 되었지만 그 추운 백두산 아래 동네를 찾아다니며 추워서 벌벌 떨고 있는 손을 잡고 함께 눈물을 흘리던 그 시간을 평생 잊지 못합니다.

백두산 밑 장백에서 봉사하는 사역자들의 편지 속에는 항상 눈 소식, 특히 첫눈 소식이 빠지지 않습니다. 온 천지가 하얀 눈으로 덮인 장백의 모습을 떠올리면 세파에 찌든 제 마음이 맑게 닦이는 느낌이 들고, 또 영하 40도를 오르내리는 추위와 얼어붙은 천지의 위협적인 환경에서 항상 새로운 도전과 용기를 받습니다. 또 그분들의 수고와 열정에 은혜가 넘치기를 기도합니다.

아직은 9월이지만, 곧 회오리바람처럼 부닥칠 그 찬바람과 얼어붙은 하얀 눈 속에 파묻혀 버리는 겨울이 성큼 다가올 것이 두렵기도 하고, 또 기다려지는 알 수 없는 마음의 시작입니다.

장백의 눈을 상상하며 오랜만에 제 마음의 창문을 활짝 열었습니다. 정신없이 바쁘게 돌아가는 가운데 있는 줄도 모르고 살았던 내 마음의 창문. 하얗고 눈부신 눈 결정체는 세상의 소음과 미움과 시기와 질투를 빨아들여 나 스스로의 모습을 거울을 보듯 환히 보게 합니다. 그러고는 두 손을 다소곳이 모으고 미소를 짓는 아름다운 여인처럼 나에게 다가옵니다.

그러나 눈을 대하는 내 마음은 언제나 세상일과 두려움과 걱정으로 가득 차 있습니다. 죽지 않고 살아 있는 나의 인간 됨 때문일까요? 버리지 못하는 나의 욕심일까요? 늘 죽어야 산다고 하면서 살기 위해 발버둥 치는 저를 하나님은 사랑하실까요? 보이는 세상에 쫓겨 사느라 하나님의 깊은 뜻을 헤아리지 못했습니다. 보이지 않는 세상은 진정한 화해, 평화, 용서, 그리고 사랑과 섬김이 있는 곳이라고, 지식이 아니라 위로부터 내려오는 진정한 지혜가 있는 곳이라고 믿습니다.

이 깊은 곳에 소망을 두고 살기를 원합니다. 첫눈이 내리고 온 세상이 눈으로 덮인 가운데서 포근함과 평화를 공급받는 이 순간을 금년에는 더욱 사랑하리라 다짐합니다.

하지만 이 겨울이 북한 땅에 사는 저들에게는 고통스러운 계절입니다. 겨울 추위가 너무 서러워 춥다는 말도 못하는 그들. 곪아터진 종기가 골수로 파고드는 아픔에 소리 없이 울기만 하는 그들. 그들을 위해 매 순간 기도하기를 원합니다.

"제 두 손이 예수님의 섬김을 닮아 진정한 섬김을 하도록 저에게 힘을 주옵소서. 제 선한 싸움을 멈추지 말게 하시고 믿음을 굳게 지키게 하옵소서. 하나님의 풍성한 은혜가 넘치게 하옵소서. 추운 겨울처럼 꽁꽁 얼어붙은 우리의 마음을 녹여 주시고 은혜로 받아 주시옵소서. 사랑을 전하기에 부족함이 없는 우리가 되게 하옵소서."

지금은 세월이 악한 때입니다. 그래서 깨어 있어야 할 때입니다. 그리고 세월을 아껴야 합니다. 여기서 세월은 일상적인 우리의 시간인 '크로노스'(Kronos)가 아니라, 하나님과 나의 관계 속에 특별히 하나님이 나에게 주신 의미, 사랑과 은혜의 '카이로스'(Kairos)적 시간이며 이것은 질적인 시간으로, 하나님이 제게 주신 기회입니다. 이런 기회와 그 섭리를 놓치지 말라는 것입니다.

일상적인 시간은 아침이 되고, 저녁이 되고, 밤이 오는 것처럼 우리 모두에게 똑같이 적용됩니다. 시편 기자는 "우리의 연수가 칠십이요 강건하면 팔십이라도 그 연수의 자랑은 수고와 슬픔뿐이요 신속히 가니 우리가 날아가나이다"(시 90:10)라고 말했습니다.

그러나 하나님이 나에게 주신 특별한 의미의 시간은 길고 짧은 것과 무관하게 하나님이 나를 어떻게 불러 주시고, 함께하시고, 여기까지 오게 하셨는지 등 특별한 시간을 의미합니다. 우리는 이 시간 속에서 역사하신 하나님의 사랑과 은혜를 잊지 말아야 합니다. 그래서 세월을 아껴 이 어려운 시기에 사회의 본이 되고 기도하여 성령님의 역사가 일어나게 해야 합니다. 우리가 살 수 있는 길은 이것뿐입니다. 그러나 이 일은 세상 그 무엇보다도 능력이 있습니다. 예수님이 함께하시기 때문입니다.

그래도 변함없이 이때가 되면 빨갛고 노란 열매들이 열리는 것이 신기하고 고마워 오늘도 저는 그 나무들 밑에서 하나님의 은혜와 평화가 있음에 감사드립니다.

"무엇보다도 우리가 말씀 안에서 하나가 되게 하옵소서."

하나님이
하십니다

독일 베를린 교회에서 초청을 받고 아침 일찍 미시간을 떠나 뉴욕 공항에서 기다리고 있을 때였습니다. 연이어 대륙을 건너다니는 여행으로 지쳐 눈을 감고 축 늘어져 있었습니다.

누군가 제 다리를 툭툭 건드려서 눈을 떠 보니, 구걸을 하는 한 노인이 작은 통을 내밀며 돈을 달라는 것입니다. 순간적으로 '이것은 아닌데' 하는 생각이 들었지만, 그래도 꾹 참고 다시 눈을 감아 못 본 척했습니다. 그는 말없이 다시 손으로 저를 치며 통을 내밀었습니다. 저는 속으로 비록 얻어먹는 사람이지만 너무 무례하고 예의도 없다는 생각이 들었지만, 그래도 다시 참고 눈을 감았습니다.

그 후 그 노인은 포기하고 떠났는데, 그 뒷모습을 지켜보던 저는 갑자기 '예수님이시구나!' 하는 생각이 들었습니다. 순간적으로 저는 제 참모습을 보게 되었고, 지금도 문밖에서 문을 두드리며 기다리시는 예수님의 모습이 생각났습니다.

'아! 예수님, 제가 또 사랑하지 못하고 용서하지 못했습니다.'

저는 알량한 자존심, 이기심으로 그의 간절함을 오히려 못 본 체했습니다. 저는 그 노인의 손에 얼른 돈을 주고 "건강하세요"라고 말했고, 그분은 "복 받으십시오"라고 대답하고 갈 길을 계속 갔습니다. 탁탁 소리를 내는 지팡이가 예수님의 능력의 지팡이라 생각하니, 늦게라도 예수님을 만나서 "감사합니다" 고백하며 눈물이 핑 돌았습니다.

다른 영혼을 구한다며, 소외된 자들을 돕겠다며, 질병으로 고통받는 자의 건강을 찾아 주겠다며, 그리고 죽도록 충성하겠다며 외치고 권면하면서 '나는?' 하고 제 모습을 돌이켜 보았습니다.

이스라엘 백성이 광야 40년을 지나는 동안 하나님은 불 기둥, 구름 기둥으로 그들을 항상 인도하셨고, 매일 신선한 만나로 먹여 주셨고, 때에 따라 바위틈에서 물이 나게 하사 목마르지 않게 하셨습니다. 의복과 신발이 닳지 않게 하셨고, 가는 곳마다 성막을 세워 하나님의 동행하심을 믿고 고백하게 하셨습니다. 그럼에도 그들은 부족한 물과 식량 때문에 불평했습니다. 심지어 그들은 애굽의 노예 생활로 돌아가기를 원한다며 원망하기도 했습니다. 그러다 보니 가데스바네아까지 40년이나 돌고 돌았던 것입니다.

광야는 지금은 많이 개발되어 특히 북쪽 유대 광야의 경우 큰 농장도 생겼지만, 약 20년 전 제가 갔을 때만 해도 버려진 땅이었습니다. 앞은 바다가 보이는 아름다운 지역이지만, 물 한 모금, 풀 한 포기 없는 사막으로 해가 지면 추위 때문에 살 수가 없었습니다.

이렇게 하나님은 모든 것을 준비하시고 이스라엘 백성이 가나안으로 들어갈 훈련을 시키셨는데, 그들은 하나님의 뜻을 모르고 오히려 하나님이 자신들을 죽게 하신다고 원망, 불평했습니다. 불평이 극에 달하자 하나님은 불 뱀을 보내 그들을 물게 하셨는데, 이때 많은 이스라엘 백성이 생명을 잃었습니다. 모세가 다시 하나님께 기도하자 하나님은 "불 뱀을 만들어 장대 위에 매달아라 물린 자마다 그것을 보면 살리라"(민 21:8)라고 말씀하셨습니다.

구리 뱀은 하나님의 용서와 사랑의 표본이고 선물이었습니다. 예수님이 십자가에 높이 달리시고, 그 십자가의 보혈로 우리를 구원하시고 죄를 사하심에 대한 예표입니다. 인간이 용서한다는 것은 쉽지 않기에 우리는 오늘도 주님을 바라보고 맡겨 드립니다. 그러면 우리도 용서받고, 그리고 용서할 수 있게 하십니다.

사역, 특히 북한 사역을 하면서 가장 어려운 일은 배반과 모함이었습니다. 여러 번 설명했지만, 저를 도와 처음 열심히 일하는 척하던 사람들이 제가 세계를 다니며 모금을 위해 집회를 계속하는 동안 우리의 근본인 모든 데이터를 빼돌리고 저를 모함했습니다. 하나님이 선택하신 백성 이스라엘에게서 원망과 불평을 들으셨을 때 얼마나 실망하셨을지, 얼마나 마음이 아프셨을지 알 수 있었습니다.

저도 한동안은 억울하고 은혜를 원수로 갚는 그들이 너무 원망스러웠지만, 용서하고 오히려 저 스스로를 돌이켜 보고 기도하려고 최선을 다했습니다. 그러나 완전히 용서하기란 불가능했습니다. 그래서 저는 우선 그들의 모든 행동을 잊어버리게 해 달라고 기도했습니다. 점차 시간이 흐르자 그들이 불쌍하고 측은한 마음이 들었습니다.

이것이 하나님이 높이 달린 구리 뱀을 보는 자마다 살게 하신 그분의 용서와 사랑이라 믿습니다. 이제 우리는 하나님의 은혜로 그전 사역보다 2배 이상 성장했고, 또 2세들을 중심으로 국제본부가 활성화되어 열심히 사역할 수 있게 되었습니다. 하나님은 사랑이십니다. 하나님이 우리에게 주신 가장 귀한 선물이며, 그래서 우리가 실천할 때 가장 기뻐하시고 칭찬하시는 것이 바로 용서와 사랑입니다. 용서가 없는 사랑은 모자라는 사랑입니다.

사람은 살아가는 동안 누구나 죄를 짓기 마련입니다. 눈에 보이는 큰 죄만 아니라 마음으로 짓는 죄, 사랑하지 못하는 죄, 불평하는 죄 등 수많은 죄를 짓고 살아갑니다. 그런 우리의 가장 큰 문제를 보신 하나님은 그래도 우리를 사랑하셔서 독생자 예수님을 보내사 십자가에서 보혈을 흘리게 하셨고, 그 피로 죄 사함을 받게 하셨습니다.

저는 나를 건지시는 하나님이 반석이시요, 요새이시요, 피할 바위시요, 방패이시요, 결국은 구원의 뿔이시라는 다윗의 고백을 확실하게 알고 믿게 되었습니다. 그 이유는 하나님이 저를 사랑하시고 제게 힘이 되시기 때문입니다. 이것이 제가 "하나님을 사랑합니다"라고 진실된 마음으로 고백하는 이유입니다.

지난 30여 년간 제 사역을 돌이켜 보면 때에 따라 숨이 막힐 정도로 답답한 가운데 부르짖은 적이 여러 번이었고, 두려워 떨며 밤잠을 설친 날이 부지기수였으며, 주위 사람들의 시기와 질투로 배반과 모함을 받았을 때는 눈물만 흘린 날이 참 많았습니다. 복잡한 세계 정세와 국가 간의 대립 상황으로 이럴 수도, 저럴 수도 없어 "저는 모릅니다. 뜻대로 하시옵소서"를 반복해 외치며 살았습니다. 감히 다윗의 환난과 고난에 비교할 수는 없어도, 저 나름대로 고통의 시간이었습니다.

저는 고혈압도 있고 당뇨병 등 여러 질병이 생겨 약을 복용하면서도 사역을 꾸준히 계속할 수 있었습니다. 모두 하나님의 은혜요, 하나님께 감사합니다. 그런 가운데서도 제가 해야 하는 일은 맡겨 주신 사명에 죽도록 충성하는 것이라 믿고 무조건 계속해야 한다는 마음은 한 번도 흔들린 적이 없습니다.

그런데 30여 년이 지난 근래에 와서 마음이 평온해지고 하나님이 모든 짐을 내려놓게 하셨습니다. 짐이 가벼워져서 편해진 것이 아니고, 주님이 모든 일 곁에서 함께하시고 힘을 주시니, 직접 하시니, 그래서 가장 좋고 선한 길로 인도하실 것을 믿고 확신하니 느긋해진 것입니다. 내가 하는 일은 하나도 없고 숨 쉬고 자는 것, 그리고 아침에 일어나 동역자들과 모여 기도하고 찬송하는 것 등 모든 것을 하나님이 하셨다는 확신을 받았기 때문입니다.

저는 입으로는 수없이 다짐했고 머리로는 알았지만, 그러면서도 그 무거운 보따리를 제가 계속 움켜쥐고 놓지 못했습니다. 그러면서 점점 커지고 무거워진 보따리에 눌려 스스로 병들고 약해지는 자로 만들고 있었습니다.

만약 제가 하나님이라면 이런 연약한 자를 벌써 버렸을 텐데, 오히려 자기 몸 버려 저를 구원해 주시고, 사랑하시는 주님의 은혜가 너무 커 오늘도 찬양하며 "나의 하나님, 사랑합니다" 외칩니다. 내가 아니고 주님이 하십니다. 그러므로 주님이 주시는 힘으로 나의 할 일을 죽도록 하렵니다. 그래서 걱정도 없고, 잠도 잘 자고, 홀가분하게 살 수 있게 되었습니다. 이것이 제 믿음이 자라는 원동력입니다.

Part

2

내가 사는 것,

내가 믿는 것

○

사랑의 왕진가방
박세록 장로의
신앙과 믿음

chapter 6 ────────────────────

나에게도
벧엘이 있습니다

이전의 벧엘:

그날, 나에게도 오신 주님

야곱은 형 에서의 보복을 피해 브엘세바에서 하란으로 가는 중 한 언덕에서 잠을 잤는데, 꿈에 하나님을 만났습니다. 땅에 세워진 사닥다리 꼭대기가 하늘에 닿았고 그 위에서 천사들이 오르락내리락했습니다. 그리고 야곱은 그 위에 하나님이 계심을 알게 되었습니다.

야곱은 마음도 몸도 지극히 피곤하고, 현실에 대한 실망과 불확실한 미래 때문에 두렵고 걱정하는 마음을 안고 돌베개를 베고 잠이 들었는데, 그 순간 하나님이 그와 함께하셨습니다. 하나님은 그에게 "내가 네게 허락한 것을 다 이루기까지 너를 떠나지 아니하리라"(창 28:15)라고 약속하셨습니다. 잠에서 깨어난 야곱은 그곳 이름을 벧엘(하나님의 전)이라 하였습니다(창 28:19).

저에게도 이런 벧엘이 있습니다. 미국으로 와서 7년 동안 인턴, 레지던트, 그리고 연구원 생활을 마친 뒤 생활이 안정된 후에야 아내가 처음으로 아이들을 데리고 먼저 한국으로 나갔습니다. 미국을 떠나기 전 아내는 침실, 식당, 거실 구석마다 성경책과 성경 해설서들을 탁자 위에 올려놓았습니다. 제가 혼자 집에 있는 동안 보고 깨어지기를 바라면서 나름대로 머리를 쓴 것입니다.

오른쪽으로 눕고 왼쪽으로 돌아누워도, 또 앞과 뒤 어디를 봐도 보이는 것은 성경책이요 성경 해설서였기에 은근히 화가 났습니다. 그때는 제가 아내를 따라 마지못해 교회를 나갈 때였으니 그저 '주일 교인'일 뿐이었습니다. 새벽이면 꼭 일어나 기도하는 아내가 전연 이해되지 않았고, 또 항상 저를 위해 기도하는 것이 제 마음을 불편하게 만들었습니다. 믿으려면 혼자 잘 믿고 교회에서 봉사를 열심히 하면 되지 왜 싫다는 사람을 등 떠밀어 데리고 가려 하는지 이해가 되지 않았습니다. 여기저기 놓아둔 성경책을 보니 괘씸한 생각이 들었습니다.

그런데 어느 날엔가 아이들로 북적거리던 집이 갑자기 너무 조용해졌고, 병원에서 집으로 돌아오면 어쩐지 허전하고 외로운 생각이 들었습니다. 며칠 후 저는 아내가 놓아둔 책 중에 제일 장수가 적은 요한계시록 해설서를 읽기 시작했습니다. 그런데 신기하게도 점점 누가 잡아당기는 듯 빠져들어 한 권을 다 읽게 되었습니다.

내용이 복잡하고 이해가 잘 안 되었지만 학생 때 복잡한 인체 조직을 일일이, 그것도 영어와 라틴어로 번갈아 가며 외우고 공부했던 때를 생각하며 한 장을 두세 번씩 반복해 읽고 노트하면서 공부했습니다. "와!" 탄성이 나왔습니다. 참으로 신기하고 더 깊이 알고 공부해야 될 것 같다는 생각이 들었습니다. 그리고 열심히 해설서를 읽어 나갔습니다. 그때는 몰랐지만, 성령님이 함께하시고 제 마음을 다듬어 주신 것이라 믿습니다.

그런 가운데 책을 펴 놓고 깜박 잠이 들어 비몽사몽하는 중에 갑자기 방 한쪽 모서리 위로 머리부터 발까지 전신의 예수님이 팔을 활짝 벌리고 저를 내려다보고 환하게 웃고 계시는 모습이 보였습니다. 저는 깜짝 놀라 순간적으로 "아, 예수님이시다!" 외치며 눈을 떴습니다. 눈을 떠 보자 주님은 더 이상 계시지 않았습니다. 기왕에 오셨으면 머리라도 쓰다듬어 주시고 손이라도 잡아 주셨으면 얼마나 좋았을까 생각했습니다. 그날 밤은 놀랍고 신기한 마음에 들떠 잠을 이루지 못했습니다.

'왜 예수님은 아내가 있을 때 보여 주시지, 왜 아무도 없이 나 홀로 있을 때 오셨을까?'

'참으로 예수님이 오셨을까?'

그러면서도 정말 선명하고 확실하게 예수님의 모습을 보았기에 의심할 수 없었습니다. 저는 그곳이 저의 벧엘이라 믿어 의심하지 않습니다. 제 알량한 자존심을 지키려고 얼마나 애썼는지요. 그간 주위 사람들로부터 "참 대단하다. 잘한다"는 칭찬에 파묻혀 스스로를 보지 못하고 작은 성공에 교만해 다른 사람들을 내려다보았습니다. 심지어 하루도 빠지지 않고 눈물로 기도하는 아내의 마음을 아프게 한 일들을 떠올리니, 이 세상에 나처럼 어리석고 세상을 모르는 사람은 없을 것이라는 생각이 들었습니다.

그때 저를 찾아오셔서 "내가 너와 함께하고 너를 버리지도 않고 떠나지도 아니할 것이라" 약속하신 예수님을 믿습니다. 지치고 외로운 야곱에게 나타나셔서 "내가 네게 허락한 것을 다 이루기까지 너를 떠나지 아니하리라" 말씀하신 예수님께 순종하며 살아가기를 소원하고 또 소원합니다.

긴 세월이 지나면서 그 사실을 잊어버리고 혼자서 죽을 것같이 힘들고 외로울 때면 항상 그날의 예수님을 떠올리며 다시 일어나 용기를 냅니다. 그러기에 저는 '야곱의 벧엘'을 잊어버릴 수가 없습니다. 하나님의 크신 은혜이기 때문입니다.

앞으로의 벧엘:
용천 북한 땅에도 계신 주님

지난 20년간 압록강 강변 단동에서 단동복지병원 외국인 병원을 운영하며 말 못 할 여러 가지 어려움을 겪으며 여기까지 온 모든 과정이 마치 영화 필름처럼 눈앞에 보입니다. 여러 번 포기 직전까지 갔으나 그럴 때마다 주님의 손길이 항상 저를 인도해 주었고 하나님이 주님의 뜻을 친히 이루어 가시는 체험을 하게 하셨습니다. 주님은 우리와 함께하셨으며 내가 아니라 주님이 직접 하심을 믿는 믿음이 성장하게 하셨습니다.

급변하는 세계정세와 복잡한 현실로 더 이상 우리의 독자 병원을 유지할 수가 없게 되었습니다. 이번에도 예외 없이 주님이 불가능을 가능하게 하셔서 20년간의 병원 운영을 마감하고 이제 이 지역에서 가장 큰 A병원 SAM국제부병원의 초청으로 두 개의 병원이 서로 협조하고, 외국 의료인들에 대한 제재와 까다로운 요구 조건들을 그 병원의 우산 아래서 해결할 수 있게 되었습니다. 그러나 이 일은 오래가지 못하고 중단되었습니다.

저는 저 자신의 부족함과 불가능한 현실에도 하나님이 그분의 뜻에 따라 그분의 길로 직접 인도하신다는 사실을 확신하게 되었습니다. 20년 동안 한결같은 우리의 봉사에 현지 병원들이 감동해 '그 병원은 좋은 사람들이 운영하는 병원'이라는 소문이 났습니다. 그래서 3-4개의 현지 종합병원들이 우리와 함께 국제병원을 운영하며 외국인들이 직접 풀 수 없는 여러 행정적인 절차를 담당해 주기로 했습니다.

'주님의 섭리는 어떻게 이처럼 한 치의 실수도 없이 오묘할까?'

우리의 기도를 들으시고, 우리를 이끌어 주시며, 우리 생에 목자되신 주님이 오늘부터 영원까지 우리와 함께하실 것을 확신하게 하셨습니다.

2004년 압록강 근처에 있는 용천 기차역에서 많은 사람이 생명을 잃고 상처를 입은 큰 폭발 사고가 났습니다. 세계 여러 곳에서 많은 기자가 모여 압록강을 건너 들어오는 정보를 얻고자 단동에서 북적거렸지만 소식을 알지 못해 전전긍긍했습니다.

그때 우리는 우선 병원에 있는 모든 의약품을 실어 현장으로 들여보냈고, 외국인으로서는 처음으로 시멘트와 응급생필품을 20개의 대형 트럭에 싣고 현장으로 갔습니다. 현장은 대형 사고로 인해 참혹했습니다. 동네 전체가 완전히 내려앉았고 기차역은 흔적도 없이 사라졌습니다. 많은 사상자가 발생해 대부분은 큰 병원으로 후송되었고 일부는 신의주병원에서 치료를 받고 있었습니다. 우리 의료팀은 환자들을 돌보면서 의약품 등을 전달했습니다.

두 살배기 어린아이가 대퇴부가 부러져 심한 통증으로 숨을 몰아쉬며 엄마의 손이 머리를 만지기만 해도 죽는 듯이 울어 댔습니다. 이 경우 어른 같으면 극심한 통증으로 생명이 위험할 수도 있습니다. 우리 팀원 중 정형외과 전문의가 눈물을 흘리며 안타까워했습니다. 그날 아침에 갑자기 강을 건너 북한으로 들어가게 되어 이것저것 필요한 응급처치 의료품들을 챙겼지만, 워낙 양이 많아 깁스할 재료들을 들었다가 두고 온 것이 너무나 후회가 되었던 것입니다. 그 재료로 감아 고정시키면 통증이 곧 없어질 것을 알기 때문이었습니다.

수많은 어린아이가 폭발의 충격으로 눈을 뜨고 있으면서도 보지 못하고 듣지도 못했습니다. 많이 아프냐고 물으면 "아프지 않습니다"라고 말했습니다. 그 아이들의 목에는 "위대한 ○○○"이라고 적힌 큼직한 패가 달려 있어 우리를 참으로 슬프게 했습니다. 지금은 모두 젊은 어른이 되었을 텐데 어디서 어떻게 살고 있는지 궁금합니다.

그 딱한 사정을 보며 저도 눈에 눈물이 고여 눈을 들어 보니, 그곳에 예수님이 손을 벌리고 계셨습니다. 주님이 "수고하고 무거운 짐 진 자들아 다 내게로 오라 내가 너희를 쉬게 하리라"(마 11:28) 말씀하실 때 "와, 예수님이 여기에서도 나와 함께하시는구나. 감사합니다" 하며 감격하고 눈물을 흘렸습니다. 이 체험은 제게 앞으로 있을 미래의 '나의 벧엘'이 그곳에 있음을 알려 주신 것임을 믿습니다.

무엇보다도 더 감사하고 기뻤던 일은 예수님이 미국 미시간 우리 집에서도 자신을 보여 주셨고, 오랜 후에 다시 용천 북한 땅에서 또 보여 주셨다는 것입니다. 주님이 항상 저와 함께하시고, 제가 어디서 무엇을 하든지 지켜보시고, 특별히 제 갈 길을 미리 준비하고 계신다는 확신을 주신 것입니다. 주님께 참으로 감사합니다. 항상 동행하시는 예수님, 사랑합니다.

지금의 벧엘:

SAM국제부병원, 새로운 시작을 알리신 주님

바울은 제3차 전도여행을 하는 중 고린도에서 '신약의 꽃'이라 불리는 로마서를 기록하고, 그 당시 모든 문화와 종교의 중심이자 세계의 도시인 로마에 살고 있는 디아스포라들을 중심으로 복음을 전하고자 하는 소원을 갖게 되었습니다.

고린도에서 이오니아해를 건너 로마를 바라보면서 예루살렘에서 증거한 것같이 로마에서도 증거하겠다는 비전을 가지고, 마게도냐와 아가야로 다녀서 예루살렘으로 갔다가 후에 로마로 가기로 했습니다. 그러던 중 바울은 예루살렘에서 체포되었고 결국 로마의 시민으로서 가이사랴에서 지중해를 건너 로마까지 죄인으로 호송되었습니다. 로마까지 가는 과정은 참 힘들었습니다. 죽음의 유라굴로라는 광풍을 만나 여러 날 해와 달을 보지 못했고, 구원의 여망마저 보이지 않는 날들을 보내면서 14일이나 먹지 못했고, 하나님의 사자의 음성을 들은 후 마침내 육지에 가까워지게 되었습니다.

이런 바울의 사역에 비교도 할 수 없는 지극히 미약한 우리의 사역에도, 2,000년이 지난 지금의 우리에게도 하나님이 인도하신다는 말씀은 변함이 없이 한결같음을 믿기에, 우리는 이 말씀대로 이루어질 것을 확신합니다. 지난 30여 년간 주님의 손길이 역사하지 않은 것이 한 가지도 없습니다. 이것이 제 모든 삶과 생명을 바쳐 지금까지 달려올 수 있었던 힘이요 이유입니다.

20년 합자병원 계약이 만기되어 재연장이 가능할 것이라 믿었던 우리는 북한과 중국, 그리고 미국과의 심각한 국제 문제로 심한 제재와 경계를 당했습니다. 그리고 우리 병원의 의료진들과 행정 요원들이 60세가 넘어 취업비자가 나오지 않아 체류를 할 수 없어 병원을 계속하기가 어려워졌습니다. 그러나 앞서 이야기했듯이 지난 20년간 우리의 정성스런 봉사와 진료에 '그들은 좋은 사람들'이라는 좋은 소문이 났기에 지역의 3-4개 병원들이 같이 국제부 병원을 운영하자고 제안해 왔습니다.

지난 20년을 돌아본 후 외국인인 우리가 문화적인 차이와 소통의 문제로 병원을 계속 운영하는 것은 불가능하다는 결론을 냈습니다. 다행히 그동안 우리가 사랑의 의료봉사를 한 북한 동포들이 월 평균 100명, 1년에 1,200명이라고 한다면 20년 동안 수만 명의 환자들을 도와준 것이 참으로 큰 보람입니다. 그들 가운데 우리와 함께 마음을 열고 하나 된 이들도 있고, 많은 사람에게 사랑을 나누어 지금도 잊지 못하는 이들도 많습니다.

평양에서 30년, 단동에서 20년, 이렇게 초창기부터 끊임없이 사랑의 의료봉사와 대대적인 인도적 지원을 실천하고 있는 사람들은 우리밖에는 그 아무 단체도, 국가도 없습니다. 이 부분이 특히 미국의 교회들이 높이 평가하는 이유입니다.

저를 압록강 강변으로 가게 하시고, 강을 건너 북한 땅을 환히 볼 수 있게 하시고, 초심을 잃지 않고 하나님의 때를 기다리게 하신 하나님께 감사합니다. 저로 하여금 믿음으로 준비되게 하시고 이를 위해 매일 기도하게 하시는 하나님의 의지를 알게 하시니 감사할 뿐입니다.

벧엘의 결과:
얍복강의 승리, 20년의 기적

야곱의 이름 뜻은 '빼앗는 자', '속이는 자'입니다. 야곱은 외삼촌 라반의 집에서 종살이를 한 지 20년 만에 고향으로 돌아갔는데, 그 길에서 하나님의 군대 마하나임을 만났습니다. 얍복강에서 형 에서를 만나기 전에 이미 하나님은 그와 함께하셨습니다.

  야곱은 형 에서가 자기를 만나러 400명을 데리고 온다는 말에 심히 두려워 많은 예물과 함께 종들을 먼저 보냈습니다. 그러고는 혼자 얍복 나루에 남아 하나님과 밤이 새도록, 허벅지 관절이 어긋나도록 씨름을 했습니다. 마침내 하나님이 야곱의 이름을 '이스라엘'(하나님이 다스리신다)이라 바꿔 주셨고, 이스라엘이 된 야곱은 '하나님과 및 사람들과 겨루어 이겼다' 하여 그곳 이름을 '브니엘'(하나님과 대면하여 생명이 보전되었다)이라고 불렀습니다.

  야곱이 눈을 들어 보니 형 에서가 종들을 데리고 오고 있었습니다. 야곱이 몸을 일곱 번 땅에 굽히며 형 에서에게 가까이 가니 에서가 달려와 그를 맞이하여 안고 입 맞추고 함께 울었습니다.

  이 일은 떠나온 지 20년 만에 고향으로 돌아간 야곱이 얍복 강가에서 영적인 큰 변화를 받은 사건입니다. 하나님이 영원토록 다스리고 지키고 보전할 것을 약속하시고 벧엘에서 하신 약속, 즉 "내가 너와 함께 있어 네가 어디로 가든지 너를 지키며 너를 이끌어 이 땅으로 돌아오게 할지라 내가 네게 허락한 것을 다 이루기까지 너를 떠나지 아니하리라"(창 28:15)라는 약속과 축복을 지키신 것입니다.

정말 신기하게도 벧엘의 시작과 20년 후 이스라엘의 새로운 시작까지 20년의 기적은 우리 단동병원의 20년 전의 시작과 20년 후의 새로운 시작과 비교했을 때 그 상황과 과정에서 많은 공통점을 갖고 있습니다.

물론 우리같이 작고 지극히 보잘것없는 사람들을 이스라엘이나 하나님의 역사하심에 감히 비교할 수는 없습니다. 하지만 우리는 영원하신 하나님의 섭리를 믿고, 더욱이 하나님이 지금도 변함없이 영원히 살아 계셔서 우리와 함께하신다는 사실을 믿기에 우리는 할 수 없지만 '주 안에서' 우리는 할 수 있음을 믿습니다. 이것이 주님이 우리와 함께하시는 증거요, 우리가 확신하는 이유입니다.

압록강이 우리의 얍복강이라 생각하면, 지난 20년의 모든 고난과 두려움 속에서 우리와 함께하신 주님을 보게 됩니다. 그래서 우리도 이스라엘처럼 "강을 건너 세계로" 사명을 감당하는 민족이 될 것을 믿습니다. 날이 새도록 허벅지 관절이 어긋나기까지 하나님과 씨름한 그 마음의 진실함과 하나님의 함께하리라는 약속을 믿고 씨름에서 이겼던 야곱의 갈급함과 믿음이 우리에게도 있기 때문입니다.

30여 년 전 아무것도 모르는 저를 부르시고 20년 동안 강변에서 병원을 운영하게 하신 일은 제게 주신 하나님의 약속입니다. 하나님은 오늘도 그 약속을 지키사 단동복지병원을 마무리하게 하시고, 새로운 A병원 SAM국제부병원으로 새롭게 시작하게 하셨습니다. 그리고 이제 압록강(얍복강) 바로 앞에서 20여 년 전에 우리에게 명하시고 기적을 베푸사 여기까지 인도하신 평양제3병원도 UN의 제재만 풀리면 다시 병원 재건축, 새로운 의료 장비 구축, 그리고 미국과 한국 전문의들의 기술 전수 등을 최대로 확장해 진정한 사랑의 의료 봉사를 실천할 것입니다. 이 일은 질병으로 고통받는 자들을 치료하고 마음과 마음이 하나가 되어 건강한 통일을 이루는 일에 큰 도움이 될 것입니다.

야곱은 "내가 너와 함께 있어 … 너를 이끌어 이 땅으로 돌아오게 할지라"라는 하나님의 약속을 믿었습니다. 그런 그에게 하나님은 마하나임, 하나님의 군대를 만나게 하셨습니다. 또한 야곱은 허벅지 관절이 어긋나도록 하나님과 씨름하여 결국은 하나님의 의지, 즉 '이스라엘'의 시작을 받아 냈습니다. 그리고 에서를 만나자 무릎 꿇고 낮아져 일곱 번 절하여 형을 감동하게 했습니다. 그 용기와 믿음, 낮아짐이 하나님을 감동시켰습니다.

우리 모두는 섬기는 자들입니다. 우리는 그리스도와 함께 십자가에 못 박혀 죽은 자들입니다. 믿음으로 승리하는 우리가 되기를 소원합니다.

인생의 막다른 골목에서 만난
하나님의 군대, 마하나임

피난 와서 부모님이 부산 국제시장에서 장사를 하실 때는 그래도 우리 식구가 더 이상 생계를 걱정하지 않게끔 되었습니다. 특히 명절 전에는 손이 모자라 저도 함께 도왔습니다.

초등학교 5학년 때 가게에서 열심히 부모님 일을 거들어 드렸는데, 노인 한 분이 지나가다가 저를 자세히 쳐다보고 또 보시더니 "네 아버지가 어디 계시냐?" 물으셨습니다. 아버지를 가리켜 드렸더니 이 말씀을 하셨습니다.

"참 훌륭한 아들을 두셨습니다. 후에 커서 훌륭한 의사가 되어 큰 부귀를 누릴 것입니다."

이 말씀을 들은 아버지는 크게 흐뭇해하셨습니다. 그 후 저는 그 말씀을 잊어버리지 않고 어려서부터 막연하게나마 나중에 커서 의사가 될 것이라 믿었습니다. 의사가 무엇인지 잘 모르면서 그래도 좋았습니다. 저는 그 노인이 어떤 분이신지 모르지만, 지금은 하나님의 임재라 믿습니다. 그때부터 하나님은 저의 앞길을 정하셨습니다. 그 후 제 삶은 도저히 의사 공부를 할 수 있는 처지가 못 되었기 때문입니다.

국제시장에 화재가 나 아수라장이 되었습니다. 불에 아주 취약한 상태로 순식간에 화재가 나는 바람에 우리 가게를 포함한 많은 상인이 완전히 망하게 되었습니다. 아무리 물건을 지고 메고 나와도 그 많은 사람 틈을 헤집고 길가로 나왔을 때는 제 손에 몇 개의 상품만 남고 모두 다 흩어져 없었습니다.

그 후 우리는 다시 일어나지 못했습니다. 저는 고모님 집에 그대로 남고, 나머지 가족은 외삼촌이 계신 서울 목동으로 와서 곁방살이를 시작했습니다. 지금은 목동이 서울 요지가 되었지만, 그때는 농촌 골 짜기로 길도 제대로 없어 길을 헤집고 가다 보면 뱀들이 판을 치고 있어 죽을힘을 다해 간신히 걸어 다녔습니다. 그 길은 제가 학교를 포기하고 취직을 한답시고 다니다 점심까지 굶어 배고파 울고, 뱀들을 보고 놀라서 울고, 그래서 서러워 울었던 길입니다. 세상 그 어디를 돌아보아도 저를 도울 사람이 없었으니 참 야속했습니다.

그 힘든 시기에 어디서 작은 직장을 얻어 간신히 밥벌이만 했더라도 저는 그곳을 벗어나지 못하고 평생 그렇게 살았을지도 모릅니다. 취직도 안 되고 배가 고프니 저는 스스로를 곰곰이 따져 보고 생각하게 되었습니다.

'무엇을 해야 내가 살 수 있을까?'

지금 같으면 죽도록 기도를 했을 텐데, 그때는 하나님을 알지도 못했으니, '내가 살지 못하면 나는 죽는다', 그뿐이었습니다.

그날도 피곤하고 지친 몸으로 일찍 잠이 들었습니다. 그런데 한밤중에 우리 집 창문 밖에서 "고요한 밤, 거룩한 밤~" 하며 성탄 찬송을 부르는 소리가 들려 잠에서 깼습니다. 그 순간, 갑자기 눈물이 흘렀습니다.

'저 사람들은 어떻게 저런 축복을 받아 아름다운 찬송을 부르고, 그에 비하면 나는 얼마나 초라한가.'

그런데 그들이 그 자리에서 "그 맑고 환한 밤중에~" 하며 두 번째 찬송을 연달아 불렀습니다. 그 순간 저는 벌떡 일어나서 주먹을 불끈 쥐었습니다. 제가 잘할 수 있는 것은 아무것도 없었습니다. 몸이 튼튼해서 막일을 할 수도 없고, 돈이 있어서 장사를 할 수도 없고, 공부밖에 없으니 '죽더라도 공부를 하다가 죽자!' 마음을 먹었습니다. 참으로 인생의 막다른 골목에서 오늘의 제가 있게 만든 극적인 순간이었습니다.

그때는 '재수'라는 말도 없었습니다. 매일 고등학교 교과서를 들고 영등포에서 한강 다리를 건너 서울중앙도서관까지 걸어 다니며 외웠습니다. 배가 고프면 고플수록 더 죽자고 공부했습니다. 그 당시는 한 해를 놀고 서울대학교 의과대학에 입학했다는 저에 관한 뉴스가 부산 일간지에 기사로 날 정도로 드문 일이었습니다.

저는 그들이 누구인지, 왜 하필이면 우리 집 창문에 와서 아름다운 찬송을 불렀는지 모릅니다. 그러나 저는 그들이 하나님이 보내신 천사들이라고 믿어 의심치 않습니다. 이것이 하나님의 저를 향한 의지임을 깨달은 것은 많은 세월이 지난 후였습니다.

하나님의 마하나임은 제 곁에 항상 있었습니다. 하나님은 제가 예수님을 알기 전에도 저와 함께하셨고, 그리고 하나님의 뜻대로 저를 인도하셨습니다. 그 노인이 바로 얍복강에서 형 에서를 만나 죽을까 두려워하던 야곱에게 마하나임, 하나님의 군대를 먼저 보내시어 "내가 너와 함께 있어 네가 어디로 가든지 너를 지키며 너를 이끌어 이 땅으로 돌아오게 할지라 내가 네게 허락한 것을 다 이루기까지 너를 떠나지 아니하리라"(창 28:15) 약속하신 야곱의 하나님이심을 알게 된 것도 오랜 시간이 흐른 뒤였습니다.

그러나 이 일이 계기가 되어 저는 서울로 올라올 수 있었고, 서울대학교 의과대학을 졸업해 미국 의대 교수로 열심히 잘 살게 되었고, 또 30년이 넘도록 의료 사역자로 평생을 나보다 못한 자들, 병들어 신음하는 자들을 도왔으며, 지금까지도 사역을 할 수 있게 되었습니다.

마하나임은 지역 이름인데, 두 개의 하나님의 군대로 '용서'와 '사랑'을 뜻한다고 합니다. "야곱이 길을 가는데 하나님의 사자들이 그를 만난지라 야곱이 그들을 볼 때에 이르기를 이는 하나님의 군대라 하고 그 땅 이름을 마하나임이라 하였더라"(창 32:1-2). 하나님은 야곱을 항상 지켜보고 계셨습니다. 그 하나님은 지금도 우리와 항상 함께 계십니다. 하나님은 라반의 집에서 20년 동안 야곱을 지켜보셨고, 마하나임 그곳에도 함께하셨으며, 또 야곱을 쫓아 7일 길을 달려간 라반에게 현몽하셔서 "너는 삼가 야곱에게 선악 간에 말하지 말라"(창 31:24)고 미리 일러 주기도 하셨습니다. 야곱이 진퇴양난하고 급박한 상황마다 하나님은 약속대로 야곱을 붙들어 주셨습니다.

다윗은 아들 압살롬의 반란 때에 암몬 사람들의 도움을 받아 마하나임에서 전열을 정비하고 장수 요압에게 압살롬과 싸우라고 명령했습니다. 하지만 다윗은 자신을 죽이려고 칼을 들었던 자식을 "너그러이 대우하라[살려 주라]"(삼하 18:5)고 말했습니다. 부모의 입장이 아니고서는 이해할 수 없는 용서와 사랑을 보였던 곳이 바로 마하나임이었습니다. 바로 이것이 예수님의 우리를 향한 사랑과 용서입니다.

이런 예수님의 깊은 사랑과 용서가, 어디에서 어떤 처지에 있든 항상 함께하시며 하나님의 의지대로 인도해 주시는 은혜가 오늘 저를 만들어 주었습니다. 아직도 갈 길은 멀었지만, 여기까지 인도하신 주님이 끝까지 책임져 주실 것을 믿습니다. 아멘!

chapter 7

왜 하필
저입니까?

겟세마네 동산,
그럼에도 불구하고

오래전에 이스라엘 성지를 방문했을 때 가장 큰 은혜와 충격을 받아 지금도 마음에 길이 남아 있는 장면은 겟세마네 동산에서 커다란 바위에 엎드려 기도하시는 예수님의 모습입니다. 겟세마네는 예루살렘 성전 맞은편 감람산에 있는 자그마한 동산으로, 예수님이 자주 찾아가 기도하시던 곳입니다. 그곳에 놓인 큰 바위에 엎드려 기도하시는 예수님의 모습을 형상으로 만들어 놓았습니다.

십자가를 지시기 전 예수님은 9명의 제자들을 동산 어귀에 남겨두고 베드로, 요한, 야고보를 데리고 좀 더 깊이 들어가셨습니다. 그러시고는 그들에게 "내 마음이 심히 고민하여 죽게 되었으니 너희는 여기 머물러 깨어 있으라"(막 14:34)라고 말씀하신 후 간절히 기도하셨습니다. 얼마나 간절하셨던지 땀이 핏방울과 같이 되었습니다. 기도하시면서 자신의 뜻이 아니라 하나님께 순종하고 십자가에서 죽는 결정을 하셨기 때문입니다. 죽음이 두려운 것이 아니라, 인간의 죄와 승천 후 잠시도 깨어 있지 못하는 제자들이 걱정되셨기 때문입니다.

겟세마네 동산은 순종의 동산이 되었습니다. 이는 에덴동산이 불순종 동산이 된 것과 비교됩니다. 예수님은 "시험에 들지 않게 깨어 있어 기도하라 마음에는 원이로되 육신이 약하도다"(막 14:38)라고 말씀하심으로 앞으로 닥칠 놀라운 인류 구속 사건을 전혀 알지 못하는 제자들의 어리석음에 오히려 긍휼을 베푸셨습니다.

겟세마네 동산에서 이런 예수님의 모습을 보면서 저는 눈물을 흘렸습니다. 마치 세상의 모든 짐을 나 혼자 진 듯 힘들게 살아가던 때, 사방 천지를 다 살펴도 나를 도울 자가 아무도 없어 밤을 새워 불평만 하던 때, 공평하지 못한 세상을 비난하며 유일하게 살아남는 방법은 '공부를 잘해 남들을 누르고 일어서는 것'이라 믿고 이를 악물고 공부하던 때, 그래서 공부는 잘했을는지 몰라도 마음이 삐뚤어져 나와 우리 가족만 알고 살던 때, 배가 고프면 물로 배를 채우고 강의 시간에 들어가 멀리 보이는 교수님의 설명을 듣다가 저절로 눈이 감겨 잠을 자던 때…. 저는 이처럼 부끄러운 시간을 수없이 많이 보냈습니다.

이때는 저에게 깨어 있어 기도하지 못하고, 마음은 원하지만 육신이 연약하고, 눈이 피곤한 시절이었습니다. 예수님도 알지 못했기에 세상의 참 진리와 지혜에 무지한 암흑 시대였습니다. 예수님은 항상 깨어 있어 함께 기도하라 하시는데, 저는 엉뚱한 길로만 달려가며 바위에 걸려 넘어지고 강물에 빠져 허우적거리며 살았으니 얼마나 피곤하고 힘들었는지 모릅니다. 주님은 이런 저를 보고 안타까워하시며 "내게로 오라 내가 너희를 쉬게 하리라"(마 11:28) 하며 두 팔 벌리고 기다리고 계셨습니다.

저는 예수님을 영접한 지 이미 50년이 넘었습니다. 그러나 많은 세월 동안 열린 문, 가까운 길, 쉬운 길, 재미있는 길을 찾아다녔습니다. 그럼에도 지금 돌이켜 보면 하나님은 한 번도 저를 책망하신 적도, 버리신 적도, 잊어버리신 적도 없음을 고백하며 눈물이 흐릅니다. 그나마 이제야 조금 눈이 뜨이고 귀가 밝아졌습니다. 주님의 사랑과 은혜를 알게 하시고, 한 가지도 거저 된 것이 없음을 깨닫게 하시며, 특별히 앞으로의 모든 것을 책임져 주실 것을 믿게 하시니 "아멘, 할렐루야!"입니다. 주님이 저를 위해 십자가에서 흘리신 보혈로 어제도 함께하셨듯이, 오늘도, 또 내일도 영원토록 함께하실 것을 믿습니다.

비아 돌로로사(Via Dolorosa), 그 길에서 주님을 기억합니다

예루살렘 성지를 방문했을 때 예수님이 십자가에 못 박혀 죽으신 현장인 골고다의 언덕으로 가는 길을 걸었습니다. 빌라도의 법정(제1지점)에서부터 갈보리까지 약 400m 길이었습니다. 그 길에서 예수님은 가시관을 쓰신 채 무거운 나무 십자가를 메셨고, 채찍질을 당하셨고, 세 번 넘어지셨습니다(제3, 7, 9지점). 어머니 마리아가 예수님의 땀을 닦아 주셨고(제4지점), 로마 군병들이 구레네 시몬에게 대신 예수님의 십자가를 지게 했으며(제5지점), 예수님이 우는 여인들에게 "나를 위하여 울지 말고 너희와 너희 자녀를 위하여 울라"(눅 23:28)고 말씀하셨습니다(제9지점). 그때 그 모습을 생각하면서 감사와 감격으로 마음이 뜨거워졌습니다.

골고다의 언덕에는 예수님의 무덤교회가 있어 무덤에 손을 대고 기도했는데 도저히 말을 이어 갈 수가 없었습니다.

'예수님, 나 때문에…'

언덕을 오르는 길은 기념품을 파는 수많은 상인으로 북새통이고, 새벽부터 밤이 되도록 많은 순례자와 관광객으로 발 들여 놓을 틈도 없이 복잡했습니다. 하지만 그 길에서 순례자들은 눈물을 흘리며 자신이 살아온 삶의 발자취를 돌이켜 보고 예수님의 고통을 마음으로 느껴 보고자 정성을 다했습니다.

가지 않으셔도 되는 길이요, 하나님의 독생자이시며 하나님이신 예수님이 그 고난을 자초하셨다는 사실을 생각하면 계단 하나하나 오를 때마다 마치 예수님을 밟고 올라가는 것 같아 죄송했습니다. 그리고 그 엄청난 은혜를 항상 잊어버리고 나의 의지대로 살아온 나의 초라한 모습을 거울을 통해 볼 수 있기에 깊이 회개하며 한 계단, 한 계단 밟아 올라갔습니다.

예수님이 십자가를 지고 골고다까지 가시는 중에 너무 힘이 들어 쓰러지셨거나 잠시 머무신 지점이 총 14지점이라고 합니다. 그리고 예수님은 로마 군병들로부터 채찍을 수없이 맞으셨는데, 그 채찍 끝에는 갈고리 같은 것이 달려 있어 큰 상처를 입힌다고 합니다.

주님은 나를 위해 십자가에 못 박히셨고, 피 흘리셨고, 6시간 동안 십자가에 달려 계셨고, 죽으셨습니다. 그리고 죽음을 이기고 다시 사셔서 친히 우리에게 부활의 본이 되셨습니다. 이 은혜를 갚을 수도 없다며 잊어버리고, 오히려 불평하고 살아가는 제 모습이 초라해지는 순간이었습니다. 주님의 십자가를 묵상하며 기도를 드렸습니다.

"무엇으로도 다 갚을 수 없는 은혜, 내 모습 이대로 받아 주시는 하나님의 사랑에 감사하고 살아가게 하옵소서. 부족한 저를 위해 십자가를 지셨음을 잊지 않게 해 주세요. 아무리 어려운 일, 힘든 일, 억울한 일이 있더라도 오늘도 두 팔 벌리고 '수고하고 무거운 짐 진 자들아 다 내게로 오라 내가 너희를 쉬게 하리라' 하며 안아 주시는 주님을 사랑합니다.

그런데 저는 다 듣고, 보고, 알면서도 저도 모르게 잊어버립니다. 그래서 자주 '나는 누구인가? 예수님이 나를 위해 죽지 않으셨다면 나는 어떤 모습일까?' 생각합니다. 그때마다 부끄럽지만, 내 모습 이대로 받아 주시는 주님의 사랑에 감사하며 스스로 돌아오게 해 주세요. 못난 성격, 자존심, 사랑하지 못하는 것 모두 깊이 회개하게 하시고, 제 영혼의 성장을 위해 잊지 않고 기도하고, 말씀을 순종하며 살 수 있도록 은혜를 베풀어 주세요.

어디서부터 무엇이 잘못되었는지 알 수도 없는 이 험악한 세상에 긍휼을 베푸시고, 지금부터라도 하나님의 은혜와 사랑으로 하나님의 정의만이 살아나는 좋은 세상이 되게 하옵소서. 무엇보다도 죽으신 지 3일 만에 부활하시고 승천하신 주님, 저도 주님처럼 부활할 것을 믿고 절망과 고난을 이기게 하옵소서. 모든 고난과 욕심으로 망가진 이 세상에서의 삶을 마치고 부활하여 환하게 웃으시고 두 팔 벌리고 안아 주시는 주님을 만나는 영광을 반드시 기억하게 해 주세요."

그래서 계단을 내려오는 제 발걸음은 날아갈 듯 가벼웠습니다. 슬픔과 절망 대신 희망과 감사가 넘쳤습니다. 예수님이 부활하셨고, 저도 그분과 함께 부활할 것을 믿기 때문입니다.

빈 무덤 신앙 아닌
예수님 신앙으로

"나는 부활이요 생명이니 나를 믿는 자는 죽어도 살겠고 무릇 살아서 나를 믿는 자는 영원히 죽지 아니하리니"(요 11:25). 예수님은 부활의 첫 열매가 되셨습니다. 많은 사람이 부활의 감동으로 예배와 찬양을 드리지만, 예수님이 계시지 않는 빈 무덤만을 보고 스스로 잘 믿고 있다고(tomb faith) 착각하곤 합니다.

예수님께 자신이 3일 만에 부활할 것이라는 말씀을 수없이 들었던 제자들 중에서조차 빈 무덤을 본 즉시 "와! 주님이 말씀대로 부활하셨구나. 아멘, 할렐루야!" 하며 감사하고 감탄한 자가 아무도 없었습니다. 사도들은 예수님이 부활하셨다는 말을 듣고 허탄한 듯 보여 믿지 않았고, 수제자인 베드로도 기이히 여기며 집으로 돌아갔습니다. 그렇다면 "나는? 우리 교회는? 우리 믿는 자들은?"이라는 질문이 생깁니다. 제자들이 그 정도였으니 우리는 오죽할까요.

고린도전서 15장 13-14절은 "만일 죽은 자의 부활이 없으면 그리스도도 다시 살아나지 못하셨으리라 그리스도께서 만일 다시 살아나지 못하셨으면 우리가 전파하는 것도 헛것이요 또 너희 믿음도 헛것이며"라고 말합니다. 그러면 나의 믿음도 헛것일까 두렵습니다. 큰 건물에 많은 성도가 모여 기도하고 찬양하면서도 예수님은 없는 교회, 예수님은 없는 교인들이 있습니다. 따라서 교회가 세상 사람들이 하지 않는 한심한 일을 하면서 그들로부터 지탄을 받는 경우가 있습니다. 이것은 예수님은 없고 빈 무덤만을 보기 때문입니다. 그만큼 확신 없는 믿음 때문에 사탄이 역사하고, 이단이 생기고, 교회가 다투고 갈라지는 것입니다.

믿음이란 하나님의 말씀만을 붙잡고 죽도록 무조건 충성하는 것이지, 여기에 인간적인 신기함, 기이함, 판단과 생각이 개입되어서는 안 됩니다. 곁에 계시는 예수님을 보지 못하고 자기 욕심대로 생각하고 변하는 믿음이 이단을 만들고 잘못을 저질러 세상을 놀라게 합니다. 교회(선교단체)가 교회답지 못하면 참 교회가 아닙니다. 그런 교회는 하나님을 보지 못하고, 텅 빈 무덤만을 보면서 예수님을 보는 것으로 착각하는 교회입니다.

예수님이 십자가에서 죽으시고 부활하신 후 두 제자가 슬픈 빛으로 이스라엘에서 11km쯤 떨어진 엠마오로 내려갔습니다. 그들은 예수님이 이스라엘을 구속하실 분이기를 바랐는데 누명을 쓰고 십자가에서 죽으신 것에 실망하고 모든 것을 포기한 채 예루살렘을 떠나 작은 시골로 내려가는 길이었습니다. 그때 예수님이 나타나셨지만 그들은 알아보지 못했습니다. 그러나 마을에 도착해 음식을 먹을 때 예수님이 떡을 가지사 축사하시고 떼어 주시니 그들의 눈이 밝아져 예수님이신 줄 알아보게 되었습니다. 그들은 그러고 보니 길에서 예수님과 대화를 나눌 때 마음이 뜨거워졌다며 이야기를 나누었습니다.

빈 무덤만을 보고 예수님의 말씀을 믿지 못할 때는 예수님이 계시지 않습니다. 예수님의 말씀을 믿고, 예수님의 부활을 믿는다고 하지만 영의 눈이 열리고, 나의 전체를 주님께 맡겨 드리고, 마음이 뜨거워지는 감동이 없으면 예수님을 보지 못합니다.

기도를 하고, 교회를 열심히 섬기고, 심지어 선교사나 목회자라고 해도 무덤 신앙이 되어 곁에 계신 예수님을 보지 못하고, 단지 기이한 일로 생각해 자기 뜻대로 신앙생활을 하고 가르친다면 잘못된 신앙입니다. 믿는다는 것은 결코 쉬운 일이 아니지만, 예수님 신앙으로 올바르게 신앙생활 하지 않는다면 우리의 신앙은 무덤 신앙에 지나지 않을 것이고, 회개도 없고 능력도 없고 기적도 없어 빈 무덤 신앙이 될 뿐입니다. 저를 포함한 우리 모두가 무덤 신앙이 아니라 예수님 신앙으로 승리하기를 소원합니다.

나의 '틈새'

나같이 준비되지도 못한 자가 때에 따라서는 어디로 가는지도 모르고 '그래도 해야 한다'는 열정으로 달려 여기까지 온 지도 많은 세월이 흘렀습니다.

과거를 떠올리면 참 신기하다는 생각이 듭니다. 저는 세상에 파묻혀 세상적으로 살아가는 것이 전부인 줄 믿었고, 학창 시절에 춥고 배고프던 세월을 늘 생각하며 '내 아이들은 절대 그런 삶을 살게 해서는 안 된다'는 신념 하나로 병원 일에 죽도록 충실히 살아왔습니다. 그런데 어느 날 갑자기 선교사가 되었습니다. 하나님이 부르셨고, 저는 그분의 인도하심을 따라 달려가고 있습니다.

다윗은 이새의 막내로 태어나서 골리앗을 쳐서 승리했지만 사울의 시기로 산적의 두목이 되었고, 사울이 죽은 후 이스라엘의 왕이 되었습니다. 그 긴 여정을 '틈새'(Gap, 갭, 과정)라고 한다면, 야곱이 형에서를 피해 하란으로 가는 중 벧엘에서 하나님을 만나고, 사마리아에서 우물을 팠는데, 후에 그 우물이 예수님이 수가의 여인을 통해전도하신 곳이 되는 과정도 틈새라고 할 수 있습니다.

야곱은 얍복강에서의 승리로 마침내 형과 화해했습니다. 외삼촌집에서 지낸 20년 동안에는 낮의 더위와 밤의 추위를 당하며 눈 붙일 겨를도 없이 일만 했습니다. 이런 틈새는 절망이고, 고난이고, 나혼자만의 것이라 생각해 좌절하고 억울할 수 있습니다. 하지만 이는오히려 하나님이 미래를 위해 야곱을 훈련하시고 준비시키신 과정이었습니다. 하나님은 항상 야곱 곁에서 하나님의 군대인 마하나임을 통해 그의 손을 잡아 주시고 함께하셨습니다. 성경은 이처럼 틈새의 연속입니다.

그래서 틈새에는 전쟁, 핍박, 슬픔 등 모든 인간적인 고난이 있습니다. 지치고 주저앉아서 세상이 끝날 것처럼 느껴지는 그 순간에도우리로 하여금 일어서게 하시고, 그 가운데 함께하시고, 손을 잡아주시는 주님의 사랑과 은혜가 있습니다. 고난 가운데서 우리가 하나님께로부터 힘을 공급받고 믿음이 성장해 가는 이유는 그 고난이 믿음의 틈새이기 때문입니다. 우리는 힘을 낼 수 있고, 포기하지 않고끝까지 달려갈 수 있습니다.

지난 30여 년간 너무 힘들어 불평하고 사탄의 역사가 계속되어 힘이 빠졌지만, 이로 인해 믿음이 강해지고 하나님이 항상 더 좋은 것으로 인도하심을 알고 확신하게 하시니, 저의 틈새에도 주님의 크신 사랑과 은혜가 풍성하게 넘칩니다.

"왜 나만 겪는 고난이냐고 불평하지 마세요 / 고난의 뒤편에 있는 주님이 주실 축복 미리 보면서 감사하세요 / 너무 견디기 힘든 지금 이 순간에도 주님이 일하고 계시잖아요 / 남들은 지쳐 앉아 있을지라도 당신만은 일어서세요 / 힘을 내세요 힘을 내세요 주님이 손잡고 계시잖아요 / 주님이 나와 함께함을 믿는다면 어떤 역경도 이길 수 있잖아요"("왜 나만 겪는 고난이냐고").

우리는 가정예배 중 복음성가를 부르며 은혜를 받습니다. 이 찬송은 저와 아내, 그리고 이제는 큰딸 수지까지 30여 년의 긴 세월을 죽도록 충성하며 달려온 이유요 힘이 되었습니다. 주님이 함께하심을 믿음으로 어떤 고난도, 어떤 슬픔도, 어떤 억울함도 이길 수 있었습니다. 하나님은 제 손을 잡고 힘을 주시는 30여 년의 틈새를 지나면서 제 믿음이 올바른 믿음으로 성장한다면 예수님이 하셨던 일을 우리도 할 수 있다는 확신을 갖게 하셨습니다.

베들레헴의 작은 마구간에서 태어나신 예수님은 낮아질 대로 낮아지신 모습으로 우리를 찾아오셨고, 3년이라는 짧은 시간 하나님의 삶을 사시다가 골고다 언덕 십자가에 못 박혀 "다 이루었다"(요 19:30)라고 말씀하신 후 죽으시고 부활하셨습니다. 이것이 예수님의 틈새의 시작이고 끝입니다. 그리고 주님은 다시 오실 것을 선포하신 후 성령님을 보내사 우리와 함께하고 계십니다.

"주여, 어서 오시옵소서."

다시 오실 때까지. 이것이 예수님의 제2의 틈새입니다. 그때까지 우리는 우리의 틈새를 위해 우리의 뜻이 아니라 주님의 뜻에 따라 매일 죽고, 사랑하고, 하나님의 뜻을 이루어 드리도록 죽도록 충성해야 합니다. 이것이 성탄절과 새로운 한 해가 연이어 시작되는 이유요, 하나님의 의지라고 믿습니다. 새해에는 주님의 손을 더 꼭 잡고 더 힘을 내고 일어서서 우리의 아름다운 틈새를 이루어 가기를 소원합니다.

성탄절이 지나고 새해까지 6일의 차이가 있습니다. 예수님이 먼저 오시고 새해가 오기까지, 비록 짧지만 이 틈새는 우리에게 많은 의미를 갖게 합니다. 예수님의 탄생으로 장차 우리에게 생길 엄청난 큰일들을 예고하시고, 우리로 하여금 세상에 속한 자가 되지 말고 하늘에 속한 자가 되어 새로운 한 해 동안에도 하나님께 속한 자답게 은혜가 넘치는 한 해를 보내기를 다짐하라는 뜻입니다.

그 아이,
정실이가 떠오릅니다

'누구를 위하여 주님이 오셨나?' 생각해 봅니다. 제가 젊었을 때 가졌던 낭만적인 생각보다 '나는 무엇을 위하여 살고 있으며 주님이 인도하시는 길로 가고 있나?', '나는 창조주께서 주신 삶과 생명의 사명을 제대로 감당하고 있나?', '예수님은 왜 나를 찾아오셨을까?' 등 깊은 생각을 하게 되는 것은 나이 탓만은 아닌 것이라 믿습니다.

저와 동역자 12명이 강변에서 12세의 정실이를 만난 것은 20년 전 추운 겨울날, 그것도 성탄절을 앞둔 시기라 생각됩니다. 정실이를 데리고 온 한 사역자가 저에게 미리 귀띔해 주었습니다. 지하 방에서 함께 살던 어른들의 칼싸움으로 아버지를 잃고 그 장면을 모두 목격한 후 지금 나쁜 곳으로 팔려 가는 도중이라는 말에 우리는 충격을 받았습니다.

막상 정실이를 만나 보니 전신이 경직되어 손만 대도 깜짝깜짝 놀랐습니다. 우리는 이 아이를 돕고자 마음이 하나가 되었습니다. 각자 돌아갈 여비만 제외하고 나머지를 모아 그 아이를 구했으며, 그곳의 한 전도사님에게 앞으로 이 아이를 돌보아 주고 공부도 시켜 주라고 부탁하며 계속해서 학비를 보냈습니다.

그 아이가 19세가 되었을 때 저에게 편지를 보냈습니다. 그 편지는 "하늘과 같은 원장 선생님"이라는 말로 시작해, 그동안 할머니(전도사)의 돌보아 주심으로 학교를 마치고 이제 간호사 공부를 하게 되었다며, "간호사가 되면 원장님 병원에서 환자들을 돌보는 일에 동참하기를 원합니다"라는 내용이었습니다.

저는 이 편지를 읽을 때마다 제 입으로 "그때 힘들게 강변을 다니면서 여러 사람들에게 사랑의 의료봉사로 죽지 않고 살 수 있도록 돌보아 준 일들이 이렇게 좋은 열매로 돌아오다니…. 주님이 함께하시고 나로 하나님의 사랑을 전하는 일에 쓰임 받게 하시니 감사합니다"라고 고백하며 감격이 넘칩니다. 이것이 제가 30년 넘게 말씀을 따라 계속하여 한결같이 소외된 자, 병든 자, 그리고 추위에 얼어서 벌벌 떠는 자들을 찾아다니는 이유입니다. 후에 주님을 뵈면 여쭈어 볼 것입니다.

"주님, 왜 저를 찾아오셔서 불러 주셨습니까?"

물론 저는 여전히 하나님의 사랑과 은혜임을 믿으면서도 '왜 하필이면 나일까?' 생각합니다. 그러면 저를 두 팔로 안아 주시고 활짝 웃으시는 예수님을 뵙습니다. 그리고 또 그럼에도 조금만 추우면 "춥다", 조금만 더우면 "덥다", "힘들어 죽을 지경이다" 불평하고 억울해하며 살고 있습니다.

주님의 길로 올바르게 사는 것이 얼마나 어려운지 너무 잘 아시는 주님은 그래서 직접 제 생에 목자가 되어 주시어 제가 따르고 죽도록 충성할 수 있도록 인도해 주십니다. 그리고 그래도 모자라는 것은 제 모습 그대로 받아 주십니다. 그 주님의 사랑에 감사, 감격하지 않을 수 없습니다. 이것이 예수님이 저를, 우리 가정을, 우리 재단을, 많은 기도 동역자를, 그리고 오랫동안 기도해 주시고 물질로도 격려해 주시는 분들을, 그리고 이 세상을 은혜와 사랑으로 찾아오신 이유이기 때문입니다.

주님이 우리를 찾아오신 일은 주님이 나를 건지셨고 하나님의 의지대로 인도하심을 다시 한 번 확신하는 동기가 됩니다. 십자가상에서 "다 이루었다" 하신 주님이 제게 오시고, 주의 길로 인도하시고, 많은 병자에게 사랑의 의료봉사를 하게 하시며, 또한 주님을 직접 만나 뵐 날을 기다리게 하시는 것이 하나님이 제게 주신 은혜입니다.

chapter 8

더 죽어야 합니다,
더 믿어야 합니다

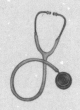

DNA 회개,
날마다 순간마다

우리의 신앙이 좌(세상)로나 우(나의 욕심)로 치우치지 않고 하나님만 바라보려면 끊임없는 회개가 필요합니다. 나의 죄는 물론 조상들의 죄를 함께 회개해야 합니다. 조상들의 성품과 성격이 우리의 DNA를 통해 우리에게 전달되고, 또 내가 조상이 되어 우리 자손들에게도 전달되어 같은 성품과 성격을 가지게 되기 때문입니다. 나의 유전자 속에 박혀 있는 조상들로부터 대대로 내려온 성품을 고치는 회개가 가장 어렵기 때문에 나의 마음 밭에 성령님의 강한 역사가 있어야 합니다.

그리고 믿음의 확신이 있어야 합니다. 하나님은 우리가 진심으로 회개할 때 용서는 물론 잊어버린다고 하셨습니다. 회개했다면 스스로 죄책감에서 벗어나야 하고, 하나님이 공급해 주시는 새로운 힘을 공급받아 다시는 그 죄를 짓지 않겠다고 확신해야 합니다.

우리 어르신들은 살기 어렵고 아이들을 줄줄이 키워야 하니 고민이 많았습니다. 그렇다 보니 기도 제목도, 회개할 거리도 많았습니다. 그래서 그분들은 교회에 와서 모든 기도 제목을 풀어 놓고 기도하고 회개했습니다. 그런데 안타깝게도 집으로 돌아갈 때 그 모든 회개와 기도 제목을 도로 가지고 가서 다시 고민과 죄책감 속에서 살아가는 삶을 반복했습니다. 따라서 올바른 신앙생활을 하려면 믿음이 자라야 하고, 하나님이 약속하신 것은 반드시 이루어진다고 믿어야 합니다.

그러나 우리는 연약한 인간이기에 들어서 알고 또 입으로 믿는다고 고백하면서도 그 무거운 짐을 그대로 지고 살아가는 경우가 많습니다. 이런 삶이 반복되고 그 짐이 쌓이고 쌓이면 정신적으로, 신앙적으로 힘든 시간을 보내게 되기도 합니다.

그런데 우리가 살아온 날들을 생각해 보십시오. 그 가운데 하나님의 은혜와 사랑과 함께하심과 인도하심이 있었습니다. 하나님의 동행하심을 믿게 되면 회개와 기도가 점점 힘을 받습니다. 우리가 예수님의 마음으로 세상을 보고 세상을 이기는 모습을 보여 주면 세상사람들이 우리가 예수님의 자녀인지 알게 됩니다. 그래서 언젠가 그들로부터 "당신을 보면 예수님을 보는 것 같습니다"라는 칭찬을 받게 되는 것이 우리의 소원 아닙니까. 이것이 하나님께 영광을 올려드리는 길입니다.

우리 아이들의 성격이 놀랄 정도로 저와 닮은꼴인 것에 자주 놀랍니다. 우리 막내는 고등학교를 다닐 때 모르는 사람도 아이를 보면 "너의 아버지가 박세록 장로님이시냐?"라고 종종 물었습니다. 아이들과 같이 있으면 사람들이 부모님을 많이 닮았다고 이야기합니다. 우리 가족은 생김새는 물론 성품, 성향, 생각까지도 비슷합니다. 우리의 DNA에 같은 정보의 유전자가 들어 있기 때문입니다.

저는 미국에 간 지 2개월 만에 병원 월 세미나에서 사례 발표(case presentation)와 진료와 결과에 대한 분석(article comment)을 하라는 과장 선생님의 명령을 받았습니다. 아직 말이 통하지 않아 소통은커녕 동서남북도 몰라 헤매는 형편인데, 병원 전체 선생님들 앞에서 세미나를 인도하라니, 청천벽력 같은 소식이었습니다. 한 달 동안 잠도 설치고 제대로 먹지도 못했습니다. 그리고 드디어 당일이 되어 강단에 섰을 때는 호흡이 멎는 것 같았습니다. 제가 무슨 말을 하는지도 몰랐고, 끝나기 전에 심장이 멈춰 죽지는 않을까 염려되었습니다. 다행히 세미나가 끝나자 모든 교수님이 박수를 보내며 큰 격려를 해주셨습니다.

이것이 제 미국에서의 화려한 데뷔 무대였고, 오랫동안 여러 분에게 많은 칭찬을 받았습니다. 영어 초보자라서 큰 기대를 하지 않았던 교수님들이 땀을 뻘뻘 흘리며 애쓰는 제 모습이 안쓰러워 격려하신 것이지만, 그래도 끝까지 의사소통이 되어 미국 동료들이 놀랐다는 말에 의아했습니다. 지금도 그때 제가 무슨 말을 했는지 기억이 하나도 없습니다. 다만 제가 아니고 저의 선조들, 특히 아버님이 아주 영리하고 순발력이 있으셨던 점을 기억하면, 그분들의 능력이 제 DNA

속에 들어 있다가 막다른 골목과 같은 위기 상황에 놓이면 그 절실한 기회에 능력으로 나타난 결과라 생각합니다.

이제는 혹시라도 우리 아이들이 실수를 하면 '저것이 나의 모습이요, 오히려 나의 잘못이구나' 하는 생각이 듭니다. 그 사실을 몰랐을 때는 아이들을 꾸짖기도 했지만, 이제는 제가 먼저 솔선수범하지 못한 것이 후회됩니다. 아이들이 부모인 저의 좋은 점도 물려받았겠지만, 한편 좋지 못한 것, 특히 급한 성격, 고집, 알량한 자존심 등 후회스러운 성격도 같이 가지고 있는 모습이 종종 보입니다. 그때마다 저는 눈물을 흘리며 "내 잘못이구나" 회개하며 가슴을 칩니다. 그래도 우리 아이들의 성품이 모두 저보다는 착하고, 이해심이 많고, 사랑이 넘치는 것이 위로가 되고, 이것이 하나님의 은혜라 믿습니다.

이렇게 DNA 속에 박혀 있는 유전인자는 쉽게 바뀌지 않습니다. 요즘은 의학이 발전해 특별한 유전자를 잘라 버리면 없어지기도 하겠지만, 아직도 확실하지는 않습니다. 그래서 현재로서는 오랜 세월을 두고 열심히 회개하고, 성령님의 역사하심으로 확신을 가지고 계속 반복적으로 변화를 체험해야 합니다. 그저 잊어버리고 응당 있어야 할 것이라며 넘긴다면 평생을 살아도 모를 수 있습니다. 그래서 하루하루 하나님이 동행하시며 인도하신 일들을 계속 생각하며 "아, 하나님이 또 하셨구나" 하는 감사가 있어야 합니다.

많은 세월이 흐른 후 지금도 이 문제로 후회하고 회개하는 제 모습이 한심합니다. 하지만 그래서 구원의 완성은 하나님 앞에 갈 때까지 계속되어야 하고, 또 이 모습 이대로 받아 주시는 하나님의 은혜와 사랑 때문에 오늘도 힘을 받아 다시 일어납니다. 어제보다는 오늘이, 오늘보다는 내일이 하나님이 보시기에 즐겁고 기쁜 모습으로 변해 갈 수 있기를 기도합니다.

또 하나의
회개

회개하는 생활을 해야 한다는 것은 잘 알고 있지만, 자기 자신에게는 무한히 관대한 인간이기에 잊어버리고 그저 넘어가는 경우가 너무 많습니다. 회개할 것이 너무 많으니 대충 넘어가기도 합니다. 대부분 반복해서 일어나는 생각과 말과 행동과 마음이 문제입니다. 하지 말아야 하는 일을 한 것, 해야 하는 일을 하지 못한 것, 더 사랑하지 못한 것 등 수도 없이 많습니다. 그래서 성경은 의인은 없고(롬 3:10), 믿음으로 의롭다 하심을 인정받으며(롬 5:1), 의인은 하나님의 은혜로 산다고 말합니다.

하나님은 사랑이십니다. 그 사랑은 매우 귀하고, 모든 것을 덮는 능력입니다. 그래서 고린도전서 13장 13절은 "믿음, 소망, 사랑, 이 세 가지는 항상 있을 것인데 그중의 제일은 사랑이라"고 말합니다. 즉 사랑은 하나님이시고, 인간이 완전한 사랑을 실천하고 살아가는 것은 불가능하다는 뜻입니다. 그래서 하나님의 피조물인 우리는 하나님 없이는 살 수 없습니다. 사랑의 가장 큰 장애물은 자존심, 이기심이고, 이러한 것들은 편한 것, 더 좋은 것, 더 많은 것을 추구하는 잘못된 행복관을 가진 인간의 욕심에서 비롯합니다.

저는 동족 선교에 제 모든 것을 바쳤다고 믿습니다. 그러나 제 섬김과 수고 속에 온전한 마음의 알맹이가 없어 형식적인 사랑이 아닌가 두려운 생각이 듭니다. 아무 조건 없이 병원을 지어 주고 긴 세월 우리 가정을 통틀어 헌신했지만 민족의 평화와 통일은 아직 오지 못했고, 오히려 더 악화되고 있어 저 스스로를 돌이켜 봅니다.

물론 하나님의 때에 하나님의 방법으로 이루어질 것을 믿으니, 때를 얻든지 못 얻든지 제게 맡겨 주신 일에 최선을 다하여 충성하면 되는 줄 믿습니다. 그러나 아직도 알량한 자존심과 편한 것을 찾는 인간의 본성이 남아 있기 때문에 '더 죽어야 한다'는 강박관념에 마음이 조급해집니다. 이런 온전하지 못함 때문에 제 작은 헌신과 봉사가 하나님의 마음을 열지 못하고 통일이 오지 못하는 것이 아닌가 걱정이 됩니다. 진정한 사랑은 상대를 감동시키고, 변화시키고, 자신을 더욱 낮아지게 하기 때문입니다.

예수님은 우리를 위해 십자가에서 죽으시고 부활하셔서 우리에게 성숙한 사랑을 부어 주셨고, 흘리신 보혈로 우리의 죄를 씻어 주셨습니다. 그래서 우리를 용서받고 가치 있는 자로 만들어 주셨습니다. 이것이 사랑입니다. 주님은 우리가 소중하고 귀한 자녀가 되어 천국을 얻게 하시고, 죽어도 죽지 않고 영원히 살게 하셨습니다. 그리고 주신 사명을 위해 죽도록 충성하게 하셨습니다. 하나님은 작은 일에도 억울해하고, 참지 못하고, 마음 상하고, 정죄하고, 분열하는 저를 부끄럽게 만들지 않으시고 오히려 귀한 자, 사명자로 세워 주셨으니 모든 것이 은혜입니다.

한 유명한 부흥사가 설교를 하는데, 맨 앞에 앉은 권사님이 눈을 감고 졸고 있었습니다. 부흥사는 화가 나고 '내가 누군데 감히!' 하며 자존심도 상해 설교 도중 호통을 쳤습니다. 그러나 그 권사님은 조금도 변함없이 눈을 감고 머리를 끄떡거렸습니다. 더욱 마음이 상한 부흥사가 음성을 높였으니 그날 설교는 망쳤습니다. 그런데 나중에 알고 보니 그 권사님은 시각장애인이고 손이 마비되어 입술로 점자를 읽고 있었다고 합니다.

다른 사람의 고통을 이해하지 못한 부흥사의 알량한 자존심, 그것이 바로 제 모습입니다. 작은 일에 화가 나고, 나를 알아주지 않는 사람들을 원망합니다. 누가 저를 고의로 화나게 하려고 마음먹는다면 성공하는 데 1초도 안 걸립니다. 이것이 저를 부끄럽게 만들어 혼자서 후회하는 기도도 많이 합니다. 저는 상대방의 마음과 형편을 이해하지 못합니다.

그런데 다행히도 성격이 강하지 못해 여리고, 다른 사람들의 어려움을 보면 그냥 지나치지 못합니다. 다른 사람을 이해하려는 마음이 넘칩니다. 그리고 눈물이 많습니다. 장례식장에 가면 유가족보다도 제가 더 많은 눈물을 흘린다고 놀림도 받습니다. 그래서 하나님이 저를 사역자로 부르신 줄 믿습니다.

가장 큰 은혜는 회개하게 하시고, 회개하면 하나님이 용서하시고, 또다시 돌아오게 하시는 것입니다. "사랑하는 자여 네 영혼이 잘됨같이 네가 범사에 잘되고 강건하기를 내가 간구하노라"(요삼 1:2). 이 말씀으로 위로를 받습니다.

처참한 죽음의 현장에서
'나'를 돌아보며

2004년 12월 성탄절 다음 날 인도네시아와 그 인접국들에 강도 8.9의 지진으로 인한 쓰나미에 폭풍까지 발생해 바닷물이 아체 지역과 수마트라 지역을 휩쓸어 버렸습니다. 15m가 넘는 높이의 바닷물이 시속 800km로 육지 마을을 덮쳐 우리가 갔던 아체 지역만도 10만 명의 인명 피해를 입었고 수십만 명의 실종자가 발생하는 지진 대참사가 일어났습니다.

상상을 초월한 너무나 큰 참사여서 현장은 시체 썩는 냄새로 가득했습니다. 다행히 UN을 비롯한 많은 구호 단체가 재빨리 모였지만, 40도가 넘는 뜨거운 햇볕 아래서 시체들을 처리하고 몰려드는 환자들을 치료하기에는 역부족이었습니다. 더 이상 감당하지 못해 축구

장 크기의 큰 웅덩이를 파고 그 안에 시체들을 삽으로 던져 넣었는데, 독한 냄새 때문에 숨이 막혔고 눈 뜨고 볼 수 없는 서글픔 때문에 몸서리를 쳤던 기억이 지금도 생생합니다.

아체 전체 섬은 아수라장이 되었습니다. 바다에 떠 있어야 할 크고 작은 배들이 사람들이 살고 있는 집 지붕 꼭대기까지 밀려와 덩그러니 서 있었습니다. 울다 지쳐 버린 생존자들은 정신을 잃고 그저 멍하니 하늘만 쳐다보고 있었습니다. 특히 시내 한복판에 대형 상선이 밀려와 모래 땅속에 박혔는데, 사람들이 살던 건물들 대신 그 지역에서 제일 큰 건물처럼 박혀 있는 형상이 당시의 심각함을 보여 주었습니다.

우리 의료진들도 가서 의료봉사를 했습니다. 특히 아체는 주민들 대부분이 그리스도인들이었는데, 수백 개의 작은 교회들이 눈 깜박할 사이에 흔적도 없이 사라져 버렸습니다. 우리는 의료봉사 외에도 그 지역에 700개의 대형 텐트를 보내 생존자들이 먹고 살 수 있도록 도왔고 교인들이 모여 예배와 기도할 수 있는 자리를 만들어 주었습니다. 후에는 미국에서 의약품을 컨테이너에 실어 보냈습니다.

그렇게 많은 사람의 죽음과 시체 썩는 냄새와 처참한 모습에 큰 충격을 받은 저는 질문하지 않을 수 없었습니다.

'인간이란 무엇인가? 삶은 무슨 의미를 가진 것일까? 그리고 세상에 목숨 걸고 살아가는 수많은 사람은 어떻게 될까? 나는 언제든지 생길 수 있는 삶의 마감에 준비가 된 자인가?'

그러면서 제 자화상을 그려 보았습니다. 이후 끝없이 이어지는 질문들에 대한 답을 찾으려 했는데, 역시 결론은 '하나님의 은혜'였습니다. 어떤 일이 있어도, 사탄으로부터 욱여쌈을 당해 숨이 막힌다 하더라도 "나의 영혼은 편하다!" 외칠 수 있는 은혜 말입니다. 예수님이 십자가에서 죽으시고 흘리신 보혈로 나를 구원하시고, 3일 만에 다시 살아나셔서 영과 육이 구별된 것임을 가르쳐 주시고, "너희도 나와 같이 부활하리라" 하시며 본이 되셨으니, 주 없이 살 수 없음을 외치는 그 은혜 말입니다.

세상에 속한 생명, 즉 육신은 언젠가는 마감을 해야 하는 허무한 것이니, 그 속에서 사는 동안 더욱 철저하게 올바른 소망을 향해 나아가고 생명의 삶으로 변하고 준비하는 과정을 보내야 합니다. 올바른 소망을 향해 얼마나 섬기며 살다가 후회 없이 하나님 나라로 갈 수 있는지, 그 진정한 의미와 답을 찾아 준비하는 삶은 행복한 삶입니다.

주님이 주신 영의 생명을 찾아 죽어도 살고 또 영원히 살 수 있는 삶을 지금부터 살아야 함을 다짐합니다. 그래서 후에 하나님 앞에 섰을 때 "말씀대로 잘 살려고 했는데 아직도 갈 길이 멀었습니다"라고 고백할 것입니다. 무릎 꿇고 후회의 눈물을 흘리는 저를 안아 주시고, 제 모습 그대로 받아 주시는 주님의 은혜가 있어 저는 오늘도 넘어져도 다시 일어납니다.

"주 안에서 생명의 삶으로 살아 육에 죽고 영으로 사는 참다운 생명으로 살게 하옵소서. 결박과 환난이 넘치는 육의 세상에서도 승리하여 주신 사명을 아름답게 잘 감당하게 하시고, 주 안에서 생명의 삶을 살아 은혜의 복음을 증거하는 일에 죽도록 충성하며 나의 달려갈 길을 마치게 하옵소서."

하나님은 하나님의 은혜로 믿음을, 믿음에서 성숙한 믿음으로, 믿음에서 부르심(사명)으로, 소망에서 넘치는 소망으로, 갈수록 연단되고 성숙하게 하십니다. 환난 가운데 인내하고 연단받아 마음과 생각, 말, 행동, 삶의 목적이 달라지는 인격적인 변화를 겪게 하십니다. 우리로 넘치는 소망을 갖게 하십니다. 우리가 완전히 변하고 고난 가운데 하나님의 역사하심을 알고 믿음의 확신을 이루게 하십니다.

부르심의 소망이 얼마나 감사한지요. 그러나 저는 이것이 성령님의 역사인지 몰랐기 때문에 많은 경우에 "왜 하필 저입니까?"를 외치며 힘들어했습니다. 넘치는 소망이란 소망 가운데 즐거워하고, 주를 경외하고 찬송하며, 정함이 없는 재물은 탐하지 않고, 세상 이익에 집착하지 않으며, 기도에 힘쓰며, 천국에 대한 소망으로 성숙해 가는 것임을 깨닫고, 그 과정에서 은혜를 받으니 '나'인 것이 얼마나 감사한지 모릅니다.

사역을 감당하면서 하나님이 때에 따라서 역사하시고, 저와 함께하시며, 제가 지쳐서 힘들어할 때 곁에서 새 힘을 주시고 일으켜 주시고, 눈물을 닦아 주셨습니다. 그리고 두 팔 벌리시고 저를 향해 "두려워 말고 놀라지 말라. 내가 너의 하나님이라" 말씀하시며 빙그레 웃으시는 예수님이 계시니 죽도록 충성하며 이 감격을 놓지 않을 것입니다.

그래서 이제는 "왜 나입니까?"(Why me?)가 아니고, "나인 것에 감사합니다"(Why not me?)입니다. 하나님은 교만하고 못난 저를 낮아지게 하시고 주 안에서 은혜로 살게 하셨습니다. 그리고 세상에 목숨 걸고 살게 하지 않으시고 사명으로 바쁘게 살게 하시니 날이 갈수록 기쁨이 넘칩니다. 이것이 큰 복임을 믿습니다.

이제부터는 네가 아니고 내가, 저기가 아니고 여기, 나중이 아니고 지금 하나님이 나에게 주신 사명을 죽도록 충성하는 우리가 되기를 소원합니다. 그 결과 하나님은 저도 꿈을 꾸게 하십니다.

'앞으로 북한, 한국이 어떻게 될까? 우리는 어떻게 쓰임 받을까?'

하나님이 하나님의 때에 하나님의 뜻으로 민족 통일, 평화, 세계 선교를 이루어 가실 것을 생각하면 흥분되고, 즐겁고, 기대가 됩니다. 그때까지 영적인 축복이 있기를, 선교지에서 말씀을 보고 감동과 감사가 있게 하시기를, 하나님과 깊은 독대를 하며 믿음의 성장이 은혜 가운데 큰 열매를 맺어 하나님께 영광을 올려 드리는 날이 속히 올 수 있도록 기도합니다.

믿음의 현주소:
믿음이 있었을까요, 없었을까요?

신앙생활을 시작한 초기에는 말씀에 대해 이해하지 못하는 부분이 참 많았습니다. 인체 과학을 전공했고, 또 오랫동안 학교에서 젊은 의학도들을 가르치는 자로서 하나님의 말씀을 이해하지를 못했습니다. 그러므로 모태 신앙을 가지고 처음부터 신앙생활을 해 온 아내와 신앙에 대한 견해만은 너무 달라 '과연 우리가 평생 같이 살 수 있을까?' 의심도 되었습니다.

아내는 제 결정을 항상 따라 주었고, 양보해 주었으며, 아내가 아니라 마치 엄마처럼 늘 격려해 주었기에 이미 54년이라는 긴 세월을 잘 살았습니다. 하지만 아내가 양보할 수 없는 한 가지가 있는데, 신앙입니다. 제가 워낙 강하게 거부하니 그런 대로 많이 양보하며 살다가 세월이 갈수록 신앙과 교회생활에 있어서는 점점 더 강해졌습니다. 아내 생각에, 우리가 평생 서로 사랑하며 부부로 살았다면, 이제 가장 중요한 것은 이 세상에서의 삶을 마치고 천국으로 함께 가는 것이기에, 그 일이 목숨보다도 더 귀중하고 양보할 수 없는 것입니다.

처음 아내를 만났을 때는 아내가 교회에서 예배마다 피아노 반주 봉사를 했기에 교회를 빠질 수 없으니 저도 무조건 따라갔습니다. 하지만 속으로는, '우리는 곧 미국으로 갈 사람들이니 그때까지만 양보하자. 미국에 가면 교회는 끝이다'라고 다짐하고 참았습니다.

우리가 미국 볼티모어에 갔을 당시에는 한인교회가 없었고 워싱턴까지 합해서 한국인 수가 열 손가락에 꼽혔습니다. 그래서 한 가지 좋은 점이 있었는데, 주일에 교회를 가지 않아도 된다는 것이었습니다. 그런데 하루는 주위에 있는 한국인 6명을 우리 집으로 초대

할 기회가 있었습니다. 그때부터 메릴랜드 대학의 도서학과에서 유학하는 목사님을 모시고 예배를 드리기 시작했습니다. 저는 할 수 없이 또 끌려서 예배에 참석하기는 했지만, 심사가 좋을 리 없어 불평하고 화를 냈습니다. 그러면 아내의 큰 눈에서 눈물이 흘렀습니다.

제 신앙생활은 미국에서 다시 시작되었습니다. 세월이 갈수록 아이들이 자라니 또 할 수 없이 교회를 다녔습니다. 이렇게 제 믿음생활은 54년 전에 그것이 믿음생활인지도 모르고 시작되었습니다.

교회를 열심히(?) 다니다 보니 장로도 되고, 하나님이 불러 주셔서 의료 선교 사역자가 되었습니다. 10-20명의 우리 의료팀과 함께 압록강과 두만강 강변, 백두산까지 다니며 먹지 못하고 치료받지 못해 신음하는 자들을 돌본 지가 이미 30년이 넘었습니다. 그리고 한동안은 평양제3병원(500병상), 단동복지병원(100병상), 강변 집안 지역, 백두산 아래 장백 지역, 그리고 러시아 블라디보스토크 지역에 진료실을 설립하고 강을 건너 넘어오는 우리 동포들을 돕고 의료봉사를 했습니다.

믿음이 없었던 처음 30여 년, 그리고 믿음이 자랐다고 생각한 30여 년, 그리고 앞으로의 저의 믿음은 어떻게 될까 걱정 반, 기대 반입니다. 생각에 따라 희비가 다릅니다.

믿음이 없었던 처음 30여 년 동안, 그렇게도 많은 사람이 저를 교회로 인도하려고 애를 썼지만 굳은 제 마음은 오히려 그들이 무엇인가 크게 잘못 생각하는 것이라 스스로 결정했던 그 시절, 저는 믿음이 있었을까요, 없었을까요? 50년이 넘도록 열심히 교회를 섬기다 의료 선교사가 되어 세계가 좁다고 다니며, "죽도록 충성!"이라는 각오를 하며 우리 내외와 큰딸 수지까지 은혜롭게 사역하는 지금의 믿음은 대단한 믿음으로 성장했을까요? 그리고 앞으로의 남은 생애에는 믿음이 얼마나 자랄 수 있을까요? 이런 생각을 하며 기도하고 회개합니다.

제가 교회로 들어오기 전에도, 하나님을 전연 알지 못할 때도 제 속에 하나님의 의지는 저를 책임지고 인도했습니다.

제가 학비를 벌어 공부하기로 작정하고 미군 부대 아르바이트 자리를 찾느라 거의 1년을 허비하다가 드디어 짧은 시간 공부를 해 서울대학교 의과대학에 합격했던 일, 그리고 미국 의사 시험에 합격하고 미국 병원에 취직해 미국으로 갔던 일, 결혼이라는 것은 나에게 전연 불가능한 것이라 생각하고 여러 여자들을 가슴 아프게 했다가 드디어 모태 신앙인, 지독한 예수쟁이(?) 박 권사를 만나 같이 미국으로 가게 된 기적, 그리고 교회에서 주일예배 전 1시간 동안 전 교인 성경공부를 7년 동안 인도하다가 신학 공부를 해 신학석사를 받은 일, 그러다가 어떤 강력한 힘에 끌려 선교사 가족이 되어 사랑의 의료봉사와 현명한 인도적 지원을 감당하며 세계가 좁다고 다니게 하신 일…. 모든 것 가운데 제가 스스로 한 일은 하나도 없습니다.

하나님은 만세 전부터 저를 택하시고, 또 오래 참고 기다려 주셨으며, 제가 세상에서 천방지축 살아가던 때에도 저와 함께하셨고, 제가 어디로 가든 그곳에도 계셨습니다. 그래서 저는 하나님이 우리의 생애를 책임져 주시고, 우리 동역자들, 같이 기도하는 자들 모두와 영원히 함께하실 것을 믿습니다. "주는 그리스도시요 살아 계신 하나님의 아들이시니이다"(마 16:16). 베드로의 이 고백이 제 고백이 되기를 소원합니다.

믿음을 모르던 시절:
여전히 내 곁에 계셨던 하나님

저는 만세 전부터 하나님이 저를 택하신 '예정론'을 믿습니다. 하나님은 저를 자기 백성으로 택하셨고, 앞으로 어떻게 쓰임 받을 것인지, 언제 어디서 어떻게 살 것인지 제 모든 것을 미리 정하시고, 손바닥 들여다보듯이 다 알고 계시며, 그러나 스스로 깨닫고 돌아올 때까지 참고 인내하며 기다리셨습니다. 그러다가 엉뚱한 짓을 하면 강권적으로 이끌어 또 하나님의 의지로 돌아오도록 지켜 주시고 인도해 주셨습니다.

하나님은 제가 세상에서 제대로 먹지도 못하고 잠을 잘 곳이 없어 서울대병원의 빈 병실에서 쪽잠을 자면서 눈물을 흘리던 그 시절에도 잘 견디게 하시고 살아남게 하셨습니다. 친구들이 175cm의 키에 몸무게 48kg이었던 제 뒷모습을 보며 사람은 보이지 않고 군복(군의

관 시절)만 보인다고 했을 때도 저는 희망을 잃지 않았습니다.

제가 살아남으려 버틴 것이 아니라 하나님이 살려 주셨다는 사실을 알게 된 것은 많은 세월이 흐른 후였습니다. 하나님은 바쁘기로 유명한 의대 학생 시절에도 매일 두 개의 개인 그룹 과외 지도를 하다가 후에는 학원 강사까지 하면서도 낙제도 하지 않고 의대 6년을 무사히 잘 마치게 하셨습니다. 때에 따라 친구들이 버스 승차권을 보내 주었고, 또 가끔 찾아와 밥도 사 주었습니다. 그 친구들은 참 고맙고 귀한 하나님의 천사들입니다.

엘리야 선지자가 하나님이 명령하신 대로 그릿 시냇가에 숨었을 때 하나님은 시냇물을 마시게 하셨고 까마귀들을 명하여 아침에도, 저녁에도 떡과 고기를 가져다가 먹이셨습니다. 하나님은 그 사랑과 은혜를 저에게도 넘치게 주셔서 저는 죽지 않고 살았고, 평생을 의사로 살 수 있었습니다. 그래서 저는 크게 빚진 자입니다.

남들은 점심 시간이 되면 모두 점심을 먹는데, 저는 그들의 눈을 피해 문리대 마로니에 벤치에 누워 둥둥 떠가는 구름을 보며 주먹을 불끈 쥐고 이 말을 반복하고 또 반복했습니다.

"나도 언젠가는 성공하여 구름처럼 하늘을 날아 나와 같이 춥고 배고픈 자들, 병든 자들에게 도움을 주는 사람이 될 것이다!"

몇 번씩 학교를 그만두고 공사장 일을 하더라도 홀어머니와 가족들을 살려야 한다는 생각을 했습니다. 마지막 졸업반이 되었을 때는 이제는 의사 시험도 있고 여러 가지 시험들을 거쳐야 하니 그동안 소홀했던 공부를 하기로 했습니다. 그동안 조금씩 모아 두었던 돈을 둘째 동생이 회사 내에 있는 사람에게 빌려주고 그 이자로 제 학비를 마련하기로 했습니다. 하지만 그 사람이 달아나 버렸습니다. 그 일로 동생이 며칠을 먹지도 않고 울던 모습이 지금도 눈에 선합니다. 지금도 둘째 동생은 저에게 가장 소중한 동생이며, 그의 말이면 무조건 들어주는 이유입니다.

이처럼 어려운 상황 가운데 학교도 마치고, 의사도 되고, 미국 굴지의 대학에 교수로 정년퇴직하게 되었으니, 제가 한 것이 아니고 하나님의 의지였고 하나님이 직접 하셨음을 믿습니다.

이런 기적들이 수없이 연속적으로 생겨 오늘의 제가 되었습니다. 하나님이 불가능을 가능하게 하셨습니다. 제가 믿음이 무엇인지 알려고 하지도 않았고 알지도 못하던 그때에도 하나님은 이미 저를 만세 전에 택하셨습니다. 비록 저는 믿음이 무엇인지 모르고, 믿음을 고백한 적도 없지만, 이것이 하나님의 의지라 믿습니다. 그래서 믿음의 시작은 하나님의 사랑이요 은혜의 선물입니다. 내가 아니요 하나님이 책임져 주시고 훈련시켜 주신 것입니다. 제가 살아온 역사가 그 증거입니다. 비록 저는 아무것도 모르는 어린아이였지만, 하나님이 함께하셨고 인도하셨습니다.

너무 힘들어 풀밭에 주저앉아 세상을 원망할 때도 있었지만, 그래도 한 번도 포기를 생각한 적이 없습니다. 하나님은 단지 하늘을 쳐다보며 둥둥 떠다니는 구름을 보며 "나도 언젠가는!" 하며 주먹을 불끈 쥐게 하셨습니다.

초등학교 학생 그룹 지도를 할 때는 3시부터는 남산 근처에서 5학년 학생 10명을, 3시간 후에는 아현동에서 6학년 학생 10명을 가르쳤습니다. 당시 제 학교 수업은 4시에 끝났습니다. 그래서 오후 강의는 제대로 듣지도 못했고 밥 먹을 시간조차 없었습니다. 그러고도 공부를 마칠 수 있었던 것은 제가 한 것이 아님을 누구보다도 제가 잘 알고 있습니다. 그때는 제 공부보다도 우리 가족의 하루 먹거리가 더 급했기 때문입니다. 하루가 멀다 하고 짧고 긴 시험을 쳐야 했지만 내 공부를 할 시간이 없었습니다.

한번은 학기 말 시험 때 학생들을 가르치고 밤늦게 공부를 하다 보니 잘 시간이 없어 3일을 전연 자지 않고 공부하다가 정신을 잃어 병원에 실려 갔습니다. 의사 선생님이 가서 잠을 자라고 일러 주셨습니다. 이렇게 힘들게 공부했지만, 낙제도 하지 않고 죽도록 공부할 수 있었던 것은 제가 아니고 하나님이 하셨음을 훗날 알게 되었습니다.

저는 믿음을 알지도 못하고 고백하지도 못했지만, 하나님은 저를 항상 다시 일어서게 하셨고, 제 곁을 떠나지 않으셨습니다. 많은 사람이 삶을 스스로 포기했지만, 저는 늘 꿈이 있게 하셨습니다. 이것이 저를 향한 하나님의 은혜요 사랑입니다. 비록 그때는 몰랐어도 하나님은 항상 제 곁에 계셨고, 그래서 불가능을 가능하게 하셨고, 살아남아 오늘의 제가 있게 하셨습니다.

하나님은 저에게 큰 믿음을 허락하셨지만 저만 몰랐고, 알려고 노력도 하지 않았습니다. 그러나 하나님의 의지로 믿음이 항상 저를 살아남게 했습니다. 이것이 제 솔직한 고백이고, 제가 감사하는 이유이며, 제 안에서도 믿음이 자란 이유입니다. 이제 세월이 많이 흘러서 '아! 이것이 믿음이구나' 깨닫게 되었습니다. 그리고 보니 저는 제 생에서 한순간도 혼자인 적이 없습니다. 하나님이 늘 곁에 계셨으니 오늘 제가 있음을 믿습니다.

믿음에서 믿음으로:

아, 하나님이 또 하셨구나

교회에서 선교부 담당 장로를 하면서 후배 의사들과 모여 "우리는 이렇게 잘 살고 있는데, 우리보다 못한 사람들을 돕는 기도를 합시다" 하다가 점점 북한 동포들까지 기도하게 되었습니다. 결국은 동반자였던 아내가 동역자로 변했고, 그렇게 우리 내외는 30년을 넘게, 큰딸 수지는 10년을 넘게 함께 사역자가 되어 사랑의 의료봉사와 현명한 인도적 지원을 계속하고 있습니다.

그러나 사실은 사역자가 되려고 기도한 것도, 바란 것도 아니요, 그저 하나님이 보내시는 대로, 신기하게 이끌어 가시는 대로 하나님의 의지에 순종했을 뿐입니다. 놀랍게도 한 가지 기적이 일어나면 그기적은 또 다른 기적으로 연결되었고 항상 하나님이 앞장서셔서 저를 강권적으로 이끌어 가셨습니다. 하지만 저는 제가 현명하고 결단을 잘해서 길이 열리는 것이라는 자부심을 가지며 오랜 세월을 지났습니다.

가장 대표적인 것이 '병원 항공모함'이었습니다. 저는 1995년 평양에 500병상의 평양제3병원을 설립하고 북한에서 개복 수술을 집도한 최초의 외국인 의사가 되었지만, 얼마 후 출입금지를 당해 손을 놓게 되었습니다. 곧이어 압록강, 두만강을 따라 러시아 우수리스크까지 다니며 의료봉사를 하면서 결국은 집안, 장백, 그리고 블라디보스토크와 우수리스크까지 우리 선교사들을 파송하고 진료실을 운영하게 되었습니다.

우리는 단동을 중심으로 단동 시내 진료실과 심양 사랑병원을 동시에 운영했습니다. 그때 미국, 한국, 호주, 영국 등 세계에서 많은 동역자가 함께하면서 우리 사역을 '병원 항공모함'이라 불렀습니다.

우리가 이렇게 병원을 확장한 이유는 그곳에 우리의 손길을 기다리는 환자들과 강을 건너 넘어온 사람들이 많았기 때문입니다. 또 하나의 이유가 있는데, 그때 이미 중국 내의 변화를 짐작하고 우리를 보는 시각이 심상치 않음을 깨달았고, 언젠가는 그들이 선교단체가 특히 강변 지역에서 병원을 운영하는 것을 감시할 것을 알았기 때문입니다. 우리는 한 곳 문이 닫히면 다른 곳으로 이동하며 병원을 유지할 준비를 했던 것입니다.

결국은 예상대로 모든 강변의 진료실들이 쫓겨나며 문을 닫게 되었고, 단동병원 하나만 남았습니다. 우리는 단동병원을 중심으로 각지, 특히 압록강과 두만강 강변을 따라 진료실을 운영하며 강을 건너 넘어오는 우리 동포들, 조선족, 그리고 중국인들을 대상으로 의료봉사를 했습니다. 특히 100개가 넘는 작은 가정교회(과거에는 지하교회)들의 재정을 돕고 영적으로 성장하도록 도왔습니다. 그 지역은 한국의 경기도보다 더 큰 지역이었고, 그중에는 정부의 공식적인 인정을 받은 2개의 조선족 삼자교회가 있어 이들을 통해 오랫동안 제자 양육을 했습니다.

이 모든 것의 중심이 '병원 항공모함'이었습니다. 단동병원의 결정과 방향에 따라 나머지 2개의 부속 병원과 3개의 진료실들이 함께 움직이는 멋있고 신 나는 사역을 했습니다. 심양에 있던 사랑병원은 심양에 머무는 여러 나라 대사관 직원들에게 의료봉사를 했고, 우리 의료진들이 심양의 조선족 교회에 매주 나가서 강을 건너 넘어온 우리 동족들에게 의료봉사를 했습니다.

북한에서는 북한대로 우리가 한국의 국정원과 연결이 되었다고 공공연하게 발표하기도 했습니다. 하지만 지난 20년 동안 단동병원에서는 매월 100명, 매년 1,200명을 진료해 모두 2만 명 넘는 환자를 대상으로 의료봉사를 했습니다. 또한 사랑방을 운영하며 먹을 것, 입을 것, 약품 등 모든 생필품을 보급하며 그들과 손을 잡고 많은 눈물을 흘렸습니다. 우리의 목적은 생명 살리기와 영혼 구원에만 있기 때문에 이처럼 꾸준히 하나님의 일을 계속할 수 있었고, 언젠가 그들의 마음이 열리고 우리의 마음과 하나 될 것이라 믿었습니다.

우리는 시간이 흘러 다시 북한의 초청을 받아 문이 열려 평양제3병원을 다시 찾게 하시는 하나님의 의지를 보았습니다. 지난 30년 넘게 한 해도 거르지 않고 의약품, 응급영양식품, 겨울나기 운동, 환자들 담요와 옷, 수해 구호품 등을 계속 지원하고 분배하는 과정에서 투명성을 최선을 다해 확인했습니다.

우리 팀들이 압록강가를 다니며 의료봉사를 할 때에 강변에 한 남자 시체가 철렁철렁 물결에 따라 움직이며 떠 있었습니다. 그런데 그는 눈을 뜨고 있었습니다. 물결에 따라 그 눈의 각도가 제 눈과 마주치자 "당신은 생명을 구한다며 강변을 헤매지만, 내가 살려 달라고 소리소리 지르며 허우적거릴 때 당신은 어디서 무엇을 했습니까?", 마치 이렇게 말하는 듯했습니다. 제 눈에 눈물이 핑 돌았습니다.

"그래요. 저는 지극히 미약한 자요, 잘 먹고 자고 편하게 살고 있다가 이제 당신들의 생명을 살려 보겠다고 정신없이 다니고 있습니다. 하지만 지극히 미약한 제 힘과 육신의 한계로 당신들을 크게 돕지 못함을 고백합니다."

병원을 빼앗기고 경찰에 불려 다니며 죄인 아닌 죄인으로 오해받고 억울함을 당하면서 두려워하고 놀라고 지쳐 버리는 저를 통해 하나님의 의지를 이루어 가시니 신기하고 감사하며 놀랍습니다. 제 마음속에 믿음이 자라기 때문입니다.

그렇습니다. 제가 한 것은 아무것도 없습니다. 그러나 큰일들이 이루어집니다. 역시 또 하나님이 직접 하셨습니다. 제가 하는 줄 알고 두려워 떨었으나 모든 일이 지난 후에나마 돌이켜 보게 하시고 '아, 하나님이 또 하셨구나' 확신하게 하시며, 이렇게 수없이 많은 과정을 통해 제 믿음이 성장하게 하신 하나님께 감사합니다. 고난을 당하면서도 그 후에 주님이 하셨음을 알게 하시니, '믿음에서 믿음으로' 성장하게 하심을 감사합니다.

믿음에서 천국으로:
새 길이 열렸습니다

'서기'라는 말은 '서력 기원'의 줄임말로 영어로는 A. D. (*Anno Domini*), 즉 지금은 예수님이 탄생하신 날부터 2021년이 되는 해라는 뜻입니다. B. C. (Before Christ)는 예수님 이전의 시간입니다.

"태초에 말씀이 계시니라 이 말씀이 하나님과 함께 계셨으니 이 말씀은 곧 하나님이시니라 그가 태초에 하나님과 함께 계셨고 만물이 그로 말미암아 지은 바 되었으니 지은 것이 하나도 그가 없이는 된 것이 없느니라 그 안에 생명이 있었으니 이 생명은 사람들의 빛이라"(요 1:1-4). 그저 읽고 넘어가기에는 엄청난 진리가 담겨 있는 말씀입니다. 나이가 들어 갈수록 예수님의 오심이 더 간절해지고, 임마누엘의 보혈이 얼마나 감사한지 말로 다 표현할 수 없습니다. 이 엄청난 은혜를 주신 주님이 이제 또 새해를 새롭게 시작하게 하시니 그 가운데도 우리가 상상도 못할 큰 사랑과 은혜가 있음을 믿습니다.

새해에 대한 기대가 크면 클수록 지난 나날을 돌이켜 보게 됩니다. 그 어느 해보다도 더 바쁘고 여기저기 육신의 연약함으로 고생을 많이 하며 한 목표를 향해 달려가느라 힘들었습니다. 그러나 돌이켜 보면 아쉬운 날들이 많았고 마음에 평안과 안식을 누리는 시간보다는 두렵고 놀라고 걱정하는 시간이 더 많았습니다. "자아가 아직도 완전히 죽지 못하고, 아직도 완전히 내려놓지 못했으니 내 믿음은 아직도 갈 길이 멀었다"라는, 늘 같은 고백을 하는 제가 부끄럽습니다.

그러나 해가 바뀌어도 하나님은 변함없이 희망의 날을 주시고 "이전 것은 지나갔으니 보라 새것이 되었도다"(고후 5:17)라고 말씀하시며, 임마누엘 되셔서 우리와 함께하시며 힘과 위로와 용기를 주십니다. 다시 허리띠를 졸라매고 일어서서 계속 달려 보려 마음을 굳게 가지게 하시니 감사할 뿐입니다.

요즘 제가 가끔 듣는 말 중에 하나는 "그만큼 했으면 이제 그만해라"입니다. 심지어 "되는 것도 없고 안 되는 것도 없는데 무엇이 그렇게 바쁘냐"라고 말하며 측은해하는 사람도 있습니다. 후원금을 보내면서 "'동족', '민족', 이런 것은 이제 듣기도 싫지만 너를 보고 보낸다"하는 친구들도 있습니다. 이 나이에 아직도 죽자고 세계를 다니니 걱정이 되고, 사랑으로 하는 말들이고, 또 어떻게 보면 당연한 말이기도 합니다. 그러나 사실 제 마음은 더 조급하기만 합니다.

지금이야말로 하나님의 때가 가까워 오고, 또 모든 현실이 하나님이 아니면 아무도, 그 어떤 국가나 정부도 스스로는 돌이킬 수 없음을 믿기 때문입니다. 국가와 민족을 진정으로 자기 자신보다 더 사랑하고 오로지 민족의 미래를 위해 사심을 버리고 섬기는 사람은 없습니다. 거의 70년 동안 동맹을 이어 온 미국도 자기들의 형편이 먼저인 것은 당연합니다. 그래서 영원불멸 임마누엘 예수님의 희생과 사랑은 아무도 흉내 낼 수 없고 더없이 귀중한 사랑이요 은혜입니다. 그리고 주님은 오늘도 새날을 살게 하시고, 지난날을 돌이켜 보고 회개하고 다시 시작하게 하십니다.

많은 분이 지난 30여 년간 함께하시고, 기도해 주시고, 무엇보다도 믿어 주신 것을 진심으로 감사드립니다. 오늘까지 여러 사람들이 정성 어린 헌금을 보내 주셨습니다. 처음부터 이 사역을 도와 함께해 주신 한 회장님과 사모님, 친구 고(故) 윤명규 박사와 사모님, 저와 함께 압록강과 두만강 3,000리를 헤매면서 러시아 우수리스크까지 다니며 고생하던 친구들과 동역자들, 20-30년 동안 한 달도 거르지 않고 큰 헌금을 해 주신 동역자들, 그리고 이름도 빛도 없이 긴 세월 계속 함께해 주신 귀한 후원자님들께 진심으로 머리 숙여 감사드립니다.

여러분이 보내 주신 정성 어린 헌금은 매우 귀한 것이라 최소의 경비를 제한 나머지는 미래를 위해 꼬박꼬박 모아 두었습니다. 특히 국제본부는 인건비와 운영비는 우리 가정이 오래전 건물 전체를 헌납해 얻은 수입으로 감당했으며, 여러분의 헌금은 그동안 해 오던 인도적 지원으로 의약품, 응급영양식품, 어린이 겨울나기 운동, 임산부 돕기 등에만 썼습니다. 나머지 재정은 그대로 모아 두고 있습니다.

우리의 정성을 보신 주님이 드디어 함께하시고 문을 열어 주셨습니다. 미국에서 수많은 큰 재단과 단체가 아직도 받지 못한 가운데 네 번째로 UN 제재 면제(UN sanction exception, UN 제재가 풀리는 인정) 허락을 받았습니다. 주님의 인도하심을 확신하며 2021년은 그 어느 해보다도 더 열심히 기도하고 맡겨 주신 모든 일을 감당하는 우리가 되기를 소원합니다.

2019년에는 수많은 놀라운 기적이 있었습니다. 지금 중국, 특히 강변 지역은 그 많던 사역자가 거의 다 떠났고, 감시가 심하고, 비자를 주지 않아 살아남기가 어렵습니다. 외국인 교회는 말할 것도 없고 중국 교회도 극심한 제재와 핍박으로 고난을 겪고 있습니다. 미중 무역전쟁으로 큰 타격을 받은 재정 때문에 더 이상 견딜 수 없어 사업자들은 거의 찾아볼 수도 없게 줄었습니다. 문을 닫고 떠나려고 해도 떠나지 못하는 딱한 기업들이 수없이 많습니다. 많은 세금과 엄청나게 커진 고용인들의 보상 문제 때문에 야반도주를 하는 기업들이 많습니다. 그러니 불안한 민심과 분노는 이러지도 저러지도 못하는 딱한 사정이 되어 가고 있습니다.

여기에 우리 단동병원도 예외가 될 수 없었습니다. 2019년은 원래 계약했던 20년이 완전히 끝나는 해입니다. 우리는 전체 직원들에게 모든 의료보험료와 2개월 치 월급, 그리고 일을 한 연수에 따라 법적인 퇴직금 전체를 지불했고, 서로 손을 잡고 아쉬워하며 헤어졌습니다. 엄청나게 부과된 세금도 결국은 4만 위엔(한화 약 6,000만 원)으로 모두 깨끗하게 정리되었습니다.

그리고 그때부터 "평양제3병원 활성화 프로젝트"가 시작되었습니다. 우리가 두 개의 병원을, 그것도 서로 다른 두 개의 국가에서 따로 운영하는 것은 불가능하다는 사실을 아신 주님이 하나는 완전히 아름답게 정리해 주셨습니다. 20년 동안 중국 사람들과의 약속을 완전히 지키고 마감하게 하셨습니다.

이제 원래 우리를 부르신 목적인 평양제3병원을 재건하고 중심병원으로, 1,000명의 환자들을 치료하는 병원으로 세우고자 합니다. 병든 자들을 살리는 사랑의 의료봉사와 인도적 지원으로 임산부들, 어린이들을 도울 것입니다. 여성 질환, 특히 내시경 센터를 세워 모든 진단과 치료, 그리고 수술까지 이루어져 빠른 회복을 할 수 있도록 그들의 생명과 마음을 치료하고자 합니다. 그 외에도 시골에 있는 병원과 고아원과 보육원 등에 영양제와 영양식품을 보급할 것입니다.

우리가 이처럼 쉽게 원래의 방향으로 돌아설 수 있었던 것은 하나님이 단동병원에서 그동안의 모든 수고를 잘 마치게 하시고, 영광스럽게 처음 우리를 부르신 의지를 이루어 가시기 위해 새 길을 열어 주셨기 때문입니다. 한 치의 어긋남도, 실수도 없이 정확한 주님의 인도하심에 감사와 찬송을 드립니다. 이것이 우리에게 주신 하나님의 2021년 새로운 선물입니다.

특히 저에게 주신 특별한 사랑과 은혜가 있습니다. 아직도 건강하게 하시고, 30여 년 전에 부르신 하나님의 뜻을 잊지 않고 지금도 계속해서 잘 감당할 수 있도록 함께하시고 저와 동행하신 주님께 참으로 감사합니다. "내가 곧 길이요 진리요 생명이니(I am the way, the truth, and the life) 나로 말미암지 않고는 아버지께로 올 자가 없느니라"(요 14:6). 주님은 '그 길', '그 진리', '그 생명'이십니다. 즉 유일하심을 말하는 것입니다.

2021년에는 하나님이 우리에게 주신 원대한 하나님의 명령을 죽도록 충성하며 이루어 갈 것입니다. 그러나 제가 하는 것이 아니고 오늘도 제 손을 잡고 일어서게 하시고, 올바른 길로 인도하시고, 새로운 힘을 주시는 임마누엘 예수님께 맡겨 드리고 따라가는 것입니다. 주님이 그분의 뜻대로 이루어 가시니 두려울 것도 없고, 놀랄 것도 없습니다. 오로지 기쁨과 감격으로 맡겨 주신 일에 최선을 다하는 2021년이 되기를 소원합니다.

믿음에서 복음의 능력으로:
나는 능력자입니다

우리는 성경에서 많은 예언자를 만납니다. 그들은 하나님이 택하셔서 하나님의 말씀을 알리는 자들로서, 하나님은 그들을 통해 하나님의 의지를 하나님의 백성에게 전달해 권면하셨습니다. 믿음은 바라는 것들의 실상이니 그들은 하나님의 뜻을 예언했고, 믿음은 보지 못하는 것들의 증거니 하나님이 택하사 우리에게 경고하는 그들의 믿음은 보통 인간의 믿음과는 크게 달랐습니다. 특히 저같이 이제 간신히 믿음이 무엇인지 알기 위해 고민하고 노력하는 사람에게는 감히 상상도 할 수 없을 정도입니다.

그러나 신앙생활을 오래 하다 보니 이제야 믿음이 무엇인지, 믿음은 반드시 자라야 하며 믿음이 자라면 우리도 능력을 받아 나에게는 불가능한 하나님의 기적이 나를 통해 이루어질 수 있음을 알고 믿게 되었습니다.

저는 원래 크고 힘들고 어려운 일은 감당할 능력이 없는 사람입니다. 성격이 강해 남에게 지기를 싫어하고, 또 자존심이 세서 조금이라도 상처를 받으면 물불을 가리지 못합니다. 그러나 또 한편 마음이 약하고 여려서 담대하지는 못하지만 작은 일에 잘 감동하고, 저보다 약한 사람을 도우려는 긍휼함이 있어 불쌍한 사람들을 만나면 지나치지 못합니다.

어렸을 때 제 별명은 '서울 가시나'였습니다. 키는 크지만 누구와 싸움 한 번 제대로 해 보지 못했고 그저 조용히 앉아 책이나 보는, 좋게 보면 모범생이지만 사실은 겁쟁이였습니다. 어머니는 당시의 사고방식으로, "계집아이가 되어야 할 녀석이 사내로 잘못 태어났다"고 걱정을 하셨습니다. 그래서 저는 의사나 교수가 되지 않으면 살기가 어려울 것이라 생각했습니다.

그런데 저를 향한 하나님의 의지는 제 생각과는 달랐습니다. 제가 하나님이 세상에서 맡겨 주신 모든 일을 열심히 감당하고 '이만하면' 하고 스스로 만족할 때 하나님은 우리 내외를 인도로 보내셨습니다. 그때 인도의 형편은 지금과는 크게 달랐습니다. 인도의 혹독한 환경에서 2년 동안 신학교를 짓고 신학생 16명(가족까지 함께 먹고 자는 자들이 100명이 넘었습니다)과 함께 한창 열심히 사역할 때 하나님은 저를 다시 북한으로 보내셨습니다.

1988년 당시 북한은 상상도 할 수 없이 두렵고, 바로 죽는 곳이라 생각되었습니다. 하지만 저는 눈물을 흘리면서도 그래도 들어갔습니다. 그 후 지금까지 북한을 수십 번 드나들며 1995년에 500병상의 평양제3병원을 세웠고, 병원 내 모든 의료기계와 약품을 20년 넘게 보급했습니다.

이후 그리스도인이라는 사실과 주위 사람들의 시기와 질투로 모함을 받아 결국은 네 번의 출입금지를 당했습니다. 그래서 그 대안으로 압록강 강가에다 단동복지병원을 20년 전에 세웠습니다. 한때는 100명의 중국 직원들과 20-30명의 사역자들이 그곳에서 사역을 했는데, 운영비가 많이 들었지만 월급을 주지 못한 적은 한 번도 없었습니다. 중국 공안과 북한의 계속되는 감시를 받으면서 두려운 마음에 잠을 설치는 날이 많았고, 놀라움에 질려 지병이 악화되었습니다. 게다가 세계를 다니는 장거리 여행으로 시차 적응 때문에 곤혹을 치렀습니다. 우리 내외는 가는 나라마다 한바탕 몸살을 앓고 떠날 때가 되면 간신히 회복되곤 했습니다.

배신과 핍박과 오해는 심지어 미국에서도 계속되었습니다. 그러나 지난 30여 년간 한 번도 후회하거나 주님이 주신 사역을 스스로 그만둘 생각은 없었습니다. 제가 생각해도 이해가 되지 않습니다. 털털 털고 그만두면 되는데, 30년 넘게 봉사했으면, 특히 저와 아내, 이제는 큰딸 수지까지(함께하니 물론 큰 도움이 되지만 미안하기도 합니다) 이렇게 어렵고 힘들면서 왜 계속하는지요. 그저 주님이 맡겨 주셨다는 그 한 가지 사명감 때문에, 죽도록 충성할 것을 맹세했기 때문에 하는 것이라 착각하고 여기까지 왔습니다.

제가 만난 수많은 불쌍한 사람이 떠오릅니다. 그 가운데는 이미 생명을 잃고 죽은 자들도 있고, 차라리 죽게 도와 달라고 외치는 여인들도 있습니다. 이미 죽은 아이를 안고 "살려 주시오! 살려 주시오!"를 외치던 엄마도 있었습니다. 만삭이 된 배를 안고 끌려가던 엄마도 있었는데, 우리가 다시 찾아와서 아이에게 영아 세례를 주었고, 결국은 한국으로 들어와 계속 도울 수 있었습니다. 압록강을 떠내려가

다가 나무들에게 걸려 있는 남자 시체가 눈을 뜨고 물결에 철렁철렁 움직이면서 "내가 그렇게도 살려 달라고 소리 지를 때 당신은 어디서 무엇을 하고 있었습니까?" 하고 마치 원망하는 듯한 표정을 한 광경을 지금도 잊을 수 없습니다. 이렇게 다 말할 수 없는 수많은 사람을 보았고, 경험했고, 같이 울었습니다.

날이 갈수록 지난날을 어제, 지난달, 10년 전, 20년 전, 이렇게 돌아보며 제가 크게 배우는 바가 있습니다. 굽이굽이 흘러가는 강물처럼 세월을 따라 내가 아닌 하나님이 인도하셨고, 제가 미처 깨닫지 못할 때는 하나님이 강권적으로 밀어서라도 올바른 길로 가게 하셨습니다. 저를 앞세워 이끌어 가시는 주님은 저를 한 번도 실망시키지 않으셨고 자랑스러운 길로 인도하셨음을 고백합니다. 그러니 날이 갈수록 믿음이 자랄 수밖에 없고, 이로써 저의 능력이 됩니다. '믿음에서 복음의 능력으로!' 그래서 저는 능력자임을 믿습니다.

믿음에서 회개의 기적으로:
나를 통해 기적이 일어납니다

백두산 아래 장백의 진료실에서 봉사를 하던 우리 사역자에게서 전화를 받았습니다. 그곳에는 우리가 돕고 교육관을 지어 준 조선족 교회가 있습니다. 그 교회는 지붕에 십자가를 걸어 놓고 밤이면 환하게 불을 밝혀 강 건너 사람들이 보고 교회임을 알게 했습니다.

제대로 입지도, 신지도 못한 채 꽁꽁 얼어붙은 강을 건너온 한 여인이 시내로 나오면 중국 공안에 잡혀가서 고문과 강제 북송을 받는 것이 두려워 깊은 산골 속에 들어가 숨어 있었습니다. 그런데 발이 동상에 걸려 점점 발끝에서부터 피부가 썩어 심각한 상태가 되었습니다. 여인은 죽을 각오를 하고 우리 진료실을 찾아왔습니다. 우리 사역자는 어떻게 해야 할지 그 방법을 의논하려고 제게 전화를 한 것입니다. 우선 염증이 생기지 않도록 항생제를 투여하고 발을 깨끗하게 매일 소독하고 따뜻하게 해 주라고 일렀습니다.

한 주일이 지난 후에 다시 전화 통화를 했는데, 환자의 발끝이 점점 까매지고 위로 올라온다고 했습니다. 그 산골에서 달리 할 수 있는 방법이 없어 계속 치료를 정성껏 하면서, 다른 의료기구들이 없으니 면도칼을 뜨거운 물에 팔팔 끓여 소독하고 까맣게 죽어 가는 피부를 조금씩 잘라 주고 항생제 연고를 하루 세 번씩 발라 주라고 일렀습니다. 그 여인은 어디를 갈 수도, 보낼 수도 없었습니다.

며칠 후 다시 연락이 왔는데 사역자의 음성이 다급했습니다.

"원장님, 저 이제 이 치료 더 못해요."

제가 이유를 묻자 사역자가 말했습니다.

"죽은 피부를 제거하고 소독을 할 때마다 그 고통을 참지 못해 손톱으로 벽을 긁어 대는데, 더 이상 계속할 수 없습니다. 원장님이 어디든지 보내서 치료하도록 해 주세요. 저는 더 이상 못합니다."

저는 할 말을 잃었습니다. 생각다 못해 저는 "선생님, 계속 치료를 정성껏 하면서 우리 회개 기도를 합시다. 하나님의 능력이 필요합니다"라고 말했습니다. 우선 급해 갑자기 생각난 것이 '주님만이 그 여인을 고치실 수 있다'는 것이었습니다. 그리고 우리의 중보 기도가 바로 능력이 될 것이라고 믿었습니다.

"지난날 모든 생각나는 죄를 일일이 종이에 써 가면서 한 주일만 매일 연락하고 전화를 통해 함께 기도합시다."

그날부터 기억할 수 있는 죄를 모두 적어 가며 회개하기 시작했습니다. 하루가 지나고, 이틀이 지나니 노트 한 장이 가득해졌습니다. 3일째 되는 날, 저는 혼자 앉아 눈물을 흘렸습니다. 입으로만 "저는 죄인입니다" 고백하지만 아직도 죽지 못한 자존심, 교만, 주위 사람들의 시기와 질투로 인한 억울함, 그로 인한 원망을 버리지 못하고 스스로 잊어버린 것처럼 행동하고 말하는 저 자신의 이중적인 죄들이 계속 생각났습니다.

제가 눈물을 흘린 이유는 제가 가는 곳마다 만나는 많은 사람이 저더러 "어떻게 하면 장로님처럼 헌신적으로 봉사하고 신앙생활을 잘할 수 있습니까?"라고 물었기 때문입니다. 심지어 어떤 사람들은 "저도 장로님 같은 신앙을 갖기 원합니다. 가르쳐 주세요"라고 말하기도 했습니다. 그러나 사실은 저도 스스로 이유를 만들어 하나님이 이해하실 것이라 믿고 저 자신을 관대하게 받아 주는 경우가 너무 많았습니다. 지금 돌이켜 보면 '그때 내가 왜 그렇게 했을까?' 하며 부끄러운 일도 있었습니다. 진정으로 회개하면 모두 다 용서하시고(forgive) 아예 생각지도 않으신다(forget)는 하나님의 말씀을 믿지만, 그래도 머릿속에서 지워지지 않는 것이 나의 믿음이 약한 탓인가요?

그 사역자도 저와 같은 고민을 하면서 많이 위축되어 있었습니다. 우리는 서로를 위해 기도하며 진실한 마음으로 최선을 다해 계속 회개하기로 마음을 모았습니다.

2주가 지난 후 다시 전화를 받았습니다. 이번에는 또 어떤 말을 할까 걱정하며 주저하며 받았는데, 의외로 목소리가 밝았습니다.

"할렐루야! 원장님, 놀라지 마세요. 환자의 발끝이 많이 좋아졌고, 고통으로 벽을 긁던 손에는 이제 성경책이 들려 있고, 마태복음 첫 장을 외우기 시작했습니다."

우리는 한동안 말을 잇지 못하고 한참 눈물을 흘렸습니다. 간절한 회개가 기적을 일으킨 것입니다.

"감사합니다, 예수님! 우리의 기도와 회개를 받아 주시고 그 여인을 살려 주셨습니다."

성령님의 역사하심으로 회개를 통해 기적이 일어났습니다. 우리는 앞으로 더 열심히 회개하고 성령님의 인도하심을 따라 그분이 실망하지 않도록 하자며 새로운 각오를 다졌습니다.

그 여인은 이후 완쾌되어 마태복음을 외우고 고향으로 돌아갔습니다. 한 번에 많은 사람을 모을 수는 없었기에 하루는 이 사람과, 또 하루는 저 사람과 함께 기도하며 살아가면서 가끔 소식을 전해 주었습니다. 그분은 "주님, 남쪽에만 계시지 말고 빨리 여기도 오세요"라고 기도한다고 합니다. 믿음은 우리를 회개하게 하고 기적을 만들어 믿음이 더욱 살아서 강해지게 하는 줄 믿습니다.

저는 무엇을 믿는 것인가요? 하나님, 예수님, 성령님, 즉 삼위일체 하나님을 믿습니다. 좀 더 구체적으로 말하면, 하나님은 나의 창조주이시며 그 아들 예수님을 이 땅으로 보내셨습니다. 저는 예수님이 십자가에서 흘리신 피로 죄를 용서받고 구원을 받아 하나님의 자녀가 된 것을 믿습니다. 그리고 예수님이 승천하신 후 성령님을 우리에게 보내사 지금도 제 마음에 살아 계시며 저를 바른길로 인도하시고, 힘과 능력을 주시고, 하나님의 아들로 살아가도록 회개하게 하시고, 좁은 문으로 인도하심을 믿습니다.

"주는 그리스도시요 살아 계신 하나님의 아들이시니이다"(마 16:16). 베드로의 이 고백이 제 고백입니다. '그리스도'라는 말은 '기름 부음 받은 자'라는 의미인데, 제사장 또는 메시아와 같은 왕, 구세주와 같은 뜻입니다. 안디옥에서 처음 바울과 그 교인들을 가리켜 '그리스도인'이라 칭했습니다(행 11:26).

저는 이처럼 성경 말씀 전체가 우리의 영혼을 깨워 그리스도인다운 삶을 살아가게 하고, 우리는 그 일을 위해 최선을 다해야 한다고 믿습니다. 그러나 이 말씀 속에 담긴 뜻을 정확하게 알고 왜 여기에 내 삶과 생명을 바치고 충성하며 살아야 하는지를 이해하기는 쉽지 않습니다. 그래서 오히려 '대충 알고 최선을 다해 열심히 살면 된다'

며 스스로의 길을 찾는 경우가 많습니다.

저는 교회생활을 하면서 주일예배 전 1시간 동안 전 교인 성경공부를 7년간 한 번도 빠짐없이 인도했습니다. 그런데 성경에 대해 알면 알수록 더 갈급해지는 저 자신을 발견하게 되었고, 그 바쁜 의사생활을 하면서 신학 공부까지 했습니다. 그럼에도 시간이 갈수록 희미한 거울을 보듯 보일 듯 말 듯해 풀리지가 않았습니다. 시간이 갈수록 더 초조해지고 답답했지만, 그래도 하던 사역을 계속 열심히 했습니다.

그런데 산 넘고, 물 건너고, 세상의 모든 핍박과 풍파를 당하다가 또 새로운 일들이 일어나곤 했습니다. "이전 것은 지나갔으니 보라 새것이 되었도다"(고후 5:17)라는 말씀처럼, 어제보다는 오늘이, 지난달보다는 이번 달이, 지난해보다는 금년이 더 좋아졌고, 제가 생각지도 못했던 더 좋은 결과가 이루어져 정말 놀랐습니다. 저도 모르고 지났던 때에 제가 생각하지도 못했던 더 좋은 열매를 맺고 있었던 저 자신을 발견해 스스로 놀랐습니다.

이것이 하나님의 사랑이요 은혜라는 말 외에는 아무 말도 할 수 없습니다. 기적입니다. 이 기적이 기적이라 믿으면서 회개도, 능력도 기적이 될 수 있음을 믿게 되는 것입니다.

믿음의 성장:
아직 갈 길이 멉니다

믿음은 하나님의 은혜입니다. 그래서 내가 변화되어 주님을 나의 구주로 받아들이고 인격적으로 주님의 사람으로 변하는 것이고, 주님의 말씀대로 살아가는 것입니다. 그리고 세상의 법이 아니라 주님의 말씀으로 살아가며, 때로는 핍박 가운데서도 주님과 동행하는 것입니다. 주님이 주시는 힘으로 세상을 이기고, 주님의 도우심으로 믿음이 성장해 나가는 것입니다. 예수님의 재림과 새 하늘과 새 땅에 소망을 두고 살아가며, 이를 위해 때에 따라서는 고난과 어려움을 당해도 더욱 인내해 더 큰 믿음을 완성해 가는 것입니다.

요한계시록에 기록된 고난의 과정을 보면, 주님의 뜻대로 확실한 믿음을 가진 자들만이 최후의 승리를 얻음을 말해 주고 있습니다. 믿음이 없거나, 또는 착각하고 헛 믿음을 가진 자들은 무서운 시련을 당하고, 결국은 영원한 지옥 불에 던져지는 것을 알 수 있습니다.

50년 가까이 신앙생활과 교회생활을 했고, 매주 예배 시작 전 1시간 동안 전 교인 성경공부를 7년간 연속해서 인도했고, 그 바쁜 의사생활을 하면서, 특히 조교수 때까지는 시도 때도 없이 산모들이 들어오니 지정된 시간을 지키는 것이 쉽지 않은 그때에도 신학 공부를 했으니 이만하면 믿음의 정도는 인정받아도 되지 않을까 스스로 위로도 해 보지만, 역시 확신이 없는 것은 믿음이 그런 인간적인 조건으로 성장하는 것이 아니기 때문입니다. 궁극적으로는 주님의 뜻에 따라 인정받는 것임을 알기 때문입니다. 그렇지 않으면 나의 믿음은 주위의 믿는 자들로부터 평가를 받는 것입니다. 그리고 믿음은 행위로 얻는 것도 아니고, 더욱 스스로 측량할 수 없기 때문에 죽도록 충성하는 것뿐 다른 방법이 없습니다.

저와 아내가 여러 곳을 다니며 모임을 하고, 또 예배 시간에 말씀을 나누고 우리 사역 소개도 하면서 다닌 지가 30년이 넘었습니다. 그러다 보니 자연스럽게 본교회 출석은 못 하게 되었습니다. 우리는 집회 차 방문한 지역에서 집회가 없는 날이면 마음의 여유를 가지고 거리에 상관없이 아내가 가자고 하는 교회를 찾아갔습니다. 어느 때는 1시간 이상 고속도로를 타고 가서 예배를 드리기도 합니다.

지난 주일에는 그 지역에서 두 개의 교회를 담임하며 열정적으로 시무하는 한 목사님이 계신 교회로 향했습니다. 일찌감치 서둘렀건만 고속도로에서는 잘 왔는데 동네에 들어와서 그만 낯선 골목에 길을 잘못 들어 30분 이상 헤맸습니다. 그냥 돌아가자니 주일예배를 못 드린다는 서운함으로 미안한 마음을 안고 예배당으로 들어갔습니다.

그때 그 교회 담임목사님이 막 설교를 시작했는데 우리와 눈이 마주쳤습니다. 우리는 눈을 둘 곳이 없어 고개를 숙였습니다. 전에 그 교회에서 설교를 한 번 한 적이 있어서 그 목사님과 우리는 서로 잘 아는 사이였습니다. 그런데 설교 도중에 마치 우리더러 들으라는 듯

예배에 미리 나오지 못하고 늦게 오는 자들은 정성이 모자라는 사람들이라는 내용의 설교를 장황하게 하는 것입니다.

마침 그날 설교가 구약의 번제에 대한 말씀이었는데, "준비함이 없고 정성이 없는 제사는 하나님이 받지 않으신다"는 내용이라 그 연속선상에서 한 말이라 생각도 되었지만, 말하는 톤이 듣는 자들에게는 분명히 분개한 듯 들렸습니다. 그런 가운데 목사님 본인은 아침에 일찍 일어나 자녀들을 미리 다 챙기고 나와 강단에서 기도하며 예배를 준비한다는 말도 잊지 않았습니다.

우리는 물론 아무 소리도 못 하고 예배가 끝나자마자 얼른 그 교회를 떠났습니다. 하지만 평소에 그 목사님이 전하는 말씀을 좋아하고 장거리 여행을 할 때면 그 목사님의 설교 테이프를 열심히 듣고 은혜를 받던 터였는데, 우리의 마음이 서운했던 것은 우리가 아직도 성장한 믿음을 가지지 못했기 때문이라는 죄책감에 빠졌습니다. 오히려 목사님이 예배에 늦게 온 사람들을 위로하고 모른 척했다면 우리가 더 미안하고 감명을 받았을 것이라 생각하니 아쉬웠습니다.

분명하게 말하면, 예배 시간에 늦은 것은 사정과 이유에 상관없이 우리의 잘못입니다. 그런데 왜 말이 많냐고요? 예, 맞습니다. 할 말이 없어야 합니다. 그런데 아직도 할 말도 많고, 또 "알겠습니다" 하고 넘어가면 되는데 제가 아직도 살아서 죽지 못했습니다. 그러나 만약 강단에 서서 하나님의 말씀을 전하는 분이 현명하게 잘 넘겼으면 서로에게 큰 은혜가 되었을 것이라 생각하니 아쉽기 때문입니다. 그러했다면 우리 서로가 다 믿음의 성장이라는 귀한 선물을 받았을 것입니다.

인간은 누구나 스스로의 완전하지 못한 믿음에 대해 고민하고 반성해야 한다고 믿습니다. 믿음은 하나님의 은혜요, 믿음이 성장하는 것은 모두 하나님의 사랑으로 이루어지는 일이기 때문입니다. 저도 수십 년 교회생활 중에 지금 생각하면 스스로 낯 뜨거운 실수도 했습니다. 하지만 그럼에도 작은 믿음이 생겨 여기까지 온 것은 내가 아니라 예수님이 나와 동행하시고 나를 좋은 길로 인도하심을 확실히 보고 알게 하신 은혜입니다.

이것이 '이긴 자'와 스스로 '이겼다고 자부하는 사람'의 차이가 아닌가 생각합니다. 그러므로 믿음에 교만한 자는 하나도 없습니다. 그래서 우리 내외는 차를 타고 돌아오는 1시간 동안 아직도 버리지 못한 우리의 부족한 믿음을 회개했습니다. 아무렇지도 않은 듯 "주일예배에 좋은 설교를 들어 참 좋았다"는 아내와 큰딸 수지의 모습에 저는 또 한 번 민망했습니다. 오직 감사와 감격만이 있을 뿐입니다.

내가
믿는 것

어떤 사람들은 저더러 어리석은 자, 또는 세상 물정을 제대로 알지 못하는 자라고 합니다. 오히려 사역을 하면서 부를 축적해 잘 먹고 잘 사는 자라 비방하기도 합니다. 하도 어이가 없어 들어도 못 들은 척하고, 오히려 불쌍한 자들이라 긍휼한 마음이 듭니다. 제가 믿는 곳이 있기 때문입니다.

저는 7년 동안의 병원 수련을 마치고 웨인 대학교의 강사로 시작했지만, 적은 월급으로 계속 어렵게 살기가 힘들어 밤에 응급실 담당을 했습니다. 그때는 병원비는 병원이, 의사 비용은 의사들에게 돌려주는 시스템이어서 하룻밤을 새우고 환자를 보면 여러 장의 수표가 쌓였습니다. 지금 생각하면 그렇게 큰돈이 아니지만, 수련 동안의 박한 생활에 비하면 큰돈이라 생활이 조금은 나아져서 동생들의 학비와 어머니 생활비를 계속 보내 줄 수 있었습니다.

아내는 그 어려울 때도 불평을 한 적이 한 번도 없고, 오히려 아끼고 모아 서울 식구들에게 보낼 돈을 먼저 챙겨 보냈습니다. 그 후 제가 조교수가 되어 정식 월급을 받고 또 틈을 내어 그룹 개업을 하여 생활이 풍부해졌지만, 4명의 아이들이 자라며 들어가는 학비가 무엇보다도 컸고 또 동생들의 결혼 비용까지 감당해야만 했습니다. 이 모든 일을 해 낼 수 있었던 것은 가족을 사랑하는 아내의 귀한 마음 덕분입니다. 그래서 우리 가정은 남 부러울 것 없이 잘 살게 되었습니다.

이처럼 산부인과와 특별 불임 전문의로 40년을 넘게 살았으니 은퇴 연금과, 그동안 남보다 많은 세금을 지급했기에 받게 된 노인 은퇴 연금까지 합하면 우리 내외가 여생을 살아가기에 큰 어려움은 없습니다. 풍족하지는 못해도 풍성한 마음으로 살 수 있습니다.

제가 이렇게 자세하게 설명하는 이유가 있습니다. 어떤 사람들이 작은 개인 자영업을 하면서 현금을 만지다 보니 자기들만 부자인 줄 알고, SAM재단에 완전 무보수로 30년을 넘게 봉사해 온 제가 마치 큰돈을 모아 집도 사고 잘 산다는 소문을 퍼뜨려 사람들을 오해하게 만들고 있는 것이 참 마음이 아프기 때문입니다. 자기들은 수백만 달러의 집을 사면서, 평생을 의사로, 의대 교수로 살아온 사람으로서 저도 마음만 먹으면 그 이상의 것도 살 수 있음을 모르는 자들입니다.

저는 제가 벌었던 수입의 큰 부분인 빌딩을 SAM재단에 그대로 헌납해 회원들의 헌금은 그분들이 보내신 선교지의 선교 자금으로만 쓰고, 나머지 인건비와 재단 운영비는 건물에서 나오는 재정으로 쓰고 있습니다. 제가 우리 내외의 은퇴 후 준비로 로스앤젤레스에 건물 하나를 구매해 생활비로 쓰고 있었는데, 제가 믿고 모든 것을 완전히 맡겼던 사람이 재단 전체를 그대로 빼앗아 가서 재단 자체가 없어질 뻔했습니다.

우리 아이들을 불러 건물을 SAM재단에 완전히 바칠 것에 대해 의논했더니 부모님 마음대로 하시라고 모두가 한마음이 되어 이야기해 주어 우리는 그 건물 전체를 재단에 넘겼습니다.

"Mission money for mission only"(선교를 위하여 헌금하는 분들의 헌

금은 모두 오직 선교에만 사용하고 그 외의 운영비와 인건비 등은 우리가 스스로 담당합니다).

헌금은 100% 선교에만 쓰고 모든 행정적인 자금은 스스로 충당하는 단체는 어느 NGO도 없는 것으로 알고 있습니다. 우리가 SAM재단에 관해 가장 자랑스럽게 여기는 이 일은 오직 주님의 은혜요, 주님의 의지라 믿습니다.

주님도 이런 우리의 마음을 어여쁘게 보셔서 몇 사람의 큰 지원자들을 보내 주셨습니다. 어떤 분들은 친구이고, 또 어떤 분들은 동역자이지만 그분들은 우리의 형편을 아시고 때에 따라 크게 도와주시는 분들입니다. 주님이 직접 하시는 것입니다. 사람들은 이것을 기적이라 하지만, 저는 하나님이 하시고 그분이 원하시는 일을 이루어 가심을 믿습니다. 우리가 할 일은 그 하나님의 뜻이 나의 의가 되어 그분의 뜻을 이루어 드리도록 죽도록 충성하는 것입니다.

chapter 9

호흡이 멎는 날까지
섬기다 천국 가렵니다

하늘을 나는 나의 꿈에
당신도 초대합니다

저는 학생 시절을 어렵게 지나면서도 큰 꿈이 있어서 그때 살아남을 수 있었습니다. 점심을 먹지 못해 물로 배를 채운 후 함춘원 잔디밭에 누워 하늘을 쳐다보면 하늘에 흰 구름이 떠가는 모습이 한 폭의 그림 같아 마음이 포근해졌습니다. 공중을 날아다니는 새를 보면 '나도 언젠가는 저 새들처럼 하늘을 날 것이다' 하며 주먹을 불끈 쥐기도 했습니다. 그러면 바람에 날리는 라일락 잎들의 아름다운 향기가 제 코를 때리며 마치 마취약처럼 정신이 몽롱해지고 상상의 날개를 폈습니다.

상상 속에서 저는 배고픔을 잊고 구름 따라 향기 따라 훨훨 하늘을 날아다녔습니다. 하늘을 한참 신 나게 날아다니다 보면 세상 사람들이 사는 곳도, 또 넓은 바다 위도, 그리고 숲에 싸여 있는 산속의 계곡도 지나갔습니다. 어떤 때는 불쌍한 사람들을 만나 울기도 하고, 또 병들어 힘들어하는 사람들을 만나 위로도 하고, 그리고 힘없는 노인들을 만나 그들의 짐을 들어 주기도 했습니다. 이렇게 시간이 흐르다가 보면 강의 시간이 되어 깨어나 싫은 현실의 야박함을 투정하고 일어서야 했습니다. 참으로 아쉬운 마음이 진하다 못해 서러움이 되기도 했습니다.

이것이 버릇이 되어서인지, 나이가 들어서도 저는 날아다니는 꿈을 자주 꿉니다. 꿈에 두 팔을 쭉 뻗고 다리를 펴면 저는 어디든지 신나게 날아다닙니다. 사람들이 복잡하고 바쁘게 움직이는 재래시장도, 큰 빌딩 숲이 내려다보이는 시가지 한복판도, 환자들이 누워 신음하는 병원도 모두 제 발 아래에 보이는 것이 신기하고, 그 위를 거침없이 날아다니다 보면 참으로 신 납니다.

한번은 이렇게 깊은 산속을 날아다니다가 발 아래로 수정같이 맑고 푸른 강을 보고는 내려가 앉아 발을 담그고 쉰 적이 있습니다. 물이 얼마나 맑고 깨끗하던지 마치 유리를 통해 보듯 그 바닥이 훤하게 들여다보였습니다. 그러면서 '아, 여기가 천국이구나'라는 생각이 들었습니다. 꿈에서도 '바로 여기가 하나님 보좌 앞에 있는 수정처럼 투명한 유리 바다구나!'라는 생각을 하니 참으로 신 나고 기뻤으며 그 후 오랫동안 그 감격을 잊지 못했습니다. 저도 어떤 사람들처럼 꿈에 천국을 다녀온 것일까요?

지금은 나이도 들고 바쁜 사역과 끊임없는 장거리 여행 부담 때문에 지쳐서 오히려 힘들고 쫓겨 다니는 꿈을 자주 꾸는 것이 아쉽습니다. 사역이 조금 조용해지면 다시 하늘을 나는 꿈을 계속 꿀 수 있기를 소원합니다.

그리고 인생의 후반기에는 더 큰 꿈을 꾸기를 원합니다. 저만 하늘을 나는 것이 아니고 사랑하는 아내, 아이들, 형제들, 우리 동역자들, 우리를 위해 중보하고 헌금해 주시는 많은 분들, 그리고 제가 사랑하고 존경하는 여러 분들, 우리 모두가 손에 손을 잡고 하늘을 같이 날며 제가 본 그 아름다운 계곡의 유리 바다에 함께 모여 하나님을 찬양하고 하나님께 영광을 올려 드리는 그런 꿈입니다. 제가 만났던 수많은 불쌍한 사람들, 억울함과 슬픔에 가슴이 찢어져 세상을 원망하던 그들, 추워도 춥다는 말도 못하고 배가 고파도 배고프다고 말도 못하던 그 사람들이 그곳에서, 다시는 고통도 없고 배고픔도 없고 아픔도 없는 그 아름다운 세계에서 모두가 만나 하나님을 찬양하는 그런 꿈입니다.

이런 꿈이 있기에 저는 오늘도 앞만 보고 달려갑니다. 제가 사랑하는 우리 모두가 천국을 향해 같은 꿈을 꾸면서 함께하기를 소망합니다.

수정처럼 맑고 투명한
유리 바다

"보좌 앞에 수정과 같은 유리 바다가 있고"(계 4:6). "또 내가 보니 불이 섞인 유리 바다 같은 것이 있고 짐승과 그의 우상과 그의 이름의 수를 이기고 벗어난 자들이 유리 바다 가에 서서 하나님의 거문고를 가지고"(계 15:2).

성경에서 '바다'는 악과 죄의 대명사로, 하나님이 계시는 하늘과 대조해 세상에 목숨을 두고 살아가는 자들이 있는 곳이며, 그래서 혼돈과 죄가 무성한 세상을 뜻합니다.

"내가 보니 바다에서 한 짐승이 나오는데 뿔이 열이요 머리가 일곱이라 그 뿔에는 열 왕관이 있고 그 머리들에는 신성 모독 하는 이름들이 있더라"(계 13:1). 바다에서 올라온 짐승은 뿔이 10개이고, 머리가 7개이고, 그 뿔에는 10개의 왕관이 있으며 그 머리들에는 불경스러운 이름들이 있었습니다. 사탄과 뱀은 자신들이 마치 하늘에서 온 것처럼 하나님의 모습을 모방하고 하나님의 이름과 하나님의 장막, 곧 하늘에 사는 자들을 비방했습니다.

하늘의 열린 문으로 보이는 보좌에는 하나님이 앉아 계셨고, 또 보좌에 둘려 24보좌들이 있고 그 보좌들 위에 24장로들이 흰옷을 입고 머리에 금관을 쓰고 앉아 있었습니다. 그 보좌 앞에 수정과 같은 유리 바다가 있었습니다. 보좌 가운데와 주위에 네 생물이 있는데 그들은 밤낮 쉬지 않고 "거룩하다 거룩하다 거룩하다 주 하나님 곧 전능하신 이여 전에도 계셨고 이제도 계시고 장차 오실 이시라"(계 4:8) 하고 찬양했습니다. 그런데 이 바다가 요한계시록 21장 1절을 보면 ("또 내가 새 하늘과 새 땅을 보니 처음 하늘과 처음 땅이 없어졌고 바다도 다시 있지 않더라") 없어졌습니다.

유리 바다의 원리는 구약에서 하나님의 성막과 성소에서 시작되었습니다. 제사장이 성소에 들어가기 전에 번제단과 성소 사이에 물두멍이 있어 손과 발을 씻었는데, 이 물두멍을 '바다'(sea)라고 불렀습니다(왕상 7:23). 물두멍에 물이 항상 채워져 있어야 하는 이유는 하나님 앞에 나갈 때 자신의 죄를 씻고 회개해야 하기 때문입니다. 이것은 신약 시대에 하나님의 말씀으로 우리의 상한 심령을 새롭게 하고 회개하는 것과 같습니다.

물두멍의 재료는 여인들이 항상 사용하는 거울을 만드는 놋이라고 합니다. 여인들이 항상 놋 거울을 보며 자기 모습을 단정하게 가꾸듯, 성소에 들어갈 때는 하나님의 뜻에 따라 정결하고 깨끗한 것이 먼저라는 의미로 놋으로 만들었다 합니다.

유리 바다는 물두멍에서 예표된 것이라고 합니다. 그래서 물두멍(성전의 바다)과 보좌 앞에 있는 성전의 바다인 유리 바다는 같은 바다입니다.

그렇다면 요한계시록 4장 6절의 하나님 보좌 앞에 있던 수정과 같은 아름다운 유리 바다와 요한계시록 15장 2절의 불이 섞인 유리 바다는 어떻게 다른지, 또 바다와 유리 바다는 어떻게 구분되는지 궁금합니다.

창세기의 '궁창'에서 그 이유를 찾을 수 있습니다. 불이 섞인 유리 바다는 이제 곧 심판으로 쏟아질 것, 또는 아직도 심판이 남아 있는 상태를 상징하는 것입니다. 창세기 1장 6-7절을 보면, "하나님이 이르시되 물 가운데에 궁창이 있어 물과 물로 나뉘라 하시고 하나님이 궁창을 만드사 궁창 아래의 물과 궁창 위의 물로 나뉘게 하시니 그대로 되니라"라고 말합니다. 궁창 아래의 물은 바다이고, 궁창 위의 물은 하나님 보좌 앞에 있는 바로 그 유리 바다입니다.

바다는 사탄과 뱀, 그리고 짐승이 올라오는 바다이고, 천국의 유리 바다와는 다른 것입니다. 그래서 요한계시록 21장 1절에서 새 하늘과 새 땅에서 바다는 없어지지만 수정과 같은 유리 바다는 영원할 것이라 믿습니다.

제가 꿈에서 유리 바다를 보고 감동했을 때는 이런 자세한 내용을 잘 몰랐습니다. 그래도 그때 제가 처한 상황에서는 큰 감동이었고, 그래서 오늘까지 잊지 못합니다. 그 후 시간이 많이 흐른 오늘 나름대로 곰곰이 묵상하고 말씀 공부를 하면서 제가 본 유리 바다와 저는 무슨 연관이 있는지 생각해 보았습니다.

부족한 저에게 이처럼 엄청난 하나님의 의지와 깊은 뜻을 꿈을 통해 미리 보고 알게 하신 하나님의 은혜에 감사합니다. 꿈속에서 유리 바다를 봤을 때 받은 감동을 오랜 세월 잊지 않고 기억하게 하시고 지금까지 큰 감동으로 남아 있게 하시니 참으로 감사합니다. 하나님의 보좌 앞에 서는 그날까지 정결하고, 열심히 회개하고, 죽도록 충성하는 종이 될 수 있도록 기도해 주시기를 소원합니다.

우리는 다
천국 대표입니다

2016년 올림픽 중계방송에서 장한 한국 국가대표들이 최선을 다하는 모습, 금메달을 따고 눈물을 흘리는 모습, 그동안 피땀 흘린 대가를 받지 못한 것에 애석해하는 모습, 그리고 결과에 상관없이 훈훈한 모습은 큰 감동이었습니다. 자랑스러운 그들 때문에 한국은 세계의 그 어느 선진국에 버금가는 모습을 보여 주었습니다. 그들은 바로 국가대표입니다.

우리가 장차 영원히 거할 천국에도 이런 대표들이 있을까요? 상상의 날개를 펼쳐 봅니다. 천국에는 눈물도, 애통함도, 고통도, 물론 사망도 없고 우리 주님이 목마른 자들에게 생명수 샘을 아무 값없이 주시니 여기에 무슨 대표가 있고 경쟁이 있을 리 있겠습니까. 우리 모두가 하나님 나라의 대표들입니다. 그리고 하나님께 영광 드리는 일만 있습니다. 하나님 나라의 대표는 하나님의 사랑과 은혜로 얻어지는 것입니다. 국가대표가 어려운 훈련과 희생의 값진 결실이라면, 하나님 나라의 대표들인 우리도 우리가 감당해야 할 몫이 있습니다.

'천국'(kingdom of heaven)은 세상을 떠나 가는 미래의 궁극적인 목적지이고, 같은 말이지만 '하나님 나라'(kingdom of God)는 하나님이 다스리시는 곳이며, '하늘나라'(heavenly kingdom)는 땅에서도 이루어지고 있는 하나님의 왕권적인 의미입니다. 그래서 천국은 꼭 죽어서

만 가는 곳이 아니고 현재와 미래가 서로 연결된 개념입니다. 즉 현재부터 예수님 안에 있는 자라야 미래의 천국을 소유할 수 있다는 뜻입니다. 그가 바로 '생명책'에 이름이 기록된 자입니다. "회개하라 천국이 가까이 왔느니라"라는 말씀도 같은 맥락입니다.

천국은 하늘나라에만 있는 것이 아닙니다. 내 안에서, 나의 가정에서, 우리의 삶 속에서 하나님이 다스리시는 곳이 바로 천국입니다. 따라서 우리는 삶 자체가 천국을 준비하는 삶이 되어야 합니다. 이것이 우리가 말씀을 파고 묵상하는 이유입니다. 그렇지 않으면 우리는 믿지 않는 자들보다 더 불쌍한 사람들입니다.

50대 초반에 그때까지의 제 삶을 돌이켜 보았습니다. 밤을 새워가며 모든 열정과 노력을 다했는데, 결국은 아이들을 키우며 가정을 지키고 다행히도 굶주림 없이 살게 된 것 외에는 아무것도 된 것이 없음을 깨닫자 갑자기 허전한 마음이 들었습니다. 마치 인생의 절정에 있던 단테 알리기에리(Dante Alighieri)가 갑자기 뒤를 돌아보고는 캄캄한 숲속에서 길을 잃고 있는 자기 모습에 깜짝 놀랐을 때 별(희망)을 보고 지옥과 천국으로 인도되어 그곳에서 신을 보게 되는 것처럼, 저의 이 허무함도 하나님의 사랑으로 새로운 길로 인도된 것입니다. 그래서 인생의 궁극적 목적은 그 무서운 영원한 불 못이 아니고 오직 영원한 천국임을 믿게 되었습니다.

그동안 세상에서 눈에 보이는 것에 목숨을 걸고 살아온 것이 얼마나 어리석은 일이었는지 알게 되었으니, 이제라도 천국에 소망을 두고 준비할 수 있게 하신 하나님의 은혜에 감사할 뿐입니다. 그래서 천국은 준비하는 자의 것입니다.

이 일에 목숨을 걸고 이 짧은 인생을 살아가며 천국을 준비하고, 말씀대로 아름답게 살다가, 떠나는 날 두 팔 벌리고 안아 주시는 예수님의 품에 안길 것입니다. "그래, 세상에서 수고 많이 했다" 하며 등을 두드려 주시는 예수님의 손길에 이렇게 고백할 것입니다.

"예수님, 노력은 했지만, 그러나 더 잘 살지 못했고, 더 영광 드리지 못했고, 더 사랑하지 못했습니다. 그러나 제 모습 이대로 받아 주시는 은혜로 왔습니다."

부끄러워하는 저를 일으켜 주시고 어루만져 주시는 주님의 인자한 모습을 그려 봅니다. 언젠가는 천국 대표가 되는 그날을 소망하며 더 선하고, 더 사랑하고, 더 용서하며 세상의 본이 되도록 말씀대로 살아가는 우리 모두가 되기를 소원합니다.

천국의 이력서,
'죽도록 충성'

최후 심판의 근거는 '책들'(books)과 또 '생명책'(book of life)입니다. 죽은 자들은 자기 행위를 따라 책들에 기록된 대로 심판을 받습니다(계 20:12-15). 자기의 행위를 따라 죄지은 자들은 불 못에 던져지니 이것이 둘째 사망입니다. '삶의 행위서'라고도 하는 삶의 기록들입니다.

생명책에 그 이름이 기록된(구원받은) 자들은 둘째 사망은 없지만, 생명책에 그 이름이 기록되어 있다고 하더라도 그 이름이 지워지지 않도록 해야 합니다. 예수님이 그 이름을 하나님과 천사들 앞에서 시인하시려면 우리는 회개하고 흰옷을 입어 '이기는 자'가 되어야 하는데, 생명책에 기록된 우리의 이름이 천국의 이력서가 되기 때문입니다. 그리고 그 책의 기록에 따라 우리의 상급이 결정될 것입니다.

이것은 당시 사데 교회의 물질적인 부요에 만족하며 살아가는 사람들에게 하신 하나님의 경고의 말씀입니다. 그러므로 세상에 목숨 걸고 살아가는 사람들에 대한 경고요, 또 우리에게는 생명책에 기록된 이름도 행위에 따라 지워질 수 있음을 경고하는 말씀입니다. 우리는 하나님께 속한 자들이고, 세상과는 달리 말씀대로 살아가는 삶의 이력서를 쓰면서 살아야 함을 가르쳐 주신 것입니다. 이것이 우리의 천국 이력서이기 때문입니다.

사데 교회 외에도 구약 시대에 모세는 금송아지를 만들어 우상을 숭배해 하나님께 벌을 받은 이스라엘 백성의 이름이 하나님의 책에서 지워질 것을 알고 자기 이름도 지워 달라고 했습니다. 그러자 하나님이 그 벌을 거두시고, "누구든지 내게 범죄하면 내가 내 책에서 그를 지워 버리리라"(출 32:33) 하고 말씀하셨습니다. 하나님이 우상을 숭배하는 사람과 회개하지 않는 자에게 내리시는 벌입니다. 그래서 생명책에 우리의 이름이 기록되어야 하고, 또 지워지지 않도록 말씀 안에 거하며 항상 회개하고 살아야 합니다.

그러나 천국 이력서는 세상에서 쓰는 이력서처럼 더 장황하게, 더 거창하게 쓰는 것이 아닙니다. 내 모습 그대로 받아 주시고 사랑과 은혜로 안아 주시는 하나님을 기쁘시게, 자랑스럽게, 영광스럽게 해 드리는 것이 우리의 몫입니다. 내가 세상에 속한 사람이 아니고 '하나님께 속한 자'임을 보여 드리면 하나님이 기뻐하시고 영광을 받으십니다.

이것이 천국에 의의 면류관, 승리의 면류관, 기쁨의 면류관, 금 면류관, 소망의 면류관 등이 있는 이유입니다. 그중 제일은 사람들을 섬기는 삶입니다. 약한 자, 가난한 자, 병든 자, 특히 주님의 은혜를 모르는 자들을 섬기며 그들에게 복의 통로가 되는 것입니다.

제가 살면서 가장 후회하는 것 중에 하나가 있습니다. 젊어서 한창 정신없이 환자를 보고 수술을 하며 피곤한 삶을 살던 저는 한동안 하루하루를 무사히 넘기기에 바빴습니다. 피곤한 몸으로 집에 돌아오면 잠자기 바빴고, 거의 매일 계속되는 세미나를 준비하느라 쉴 틈이 없었습니다. 환자들에게 연이어 걸려오는 전화는 전화기가 원망스러울 정도로 귀찮았습니다. 마음은 섬기는 자가 되려 했지만, 우선 제가 너무 힘들어 살아남기에 급급했습니다. 그렇다 보니 환자들이 제게 말을 붙이는 것조차 주저하던 시절이 있었음을 후회하고 회개합니다.

예수님은 섬기기 위해 이 세상에 오셨고, 바울도 숱한 환난과 핍박을 당하면서도 여러 곳을 다니며 전도하고 많은 영혼을 섬겼습니다. 바울이 에베소를 떠날 때 나이가 50대 초반이었다면, 당시 인간 평균수명이 40대였으니 지금으로 치면 70-80세의 고령이었습니다. 그러나 그는 항상 한 지역에서 머물다 떠나 또 다른 지역으로 가서 그곳 사람들을 섬기며 사역을 했습니다. 로마에서 참수를 당하기 직전까지 섬김 받기를 거부하고 죽도록 충성하며 사람들을 섬겼습니다.

바울은 고난 속에서도 동역자들을 돌보고 그들의 쓸 것까지 챙겨가며 그 당시 가장 타락했던 도시 고린도에서 로마서를 저술해 2,000년이 지난 지금도 성경의 위대한 인물로 남아 우리에게 깊은 감동을 줍니다. 병약한 육체와 자신을 해하려는 사람들의 핍박과 환난 속에서도 에베소에서 고린도전서를, 제3차 전도 여행을 마치고 예루살렘으로 돌아가면서 마게도냐에서 고린도후서를 썼습니다. 로마에서 참수를 당하기 전 주옥같은 옥중서신 4권을 쓰면서 섬김을 가르쳤고 몸소 실천했습니다.

이에 비하면 저는 너무 부끄럽고, 아직 멀어도 한참 멀었다는 고백을 하게 됩니다. 물론 제가 바울이 될 수는 없습니다. 그러나 그의 가르침과 정신을 사랑하고 존경하는 사람으로서 한 가지도 주님의 마음에 꼭 들어 주님을 기쁘시게 해 드리는 일이 없는 것 같아 아쉽습니다.

그러나 하나님은 저와 우리 가족을 30여 년간 봉사할 수 있는 사역자로 불러 주셨고, 그것도 하나님이 사랑하시는 생명들을 살리고 치료하는 의료 선교사로 불러 주셨고, 또 이 일을 감당할 수 있도록 많은 동역자와 후원자, 그리고 같이 기도하는 분들을 보내 주셨습니다. 그러니 저는 하나님께 더 이상 바랄 것도 없고 남은 생애에 죽도록 충성할 뿐입니다. 조촐하지만 이것이 저의, 우리 가정의, 우리 모두의 천국 이력서가 되기를 소망합니다.

"남은 생애는 믿음으로 모든 것을 하나님의 능력의 손길에 맡겨 드리고, 해도 해도 모자라는 회개를 게을리하지 않아 '이기는 자'가 되게 하시고, 제 호흡이 멎는 날까지 행동으로, 마음으로 다른 영혼들을 섬기다 천국에 갈 수 있도록 은혜를 베풀어 주옵소서. 아멘."

Part

3

하나님의 허가를

받았습니다

○

사랑의 왕진가방
박세록 장로의
계속되는 사역

chapter 10

오늘은
참 좋은
날입니다

UN 대북 제재 면제를
받았습니다

우리는 오늘 그동안 복잡한 과정과 여러 기관들을 거치며 큰 기대를 가지고 있었던, 그러나 과연 이루어질까 마음 졸이면서 기다리던 UN의 제재에서 벗어나는 특별 허가를 받고 서로 손을 잡고 감사와 감격의 기도를 드렸습니다. 특히 미국 내에서는 지금 중국과 북한에 대한 여론이 여러 가지로 어려운 상황인데, 그 가운데서 그 많은 재단과 선교단체 중에 4개의 단체에게 허락한 인도적 지원을 위한 제재에서 면제해 주는(UN and USA sanction exception) 정식 허가를 받게 되었습니다. 그 내용을 종합해 간단히 설명하면 이렇습니다.

첫째, 생명을 살리는 인도적 지원으로 시가 약 100만 달러의 영양식품, 의약품, 임산부와 어린아이를 위한 비타민, 어린아이를 위한 유제 식품(미국 국내 단체들의 도움), 그리고 약 30만 달러의 평양제3병원의 현대화를 위한 의료기계, 의료기구, 병원 소모품과 기타 환자들의 소모품까지 총 60만 달러의 반출이 허락되어 이 중 50%는 모금을 통한 자부담, 나머지 50%는 연방 보조금(matching fund)으로 충당할 계획입니다.

둘째, 미국의 수많은 잘 알려지고 규모가 큰 구호단체(선교단체 포함)들이 아직도 받지 못했지만, SAM재단을 포함한 단 4개의 단체가 정식으로 UN과 미국의 제재 면제 허락을 받았습니다. UN의 각국에서 10명의 대표들이(미국 대표 포함) 특별위원회에서 만장일치로 통과시켰다고 합니다.

처음에는 '과연 될 수 있을까?' 반신반의하면서 그래도 무엇인가 새로운 길을 찾아야 한다는 강박감으로 시작했습니다. 한국을 비롯한 전 세계, 특히 북미 관계의 복잡한 상황으로 미국 내 여론도 찬반으로 나누어졌고, 여기에 특히 미국의 한국에 대한 신뢰가 점점 약해지는 듯했습니다. 한국과 미국이 북한을 보는 시각과 북한과의 관계에 점점 틈새가 생기는 것 같은 형편에서 미국에 있는 SAM재단의 국제본부는 미국 법을 따라야 하고, 동시에 우리 민족을 위한 우리의 사랑의 의료봉사와 정당한 인도적 지원을 손 놓고 보고만 있을 수는 없는 형편이었습니다.

지난 32년 사역 중에 처음 3-4년은 평양제3병원을 짓는 일에 모든 힘을 쏟았습니다. 비록 평양제3병원이 개원한 후 북한에서 박대를 받고 쫓겨 나왔지만, 우리의 생명 살리기와 인도적 지원은 거의 한 해도 거르지 않고 끊임없이 계속되었습니다. 비록 우리가 병원을 완성했지만 병원만이 우리의 목적이 아니었기 때문입니다. 동족들의 생명을 살리고 그들의 고통을 덜어 주어서 그들의 마음이 열리고 우리와 한마음이 되면 이 마음이 천심이 되고 천심은 즉 하나님의 뜻이라 믿어 민족 통일까지 사역을 이어 가자는 것이 우리의 궁극적인 목적입니다.

이 일을 위한 첫 프로젝트가 평양제3병원이었고, 그래서 1995년 11월 4일에 드디어 병원을 개원했습니다. 그리고 저는 외국 의사로서 북한에서 개복 수술을 집도한 첫 의사가 되었습니다. 그 후 지금까지 여러 번 출입금지를 당했다가 다시 우리의 순수한 인도적 진심을 알고 있는 관리들이 초청하면 또 시작되기를 반복했습니다.

북한 관리들이 저에게 거부감을 가졌던 이유는 제가 믿는 자이기 때문이었고, 또 사실 초창기에는 빨리 교회를 세우고 예배를 드리고자 하는 선교적인 열정이 앞섰기에 여기서 비롯한 오해가 컸습니다. 그때는 저도 젊어서 마음이 급했습니다. 여기에 제가 북한에 데리고 들어가 40년 만에 가족들을 만나게 해 준 자들이 자기 스스로 해 보겠다는 욕심으로 저를 배반하고 모함해 제가 북한에서 떨어지게 만들었습니다.

지난날을 돌이켜 보면 '내가 하는 것이 아님'을 몰랐습니다. 이 일은 제 일이 아니고, 저는 주님의 뜻과 의지대로 충성하기만 하면 된다는 것을 너무 잘 알았으면서도 지금처럼 완전히 주님께 맡겨 드리지 못했음을 고백합니다. 그러나 저 스스로도 32년이라는 긴 세월을 '죽도록 충성하는 것'만을 우리 가정과 우리 재단의 목표로 삼고, 생명을 살리고 통일의 날을 앞당겨야 한다는 목표를 향해 외길을 걸어온 것에 큰 자부심을 가집니다. 이것은 제가 한 것이 아닙니다. 저를 불러 주시고, 함께하시고, 늘 곁에서 제 손을 꼭 잡고 동행하시는 주님의 은혜임을 저 자신이 누구보다도 잘 알고 있기 때문입니다.

주위 환경은 날이 갈수록 더 복잡해지고 있습니다. 미국 정부에서는 한 청년의 북한 방문 후 생명을 잃게 된 일을 계기로 미국 시민은 기존의 보통 여권이 아니고 일회성 특별 여권을 가져야 한다며 사실상 미국 시민들의 북한 방문을 막아 버렸습니다. 계속 연락을 해도 전화나 메일을 아예 받지도 않았습니다. 이렇게 악화되어 가는 주위 환경은 우리 재단에도 큰 영향을 미쳤습니다.

한국의 민심도 완전히 분열되어 우리더러 "그래도 참 좋은 일 합니다. 힘 내세요" 하고 칭찬하는 사람들도 있고, 반대로 "아니, 지금 때가 어느 때인데 아직도 북한을 돕는 일을 합니까?" 하며 훈계를 하고 호통을 치는 사람들도 있습니다. 호통이 두려운 것이 아니라, 이런 환경은 지금까지 꾸준히 함께해 온 우리 동역자들, 오랜 세월 정성껏 기도해 주시고 헌금해 오신 분들을 지치게 했습니다. 이런 이유와 안타까운 마음으로 깊이 기도하는 가운데, 하나님이 다시 하나의 길을 열어 주시고 시작부터 끝까지 함께하시며 오늘 드디어 놀라운 열매를 보게 하셨습니다.

미국은 훨씬 더 부정적인 입장을 가지고 있지만, 여기서 주저하지 않고 끝까지 가 보자고 결심하고 우리를 알리고 저를 설명할 수 있는 자료들을 모으기 시작했습니다. 이렇게 시작된 과정에서 놀라운 일들을 발견하고 많은 용기를 얻었습니다. 처음에 마음을 졸이며 UN에 서류를 보냈는데, UN의 책임자 한 분으로부터 전화를 받았습니다.

"박세록 장로님, 장로님은 저를 모르시겠지만, 저는 장로님을 잘 압니다."

UN에서 직접 이 일을 담당하시는 분이었습니다. 제가 너무 놀라 "아니, 어떻게 저를 아세요?"라고 물었더니, "제가 한국을 방문해 우연히 한 분의 안내로 교회를 갔는데 바로 그날 박 장로님이 말씀을 전하시고 보고를 하셔서 많은 감동을 받았습니다"라고 말하는 것이 아닙니까. 생각지도 못했던 그분의 말에 주님의 섭리가 참 놀랍다는 생각을 했습니다. 그 후 그분이 모든 과정을 설명해 주고, 또 직접 담당자들을 소개해 주어서 많은 도움을 받았습니다.

역시 모든 일은 우리의 형편을 아시고 여기까지 인도하신 에벤에셀의 하나님, 그리고 미리 준비해 주신 여호와 이레 하나님이 하셨습니다. 다시 한 번 제가 아니고 하나님이 이미 다 하셨음을 깨닫고 큰 감사와 감동을 받았습니다.

지난 2개월 동안 밤잠을 설치며 한국본부와 국제본부가 열심히 자료를 찾아 정리하고 여러 고비를 넘기면서 준비했습니다. 그 일은 제가 한국에 있을 때 시작했는데, 그동안 우리가 사역한 내용과 사진을 정리하고 수십 장의 서류를 만들어 번역을 하느라 SAM한국본부의 스태프들이 머리를 싸맸습니다. 수없이 고치고 다시 정리해 원본을 만들었습니다. 그 원본을 SAM국제본부로 보냈고 국제본부의 박수지 본부장과 스태프들이 최선을 다해 드디어 완성되었습니다. 그렇게 정성을 들여 만든 서류가 UN으로 보내졌고, 하루하루 기다리는 동안 정성껏 기도했습니다.

그 과정에 중국에서 코로나19 사태가 터지는 바람에 나라 간의 국경이 모두 문을 닫았고, 현지 사람들과 연락되지 않고 모든 것이 정지되었습니다. 예상하지 못한 악재가 생긴 것입니다. 중국은 물론 온 세계가 두려움에 차 있고 특히 세계 경제가 정지되었습니다. 들리는 소식마다 두렵고 부정적인 소식뿐이었습니다. 그런 가운데 우리 서류가 세계로 왔다 갔다 했고, 또 그사이에 여행이 중단되어 시간이 더 걸렸습니다. 그리고 오늘(2020년 2월 9일), 드디어 최종 결정을 통보받았습니다.

미국 정부에서도
인정을 받았습니다

2020년 2월 9일, 우리는 그렇게 통과하기가 어렵다는 UN 제재 면제를 통과하는 기적을 맛보았습니다. 상식적으로는 UN에서 통과되면 모든 것이 다 끝나는 것입니다. UN에서는 미국 대표를 비롯해 여러 회원국들의 대표들이 모여서 함께 의논하고 최종 결정을 하기 때문입니다. UN 제재를 면제받기 위해서는 힘들고 복잡한 과정을 겪어야 하고, 많은 시간이 필요하고, 또 이 과정이 제일 어렵다고 합니다. 지금 생각해도 신기하고 참으로 감사한 것은 연속해서 곳곳에서 꼭 필요한 준비된 사람들을 만나게 하신 하나님의 기적이었습니다.

그러나 "끝날 때까지는 끝난 것이 아니다"라는 말처럼, 미국 정부에서 새로운 강한 법들을 적용해 무조건 막을 수는 없으니 외국과 수출입 등 모든 것에 대해 거래하는 법, 특히 북한과 이란처럼 제재 대상을 지정된 나라에 한해 특별히 강하게 적용하는 법을 만들었습니다.

그래서 미국 내의 단체들에게는 10개의 각 수사 기관의 검사와 재정감사를 받아야 하는 긴 여정이 다시 시작되었습니다. 담당자들의 말투부터 사무적이고 딱딱해서 듣는 사람이 위축되는 것 같은 분위기라 쉽지 않고, 비록 허락을 받는다고 해도 최소 6개월 내지 1년이라는 긴 시간이 소요된다고 합니다. 1년씩 기다리다가 포기하기도 한다고 합니다. 다시 말하면, "형편이 형편이니 지금은 하지 말라"는 의미인 것 같다는 생각이 듭니다. UN에서 허락한 것을 미국 자국법으로 막는 것 같습니다.

우리처럼 대량의 의료기구와 기재들과 약품, 응급식량, 임산부들을 위한 비타민, 어린아이들을 위한 단백질과 유제 식품 등 인도적 지원 물품을 북한에 보내는 단체는 없습니다. 이것이 UN의 심사위원들을 감동시켰던 것입니다. 그런데 미국은 의료기구들은 물론 못하나를 보내도 그 속에 미국산 재료가 10%가 넘으면 무조건 안 된다고 합니다. 국가에서 정한 법이고 국민으로서 이에 따라야 하는 것이니 다른 방법이 없습니다.

그래서 다시 이제는 뉴욕이 아니고 워싱턴에서 모든 법에 따라 시작하고 완성할 것입니다. 얼마의 시간이 지연될는지는 몰라도 주님의 의지로 여기까지 오게 하시고 기적을 베풀어 주셨으니, 또한 이번에도 우리가 하는 것이 아니고 하나님이 하심을 믿습니다. 어차피 지금은 코로나19 때문에 꼼짝할 수 없는 상태라 기다릴 수밖에 없습니다.

그러나 오늘도 들리는 뉴스에 의하면, 북한 주민들과 특히 어린아이들의 어려움이 한시가 급해 가슴이 아픕니다. 속히 그 땅에 바이러스가 없어지고, 먹거리도 넉넉해지고, 병자들이 옳게 치료받는 좋은 일이 일어나기를 소원합니다.

이런 이유로 우리는 다시 힘을 내어 준비하고 그 과정을 찾아보기 시작했습니다. 이제부터는 꼭 특별법 변호사를 찾아서 도움을 받아야지 우리가 직접 할 수는 없다는 우리를 돕는 사람들의 권면에 따라 우리도 변호사를 찾기 시작했습니다. 그리고 여기까지 인도하신 하나님의 인도하심이 어김없이 다시 있기를 기도했습니다. 막연하게 기다리는 가운데, 이번에도 역시 하나님이 보내신 미리 준비된 변호사를 만나게 되었습니다. 그래서 다시 일을 시작했습니다. 하나님이 다시 일으켜 세워 주셨습니다.

단동병원은 중국의 현재 정책과 형편, 특히 그리스도인들에 대한 정책으로 처음 약속한 대로 다시 계약 연장은 불가능하고 여러 가지 이유로 철수를 하게 되었습니다. 한국을 비롯한 여러 국제기관들은 물론 개인업자들도 견디지 못하고 중국에서 철수하고 있습니다. 평생을 책임져야 하는 막대한 벌금과 고용인들의 의료보험과 실업보험을 부가해 이들이 야반도주하는 일이 빈번히 일어나고 있습니다.

물론 우리도 예외가 될 수 없어 큰 걱정을 하고 있었는데 그때 마침 주님의 도우심이 있었습니다. 우리의 계약 상대는 위생국이었는데 그 후 20년 동안 일해 온 국장을 비롯한 모든 관리가 은퇴하면서 사람들이 바뀌어 우리의 과거 계약을 아는 사람이 없었습니다. 그중 한 사람이 저와 좋은 관계를 맺고 지내다가 은퇴하고 3년 후에 우리 병원에 와서 고문으로 5년을 같이 있었습니다. 그 사람이 유일하게 우리의 역사와 내용을 알고 있으면서 우리를 도왔습니다. 청산을 하면서 세무서(지방 세무서와 국가 세무서)가 터무니없이 큰 액수의 세금을 요구하자 그 사실을 알고는 우리를 도와야겠다는 마음을 가지고 장문의 편지를 써서 주었습니다.

"과거의 계약 시작부터 일방적이고 불평등한 계약이었고 20년 동안 우리와 약속한 것들이 실행되지 않아 외국인들이 필요 없는 고통을 받았으니 계약이 무효이고, 그래서 세금을 추가 부과하는 것은 공평한 처사가 아니다."

이렇게 위생국과 세무서에 진정을 해 주었습니다. 이는 정부 관리를 지낸 사람이 외국인들을 돕기 위해 쉽게 할 수 있는 일이 아닙니다. 정부로부터 본인이 불이익을 당할 수도 있기 때문입니다. 이 편지가 근거가 되어 우리는 세금을 내지 않고 모든 것을 완전하게 마무리할 수 있게 되었습니다.

20년 동안 언어에 장애가 있고 생활 양식이 우리와는 너무 다른 중국에서, 누구 하나 우리를 이해하려는 사람이 없고 오직 자기들의 이익만 챙겨 가던 그곳에서도 주님은 이미 5년 전부터 전 당서기를 우리에게 보내 주셨습니다. 우리는 하나님이 그를 우리 병원에서 우리와 함께 지내며 저를 "형님"이라 부르며 일하게 하신 이유를 알고는 모두 감탄했습니다.

"특별히 하는 일 없이 밥만 먹는다"며 이해를 못하던 사람들도 있었지만, 저는 그분이 우선 사람이 좋고, 또 저와는 좋은 관계로 지냈으니 없는 것보다는 나을 것이라 판단하고 인간적인 대접을 다 했던 터였습니다. 그런 그분이 자신의 신분에 위협이 될 수도 있는 일을 서슴없이 해 주었고, 그 결과 우리는 큰 어려움에서 벗어나 아름답게 마감할 수 있었으니 참 다행이고 감사할 뿐입니다.

주님이 우리의 형편을 알고 미리 준비하게 하셨고, 같이 일하면서 언어 소통은 잘 안 되지만 마음과 마음으로 서로 형제처럼 지낼 수 있게 하셨으니 바로 '이때를 위함'입니다. 하나님이 우리와 함께하셨고 앞일을 준비해 주셨습니다. 저는 제가 하는 것이 아님을 분명하게 알고 있습니다.

이번에 UN의 제재에서 면제를 받게 된 것도 이처럼 신기하게 하나님이 가는 곳마다 하나님의 사람들을 준비하시어 얼굴 한 번 보지 못한 우리를, 오히려 그들이 우리를 돕기 위해 연락을 해서 올바른 길로 가도록 인도해 주게 하셨습니다. 그래서 사실 저는 정확하게 누구를 통해 어떻게 이 일이 이루어졌는지 잘 모릅니다. 그분들이 인도하는 대로 열심히 했을 뿐입니다. 그 나머지는 저는 모릅니다. 주님이 하셨습니다.

오늘부터 또 다른 산을 넘어야 합니다. 그러나 우리는 최선을 다할 것입니다. 우리가 하는 것이 아니고 주님이 하실 것을 믿기 때문입니다.

우리가 UN의 제재 면제를 받게 되자 어디서 알았는지 이름을 듣도 보도 못한 언론과 단체들에게서 연락이 왔습니다. 그때 '아, 우리가 이제 세계가 인정하는 세계 단체가 되었구나' 깨닫고 신기했습니다. 지난날의 수고를 주님이 이렇게 알아주시고 격려해 주시니 감사하며 또 감격합니다.

심지어 저는 미국의 큰 단체들이 어떻게 된 일인가 물어보면 "저도 모릅니다. 주님이 하셨습니다"라고 대답합니다. 그들은 서운하게 들을는지 모르지만, 제게는 그것이 사실입니다. 하나님이 오늘 저를 있게 하셨습니다. 그 은혜에 감격해 제 작은 믿음이 자라고 성숙하게 되기를 소원합니다. 그래서 저는 두려움도, 놀라는 일도 없습니다. 제가 원하는 한 가지는 제 믿음이 좀 더 자라서 참으로 주님이 저를 떠나지 않고 항상 동행하시는 축복이 이어지는 것입니다.

오늘은
참 좋은 날입니다

우리는 미국에서 네 번째로 UN의 제재 면제 허락을 받았습니다. 수 많은 굴지의 단체도 원하지만 아직도 허락이 되지 않았는데, 우리가 허락을 받은 후 국경없는의사회와 WFP(유엔세계식량계획) 같은 국제 재단들도 같은 허락을 받게 되었습니다. 우리 스스로가 그동안 변화 무쌍하고 어려운 조건과 환경 속에서도 긴 세월을 꾸준히 열심히 헌 신하고 노력한 것을 하나님이 칭찬하시고 인정해 주신 것이라 생각 하고 감사, 감격했습니다. 그래서 우리는 미국에서는 네 번째로 UN 제재 면제 허락을 받은 것은 물론, 세계적인 단체와 재단들의 대열에 동참하게 되었습니다.

그런데 비록 미국 대표가 UN 제재 면제 특별위원회 회원으로 참 가해 만장일치로 내린 결정인데도 미국은 자체의 허락을 또 받아야 하는 법을 제정했기에 우리는 다시 허락을 받아야 했습니다. 이 과 정은 너무 복잡해서 시간도 8개월 내지 1년이 넘어도 아직도 끝내지 못한 단체들이 있다는 것을 알게 되었고, 재정부와 FBI, CIA 같은 수 사 기관 등 10개가 넘는 미국 기관의 검사를 받아야 하고, 과거의 사 역을 일일이 따지고 검사해 잘못된 것과 법을 어긴 적이 있으면 수십 만 달러의 벌금까지 부과될 수 있다고 하니 걱정이 태산 같았습니다.

저는 1988년에 평양의 초청을 받고 1995년 평양제3병원을 건설

했으니, 30년이 넘는 긴 세월을 신앙에 목숨 걸고 인도적 지원과 사랑의 의료봉사로 여기까지 왔습니다. 그들의 안가에 불려가 심문도 받았고, 심지어 중국의 공안국에도 불려가 죄인 취급을 받기도 했고, 무엇보다도 제가 믿고 재정을 포함한 모든 것을 맡긴 사람에게 정보를 몽땅 빼앗기면서 맨손으로 다시 시작해야 하는 어려움을 겪으면서도 그래도 오뚜기처럼 다시 일어섰습니다.

그러나 이 모든 것은 2018년에 미국의 새로운 법이 생기기 훨씬 전이었습니다. 그전에는 우리가 북한을 방문할 때마다 중국에 있는 미국 영사관에 빠짐없이 보고를 하고 들어갔지만 아무런 제재가 없었습니다. 국무성에 연락하면 스스로 알아서 하라고만 할 뿐이었습니다. 그러나 지금은 미국 시민은 반드시 국무성의 일회성 특별 여권을 다시 받아야 하는데, 아무리 전화하고 메일을 보내도 아예 대답이 없습니다. 북한을 가지 말라는 뜻입니다.

그런데 오늘 우리는 미국 정부로부터 연락을 받았습니다. 1단계 재정부 검사는 3일 만에 다 끝났고, 모든 검열 과정이 2주일 전에 통과되었다고 합니다. 우리가 복잡한 서류를 완성하는 데 시간이 꽤 많이 걸렸지만, 가장 힘든 첫 관문이 일주일 만에 통과했고 다시 연이어 모든 과정이 끝나는 기적이 일어났습니다.

저와 아내, 그리고 국제본부 본부장 박수지 세 사람은 말없이 서로 쳐다보다가 드디어 감사와 감격의 눈물을 흘렸습니다. 이 과정이 통과된 것도 기적이지만, 사실 이것은 큰 문제가 아니었습니다. 기도

가운데 주님의 뜻이면 반드시 될 것이고, 주님의 뜻이 아니면 여기서 끝내고 더 계속하지 말라는 뜻으로 받아들이기로 마음을 결정했기 때문입니다. 그래서 마음은 걱정도 없고 평안했습니다.

그리고 우리도 최소 6개월 또는 1년까지 기다리려고 마음의 준비를 하고 있었는데, 주님은 당장 해결해 주셨습니다. 대북 사역을 하는 사람들에게 이것은 상상할 수 없는, 처음 있는 기적이라 믿습니다. 그래서 이제 코로나19만 해결되면 대대적인 인도적 지원, 평양제3병원 활성화와 여성암병원도 당장 시작할 것입니다. 그전에 지금 코로나19로 어려운 시기를 보내고 있는 어린이들과 임산부들을 위해 먼저 특별 영양제, 의약품, 그리고 코로나19 치료에 필요한 의료품들을 대형 컨테이너로 보낼 준비를 당장 시작할 것입니다.

제가 진심으로 감격했던 이유를 생각해 보았습니다.

첫째, 하나님으로부터 지난 32년간의 완전하고 확실한 재정과 우리 사역 전체에 대한 검사를 받았다는 것이 제일 감사합니다. 긴 세월 온갖 풍파를 거치며 오해와 시기, 그리고 배신을 당하면서도 두려웠던 것은 '하나님이 보시기에 나는 확실히 옳은 길로 가고 있나?'였습니다. 그러나 이제는 하나님이 미국 정부의 엄격한 전문가들의 검사를 받게 하시고 그들이 감동하고 인정을 해 주었으니 어깨에 지고 있던 무거운 짐을 내려놓은 것 같아 날아갈 듯 후련합니다.

둘째, 30년이 넘도록 동반자에서 동역자 역할을 묵묵히, 꾸준히 잘 감당하고 그 어떤 경우에도 제 곁에서 저를 격려하고 열심히 기도

하는 아내, SAM국제본부를 맡아 모든 것을 다 내려놓고 열심히 노력하고 우리 부부를 자기 몸보다 더 중요하게 돕는 박수지, 그리고 강경녀 본부장, 오성희 실장, SAM한국본부의 정석진 본부장, 현병두 팀장, 송옥경 대리, 그리고 우리를 위해 기도하시고 도와주시는 여러분들에게 좋고 신 나는 보고를 드릴 수 있는 것이 참 감사합니다. 그러나 이제부터는 더 바쁜 일들이 시작되었습니다. 이제는 코로나19만 끝나면 기다릴 필요도 없고, 당장 시작할 것입니다.

그때 그곳에도
계신 하나님

선지자 에스겔은 예루살렘 함락 전에는 회개를, 함락 후에는 하나님의 위로와 구원을 전했습니다. 성이 무너진 후에는 다시 회복될 것이며 "그 성읍의 이름을 여호와 삼마라 하리라"(겔 48:35)라고 말했습니다.

이스라엘 백성이 사로잡힌 지 25년째 되는 해, 예루살렘성이 함락된 후 14년째 되는 해 그날에 여호와의 권능이 에스겔에게 임하여 그를 데리고 이스라엘 땅으로 가셨습니다(겔 40:1). 하나님은 다시 일으켜 주겠다는 소망의 말씀을 주셨고, 그가 본 것을 이스라엘 족속에게 전하라고 말씀하셨습니다(겔 47장). 하나님이 백성들의 구원을 완성하실 내용과 회복될 그 땅에 대한 소망을 보여 주셨습니다. 그리고 이 완성된 하나님 나라의 성읍을 가리켜 '여호와 삼마, 하나님이 그곳에도 계신다'라고 지으라 하셨습니다. 이로써 하나님은 우리와 함께 보시고, 아시고, 미리 준비하신다는 큰 소망을 주셨습니다.

저는 3일 전에 메일 하나를 받았습니다. 메일을 보내신 분은 우리가 (구)단동병원에서 불법적으로 쫓겨나게 되었을 때 미국 영사관 총영사를 하던 분입니다. 중국 관리들이 계약을 무시하고 막무가내로 우리더러 나가라고 했습니다. 그 동네에 뉴타운이 건설되기 때문에 그곳에 살던 수백 가구의 농민들을 밀어냈는데, 여기에 우리의 병원 땅 전체가 포함된 것입니다. 아무리 계약서를 보여 주고 따져도 "여기는 중국이니 싫으면 떠나라"고 해 말이 통하지 않았습니다.

하도 답답해서 미국 영사관 총영사를 찾아가 우리의 형편을 설명하고 도울 수 있는 방법이 있겠느냐고 물었더니, 참 친절하게도 자기들이 할 수 있는 모든 일을 할 것이라며 큰 위로를 주었습니다. 그리고 중국 요녕성 성장과 북경 미국 대사관에 연락해 우리의 형편을 자세하게 설명해 주었습니다. 중국에서 모른 척하고 답도 없으니 어떻게 할 도리가 없었습니다. 총영사는 보통 2-3년 만에 또 다른 곳으로 옮기기 때문에 그분은 떠났고, 우리는 단동 시내에 (신)단동병원을 새롭게 건축했습니다. 후임으로 온 단동 위생국 국장이 과거 전임자들의 부정과 잘못을 듣고 알게 되어 그분의 도움으로 우리는 쫓겨나지 않고 그곳에서 20년 계약을 마칠 수 있었습니다.

단동병원이 겪었던 수난의 시기를 생각하면 두 분이 우리를 크게 도왔던 좋은 분들이심을 잊을 수가 없습니다. 총영사는 지금 어디에 있는지 모르지만, 추측하건대 미국 정부 어느 기관에서 근무하는 것 같습니다.

이번에 미국 제재 면제를 위해 우리 서류가 10개의 재정부와 FBI, CIA 등 수사 기관을 지나면서 그분도 이 사실을 알게 되어 제게 연락을 주었습니다. 제 이름을 기억하고 있었습니다. 하나님의 섭리는 정말 한 치의 오류도 없음을 믿습니다. 제가 알기 전에 하나님은 먼 훗날 오늘을 위해 준비하셨고, 그때 그곳에도 계셔서 그분들을 만나게 하셨고, 오늘을 준비해 주셨음을 믿습니다. 하나님은 제가 어디를 가서 무엇을 하든 여호와 삼마, 그곳에 계셔서 도움을 받게 하셨고, 그때뿐 아니라 먼 훗날까지 미리 보시고 준비하셨습니다.

제 20년(단동병원), 30년(평양제3병원) 사역은 많은 기적과 감동을 베풀어 주신 에벤에셀(여기까지 도우셨다) 하나님이 하셨습니다. 제가 아니라 하나님이 그곳에서 직접 하셨습니다. 그래서 우리는 새로운 확신을 가지고, 새로운 소망이 넘치는 소망으로 이어질 것입니다.

저도 미리 보지 못하고, 힘들어하고, 두려워하고, 어려워하며 좌절하던 때가 참 많았습니다. 그러나 하나님은 돌이켜 보게 하시고, 후에라도 알게 하시고, 제가 아니라 하나님이 하신 것임을 깨닫게 하시며, 항상 함께하심을 확신하게 하십니다. 이것이 제가 지금까지 사역을 하는 힘이요 이유입니다.

chapter 11

이름도,
빛도 없이
사명 길을 걷습니다

우리는 안 되고
외국 재단은 되고

햇볕정책

저는 1988년에 평양을 다녀와서 의료인으로서 동족들을 위해 할 수 있는 가장 급한 일은 의료로 도움을 주는 것이라 믿게 되었습니다. 1991년, 우리는 평양의 광복거리에 있는 500병상의 평양제3병원 건축과 개원에 최선을 다할 것을 약속하고 미국에서 모금을 했습니다. 그때 많은 사람이 "물건만 빼앗기고 이용당하는 것이다" 하며 걱정을 했습니다. "우리를 친북계로 삼으려는 계략에 우리가 넘어갔다"며 모함하는 자들도 있었습니다.

이런 수난은 제가 1995년 11월 22일 평양제3병원을 개원하고 외국인 의사로는 처음으로 개복 수술을 한 후 바로 출입금지를 당해 병원이 제 손으로부터 떠난 후 "결국은 그렇지", "우리가 무엇이라고 했느냐? 북한을 믿으면 안 된다"라는 비난으로 이어졌습니다.

이런 이들에게 1991년부터 제가 주장한 것이 《이솝우화》에 나오는 '해님과 바람의 내기'였습니다. 시골길을 걸어가는 한 촌 노인을 두고 바람이 먼저 해님에게 "우리 누가 먼저 저 노인의 두루마기를 벗기는지 내기합시다" 합니다. 해님이 그러라고 하자 내기가 시작됩니다. 그런데 바람이 아무리 쌩쌩 불고 또 불어도 노인은 두루마기를 벗기는커녕 더 꽁꽁 싸맵니다. 그때 해님이 빙그레 웃으면서 따스한 햇볕을 내려 주니 그 노인은 결국 두루마기를 벗었다는 이야기입니다.

이것이 제가 시작한 '햇볕정책'입니다. 그리고 이 이름이 김대중 대통령 시절에 '햇볕정책'(Sunshine Project)이라 그대로 이름 붙여 1998년 당시 정부에서 널리 사용했고, 지금까지도 하나의 대북정책으로 자리를 잡고 있습니다. 어떤 관리가 제 강의를 듣거나 제 책을 통해 접한 후 대통령까지 알게 되어 널리 사용된 것이라 추측합니다. 참 다행이라 생각했고, 한동안 '햇볕정책'이라는 말을 수없이 들을 때는 스스로 반갑고 또 한편으로는 서운했습니다.

병원이 세워졌지만, 그 당시 극도로 경직된 형편으로는 우리가 원하는 대로 환자들을 진료하기란 불가능하다는 것을 알게 되었습니다. 처음 공사를 시작할 때는 우리끼리 예배를 드리고 기도할 수 있는 특별 장소를 허락해 주겠다고 약속했지만, 이 일이 할 수 없는 일이라는 것은 수술을 집도하는 그날 바로 알게 되었습니다.

우리 병원이니 다른 것은 몰라도 순수한 사랑의 의료봉사는 얼마든지 할 수 있을 것이라 처음부터 생각하고 주장했던 것이 그들에게 얼마나 큰 부담을 주는지 미처 알지 못했습니다. 그때는 저도 젊었고 학교에서 학생들을 가르치는 일과 저를 찾아오는 환자들을 치료하고 돕는 일 외에는 세상 물정을 몰랐고, 사실 알려고도 하지 않았습니다. '병원을 지었으면 환자를 진료하는 것은 지극히 당연한 것'이라 저 스스로가 결론을 내린 것입니다. 좋게 생각하면 예수님이 주신 의사로서의 순수한 마음이고, 사실대로 말하면 열정만 있었지 세상 물정을 너무 몰라 지혜가 부족했습니다.

다행히 그래도 하나님이 불러 주시고, 다른 사람들이 생각하기 전에 비전을 갖게 하시고, 또 죽도록 충성하려는 힘과 마음을 주셔서 '선구자'라는 말도 듣게 하시니 감사할 뿐입니다. 이것이 제가 30년이 넘도록 환경에 상관없이 꾸준히 사역을 계속하는 이유입니다.

강을 건너 세계 선교로

저는 1966년 한국을 떠나기 전 부산 군수기지 사령부 군의관으로 있을 때 주말이면 서울 집까지 경부선 기차를 자주 타고 다녔습니다. 그때는 그 기차가 12시간이 걸렸기 때문에, 저는 오늘날 KTX와 같은 초고속 열차가 생길 것이라고는 생각도 못했습니다.

그런 저는 단동병원을 개원하고 압록강 철교를 왔다 갔다 하는 경의선 철도를 보면서 신의주와 평양, 서울로 가는 지름길에 관심을 갖게 되었습니다. 2004년부터 이 지역들이 1시간 내로 연결될 수 있다는 비전을 보게 되었습니다. 12시간이라는 긴 거리가 1시간으로 단축되리라는 것이 저 스스로도 믿기지 않았지만, 저는 가는 곳마다 이 비전을 간증했습니다.

조금은 허망한 것 같아 서울에 갔을 때 KTX를 직접 타 보기로 했습니다. 추운 겨울날 대전과 대구역에서 뜨거운 우동을 사서 맛있게 먹던 향수에 잔뜩 부풀었던 저는 크게 실망했습니다. 열차가 얼마나 빨리 달리는지, 역이고 우동 집이고 분간이 안 될 정도로 휙휙 지나가 버렸습니다. 그런데 놀랍게도 서울에서 부산까지 2시간 30분만에 도착한 것입니다. 12시간이 2시간 30분으로 줄었으니 놀랄 만한 일이지만, 제 비전이 현실로 다가오고 있음을 느끼고 온몸이 전율했습니다.

'와! 꿈이 이루어지는구나!'

2시간 30분도 대구와 부산의 선로가 완전히 개조되면 1시간대로 속도가 더 빨라진다는 소식에 깜짝 놀랐습니다. 그때부터 제 비전은 탄력을 받아 더 커지기 시작했습니다.

2년 전에 한국에서 다시 KTX를 타고 부산을 갔는데 이제는 1시간 40분이 걸렸습니다. 이것은 인간의 힘으로 되는 것이 아니고, 우리 민족을 사랑하시는 하나님의 원대한 마스터플랜 속에서 이루어지는 섭리임을 확신합니다.

지금 남북이 개통되고 서로 연결이 되는 최초의 사업이 경의선 철도입니다. 이미 모든 작업이 다 끝났고, 정치적인 합의가 되어 굳게 닫혀 있는 경의선 철문만 열면 서울에서 신의주는 당장이라도 열릴 수 있는 모든 준비가 끝났다고 합니다. 신의주에서 압록강 철교만 건너면 바로 단동입니다. 다시 말하면, 부산에서 서울이 1시간, 서울에서 신의주까지 1시간, 그러면 우리 조국 전체가 중국 대륙과 연결되는 것입니다. 그리고 기차로 계속 가면 베이징, 실크로드, 그리고 세계를 가로질러 갈 수 있음에 감탄했습니다.

그러면 일본이 가만히 있지 않을 것입니다. 바다로 터널을 뚫어 동경과 부산을 연결할 것이고, 중국에 도착한 이 열차는 바로 북경, 남경, 서안 등을 거쳐 실크로드로 연결될 것입니다.

이제 저와 함께 여행을 떠나 보세요! 동경에서 아침을 먹고, 1시간 만에 부산, 부산에서 서울, 서울에서 신의주에 도착해 단동병원에서 점심을 먹고, 다시 그 기차를 계속 타고 가면 실크로드로 연결되어 중동권을 거쳐 유라시아 대륙을 지납니다. 저녁은 파리에서 먹고, 도버해협을 지나 런던에서 밤참을 먹으면 전 세계가 경의선을 중심으로 하루 생활권으로 이어질 수 있습니다.

경의선이 열리면 유럽으로 가는 물류가 3배로 늘고, 비용은 4분의 1로 줄어든다고 합니다. 해상 수송으로 4주가 걸리던 것이 15일 이내로 단축된다고 하니, 비용은 절감되고 경쟁력은 향상되어 동북아뿐 아니라 전 세계의 경제 활성을 이끌어 가는 중요한 젖줄이 될 것입니다.

그 후 우리가 블라디보스토크 근처에서 진료실을 운영하며 의료봉사를 했던 곳이 경원선으로 이어지면 유라시아 대륙으로 가는 기차의 시작임을 알게 되었습니다. 우리 SAM재단의 궁극적인 목표는 말씀으로 하나가 된 우리 민족이 "강을 건너 세계 선교로"인데, 그때 이미 오래전부터 하나님이 유라시아와 실크로드를 통해 동서양 전 세계를 연결해 놓으셨다고 믿습니다. 그 기차로 10/40 창문(이곳에 복음이 들어가면 예수님이 다시 오실 것이라고 믿는 지역)을 따라 동서양을 건너 영국까지 연결되는 비전을 보았습니다. 그 시작이 경의선과 경원선 이 되는, 큰 선교적인 비전이 보입니다.

이 중요한 사실을 인식한 듯 한국 정부에서도 2013년 '유라시아 이니셔티브', '실크로드 익스프레스'라는 비전을 발표했고, 현 정권 에서도 대통령이 블라디보스토크에서 연설을 할 때 "런던까지 갈 수 있다"는 말을 하는 것을 듣고 깜짝 놀랐습니다. 그뿐 아니라 중 국의 주석도 지금 '일대일로'(一帶一路, One belt, One road)라는 정책으 로 온 세계를 하나로 묶어 '중국몽'이라는 야심찬 정책을 추진하고 있습니다. 20년이 넘은 제 비전과 기도가 이루어져 국가의 정책으 로 받아들여진 것을 스스로 고맙게 생각하고, 저는 제가 선구자적 인 안목을 가진 자라 스스로 감사합니다. 하나님이 주신 비전이라 고 믿습니다.

우리는 북한의 핵 문제, 이념 전쟁 등으로 통일에 대해 꽉 막힌 벽 에 작은 구멍을 발견하지도 못하고, 서로 전쟁의 위험 속에서 극한 대치를 하고 있습니다. 상호 간에 전연 신뢰 관계가 없는 이런 때에 이처럼 놀라운 경제적인 협력이라도 하루빨리 이루어져 이 일이 북한 주민이 잘 살고 또 신뢰 관계를 이루어 가는 초석이 되기를 소원합니다.

끊어진 민족의 동맥이 이어짐으로 남북 관계가 개선되고 균형적인 경제 발전을 할 수 있도록 서로의 협조가 꼭 필요한 시기입니다. 남북 모두가 민족의 100년 대계를 위해 통 큰 정치를 하루라도 속히 시작하기를 기대합니다.

RUTF(Ready to Use for Therapeutic Food)

김대중 정부 때 우리 국제본부에서 심각한 영양 부족 상태인 영유아와 임산부들을 위해 RUTF를 만들기로 하고, 국제본부가 유니세프와 연결해 우리 자체 응급영양식품을 만들었습니다.

처음에는 단둥에다 식품 공장을 설립하고 모든 기계를 장치해 우리가 직접 제품을 만들었지만, 결국 완전무결하게 세균을 막지 못해 중단했습니다. 그리고 이보다 작은 형태의 같은 공장을 평양에도 설립하고 그 재료를 1년 넘게 계속해서 공급했지만, 우리가 원하는 분배 투명성을 확인할 수 없어 중단했습니다.

우리 국제팀에서 우리가 직접 생산한 SAM RUTF를 보내고 박수지 국제본부 본부장과 그 팀들이 3개월을 연달아 북한에 들어가 총 70명의 어린아이들을 치료했습니다. 북한 관리들은 처음에는 모두 영양 상태가 비교적 좋은 아이들을 선택해 데리고 왔습니다. 하지만 우리가 거절하고 나오려 하니 그제야 우리의 치료가 필요한 아이들을 데리고 왔습니다.

원래 RUTF의 대상은 5세 미만의 극심한 영양 부족인 아이들, 의학적으로 말하면 '제3단계 영양실조'(Negative 3 Zone)로 한 달 이내에 응급 치료를 받지 못하면 생명이 위험할 수 있는 아이들입니다. 이렇게 3개월을 치료한 후 그 결과에 모두 놀랐습니다. 70명 중 64명이 모두 건강한 아이들로 완쾌되었기 때문입니다.

이 놀라운 영양식품을 가급적이면 더 많이 보내서 생명을 살려야겠다는 마음으로 한국 통일부 차관을 만났습니다. RUTF를 자세히 설명하고 모든 자료를 넘겨주었습니다. 그리고 우리 의료진들이 북한 내에서 아이들을 3개월간 직접 치료하고 증명한 놀라운 치료 결과도 보고했습니다.

그 후 아무런 연락도 없어서 잊어버리고 수개월이 지났습니다. 일간 신문에 대통령 부인이 어린아이 돕기 운동을 시작하면서 응급영양치료식품을 위해 600만 달러를 유니세프에 기증한다는 기사가 나왔습니다.

우리의 아이디어에서 나온 우리 땅에서 만든 한국산은 안 되고, 꼭 외국 단체만이 할 수 있는지 잘 이해가 되지 않았습니다. 또 한국 관리들의 안목과 다른 사람의 아이디어를 남용해 자기들의 것으로 윗사람에게 보고하는 그들의 사고방식에 허탈함을 느꼈습니다. 꼭 우리만 이 일을 해야 되는 것은 아닙니다. 정부와 서로 힘을 합치거나, 아니면 정부가 우리를 도와 힘을 실어 주거나, 그것도 아니면 최소한의 예의를 지켜 솔직히 자기들이 다 할 것이니 이 일을 달라고 하든지 해야 합니다. 지금까지도 그때의 일은 이해가 안 되고 아쉬움이 남아 있습니다.

2015년에도 우리는 미국에서 응급식량 컨테이너 2개와 약품 한 컨테이너, 총 시가 1,100만 달러 상당의 구호품을 미국 정부의 허가를 받고 북한으로 보냈습니다. 정치와 군사를 떠나서 한 민족의 마음을 얻고 그들의 마음이 열리면 민심이 천심이고 천심은 하나님의 뜻임을 믿기 때문입니다.

민족을 사랑하고 나라를 걱정해 조금이라도 도움이 되기를 원하는 우리는 안 되고, 국제기관만 되는 정치적인 이유가 있을 수 있습니다. 그러나 매번 아이디어는 가져가고, 우리는 뒷전에 밀려 우리가 하고자 하는 일을 오히려 방해만 한다면 이것은 옳지 않습니다.

복잡한 국제 관계로 국제 문제가 민감한 시기에 국가가 나서서 인도적 지원을 세상에 알리는 것은 큰 실수가 되어 어려움으로 이어질 수 있습니다. 이때 수십 년을 한결같이 앞만 보고 달려온 우리와 같은 NGO를 통해 그 뜻을 이루는 현명한 방법도 있음을 알아야 합니다. 많은 기도가 필요한 때입니다.

그 땅에 외치는 자가
되게 하옵소서

우리는 지금 압록강 상류를 향해 강변을 따라 작은 통통배를 타고 올라갑니다. 올라갈수록 강물은 넓어지고 물결이 뭉쳐 돌아가며 뱃길을 막으려고 내려칩니다. 물결이 세면 셀수록 작은 통통배는 마치 산소가 부족해 숨이 가빠져 헛기침하는 모습을 연상하듯 통통 엔진 소리가 갈라진 쉿소리 같아 우리의 숨도 힘들어지게 합니다. 이것을 아는 듯 선장도 일어났다 앉았다를 반복하며 헛기침을 합니다. 우리를 찾아온 방문팀들의 감탄의 소리, 아쉬워하는 소리가 희미하게 들리기 시작합니다.

"한 발짝만 뛰면 우리의 땅, 나의 살던 고향 땅인데."

그러면서 저는 저대로 깊은 묵상에 빠집니다. 손에 닿을 듯한 맞은편 북한의 강변도로가 파란 수목들과 강물 사이를 갈라놓듯이 절벽 위에 길게 늘어져 있습니다. 힘겹게 큼직한 짐을 이고 걸어가는 여인의 모습은 갈 길이 아직도 멀어 보이고 자전거를 타고 그 앞을 질러가는 사람을 향해 부러워하는 눈길을 보냅니다. 총을 메고 뛰는 군인도, 쟁기를 메고 힘없이 걸어가는 농부도 있습니다.

그전보다는 걷는 사람도, 뛰는 사람도 많아져 모처럼 내리는 단비를 놓칠세라 바쁘게 움직이는 모습이 고향의 향기를 물씬 느끼게 합니다. 저는 활짝 핀 고향의 진달래를 그려 보며 그 품으로 빨려 들어

갑니다. 언젠가는 이 길도 강변도로가 되어 그 위로 관광버스가 달릴 것을 상상해 봅니다. 마치 그 맞은편의, 하루가 다르게 뻗어 나가는 중국 강변도로처럼 말입니다.

강가의 절벽에서도 활짝 퍼진 높은 머리를 내밀고 주변의 무성한 잡초들을 거느린 제왕처럼 물먹은 나무들이 먼 곳에서 찾아온 이방인의 흥분된 가슴을 쓰다듬어 주듯이 머리를 숙여 인사를 합니다.

'아, 이것이 나의 고향 땅, 바로 우리 조국의 땅이구나!'

그래도 고향의 산천만은 예나 지금이나 변함이 없습니다.

45도도 더 되는 높은 경사 끝에 이부자락만 한 밭을 갈고 심어 놓은 옥수수나무를 보며, 물결을 헤치고 거슬러 올라가는 힘든 배의 엔진만큼이나 제 마음도 무거워집니다. 저기서 어떻게 사람들이 서서 밭을 이루었고, 물을 대고, 옥수수를 심고…. 그 맞은편 중국 땅의 바다처럼 넓고 평평한 시퍼런 옥수수 밭과 비교를 하면 더 답답해집니다. 저 옥수수가 하루속히 풍성한 열매를 맺어 그들의 배고픔을 채워 주기를 소원합니다.

수풍댐이 가까워지니 큰 공장들이 있었던 흔적들이 보입니다. 오래전부터 연기가 멈춰 버린 큰 굴뚝들은 흉물처럼 서서 키 자랑만 하고 공장은 이제 뼈대만 남아 구멍 뚫린 채 하늘을 향해 힘겹게 서 있습니다. "일심단결"이란 간판이 빛을 잃은 채 예전의 호황을 대변해 줍니다.

그 앞의 작은 배에서 작업을 하던 3명의 군인들이, 사진기를 들여

대는 우리 사람들에게 총을 겨누며 소리를 지릅니다. 잠시나마 잊고 있었던 민족의 아픔에 소스라쳐 놀라는 저에게 '이것이 현실'임을 알려 줍니다. 이것이 바로 우리가 여기에 있는 이유임을 다시 알게 했습니다.

다시 평지가 열리고 평화스럽게만 보이는 마을이 나옵니다. 온통 산으로 둘러싸여 세상과는 등지고 사는 조용한 시골 마을 말입니다. 그곳에도 "○○○ 수령 혁명 만세"라고 크게 걸려 있는 대형 글판을 보고 겉으로 보기와는 달리 여기서도 숱한 말 못 할 사정들이 제 가슴을 두들깁니다.

"말씀대로 일어나서 하룻길을 행하며 외쳐 니느웨 전체를 회개시킨 요나처럼 사랑하시는 종들을 들어 써 주소서. 외치는 자들이 되게 하옵소서."

우리의 생명 살리기가
좋은 열매 맺기를

제가 중국의 강변을 다니며 팀들과 함께 의료봉사를 시작한 것은 1997년입니다. 한국과 미국에서 봉사자들이 바쁜 일과 중에도 틈을 내어 1-2주씩 우리와 봉사자들과 함께 의료봉사를 다녔습니다. 산속에서 세상과는 동떨어져 살아가는 사람들은 세상이 그리워, 두고 온 고향의 부모님이 그리워 눈물로 하루하루를 살아갑니다. 그들에게 두꺼운 겨울 외투를 입혀 주면 우리의 손을 꼭 잡고 눈물을 뚝뚝 떨어뜨립니다. 그 모습을 보는 우리도 같이 웁니다.

이 사역은 단동병원이 설립되어 병원 진료와 사랑방 사역을 하면서 계속되었습니다. 깊은 백두산 산골짝에서 서 버린 깜깜한 버스 안에서 두려워 떨기도 했고, 산속을 헤매느라 하루 종일 굶기도 했습니다. 그래도 가는 곳마다 200-300명의 시골 사람들을 진료하며 사랑의 의료봉사를 했습니다. 이렇게 강변 봉사는 해를 더할수록 늘어 압록강, 두만강을 따라 하산을 거쳐 러시아 블라디보스토크와 우수리스크까지 다니며 그곳에도 우리의 진료실을 세우고 사역자를 보내 봉사를 계속했습니다.

우수리스크 강변 사역: 시베리아 벌판의 기적(1999-2003년)

우리는 시베리아 땅은 황폐하고 추워 버려진 땅으로 오해하고 있습니다. 그러나 그곳은 풍부한 천연자원과 광활한 평지로 현대의 기술과 접목되어 개발이 되면 엄청나게 발달할 것입니다. 이곳은 블라디보스토크에서 속초항까지 300km가 조금 넘는 뱃길로 연결이 되고, 경원선을 타고 가면 유라시아 대륙으로 연결되는 곳입니다.

이 땅을 한국의 기술력으로 잘 개발하면 장차 통일된 한국의 먹거리가 해결되고, 특히 북한 동포들에게 큰 도움이 될 수 있을 것입니다. 이 경원선은 경의선과 함께 세계 선교를 감당하는 귀중한 통로가 될 수 있다는 가능성을 보았습니다.

그런데 이곳은 우리 민족의 가슴 아픈 역사가 있습니다. 이곳에는 50만 명이나 되는 고려인(카레이스키)들이 살고 있습니다. 옛 소련 시대에 이오시프 스탈린(Joseph Stalin)이 추운 겨울날 이곳에 있는 고려인들 30만 명을 강제적으로 중앙아시아(지금의 우즈베키스탄, 카자흐스탄, 키르기스스탄 등)로 기차에 실어 보내는 동안 10만 명이 생명을 잃었다고 합니다. 그곳에서 그래도 강한 생활력으로 3-4대째 자리를 잡고 살아갔는데, 구소련 연방이 붕괴되면서 이 국가들이 모두 독립을 하고 내부 갈등과 폭동이 일어나 배척을 당하고 쫓겨나고 말았습니다. 그들은 조상이 살다가 떠난 연해주가 자신들의 고향이라며 다시 돌아왔지만, 아무 곳에서도 환영을 받지 못해 어려운 처지가 되었습니다.

길 골목 구석에 담요를 쓰고 모여 있는 가족들, 군인들이 쓰다 버리고 간 지붕도 없는 막사에서 보기에도 민망한 힘든 삶을 살아가는 노인들, 이들 모두가 우리의 동족들입니다. 간도와 연해주는 옛날 우리의 발해 왕국이 있던 곳으로 사실은 우리의 땅이지만, 일제 강점기에 일본이 소련과 중국에 넘겨준 땅입니다. 여기에 복음이 들어간 것입니다. 비록 육신은 춥고 배고픈 현실이지만, 그들에게 유일한 안식은 영적 은혜임을 알고 하나님의 자녀들이 늘어나고 있습니다.

안나 집사라는 고려인을 중심으로 작은 교회를 세웠고, 매년 1-2회 의료봉사를 다녔습니다. 마침 서울에서 블라디보스토크 직항 항공편이 생겼고, 다시 2시간을 자동차로 가서 그 교회에서 봉사하고, 7-8시간을 광야와 같은 길을 달려 당시 소련 국경에 와서 출국 검사를 받고, 다시 중국 국경에서 입국 수속을 받고 2시간 걸려 연길로 와서 23시간 걸리는 기차로 단동으로 들어오는 대장정의 봉사를 했습니다. 당시 소련 국경에 서 있던 완전 무장한 군인들의 무서운 눈매는 지금 생각해도 스릴이 넘칩니다.

그러나 그때는 참으로 신 나고 재미있게 한 팀이 10-20명씩 함께 다니며 집회도 하고 감동도 많이 받았습니다. 집회를 하면 소련 사람, 고려인 할 것 없이 1,000-2,000명씩 모여 같이 손들고 찬양하고 통성으로 기도하면서 "아민"(아멘)과 "알렐루야"(할렐루야)를 외치며 눈물바다가 되는 뜨거운 기적이 수없이 일어났습니다.

그리고 그들이 중심이 되어서 기회가 될 때마다 북한에서 나온 약 3만 명으로 추정되는 벌목공들과 노동자들에게 따뜻한 된장국과 밥을 나누어 주면서, 주는 사람과 받는 사람이 함께 울었습니다.

소련 군인들은 며칠 동안 기차를 타고 오며 주먹밥 같은 것을 잘못 먹고 배탈이 나서 설사를 만나 기차가 도착하면 뛰어내려 급히 아무 데서나 볼일을 보는 사람들을 사정없이 회초리로 내려쳤습니다. 그들에게 따스한 된장국을 손에 쥐어 주면 처음에는 주위를 살피느라 주춤하다가 눈물을 흘리면서 먹습니다. 여기에 우리는 진료실을 열고 한 분의 동역자를 파견해 지속적인 의료봉사를 하다가 오래가지 못하고 결국은 쫓겨났습니다. 그 후 단동병원이 설립되고 너무 바빠져 그 먼 거리를 다시 갈 수 없게 되었지만, 아직도 연해주 사역은 반드시 우리가 해야 할 사역임을 믿습니다.

놀라운 하나님의 섭리

어제 우리 사무실에는 J 목사님이 방문했습니다. 오랜만에 재미있게 옛날이야기를 하면서 "그때는 그랬지" 하며 즐거운 시간을 보냈습니다. 그분은 우리가 단동병원을 개원한 직후에 사역자로 와서 간호부장을 맡아 중국 간호사들에게 예쁜 간호사복을 만들어 주었고, 또 열심히 훈련과 교육을 시켜서 그들 스스로 그 사역이 얼마나 귀한지 깨닫도록 했습니다. 젊은 여성 의료 선교사로, 한국 병원에서 간호부장을 했던 경험으로 단동병원 초창기에 큰 역할을 했습니다. 성격이 쾌활해서 같이하면 시간 가는 줄 몰라 사역자들과 중국 직원들까지 모두 웃음꽃이 피곤 했습니다.

그러던 그분은 단동병원을 떠나 심양에 있는 우리 사랑병원으로 갔다가 중단하고 신학 공부를 해 목사가 되었고, 그 후부터는 교단 파송으로 중국 오지에서 거의 10년을 잘 사역하다가 현장의 어려움 때문에 계속할 수 없게 되자 중국을 떠났다는 소식을 들었습니다. 마치 우리 식구를 잃어버린 것 같아 서운했는데 갑자기 우리를 찾아온 것입니다.

J 목사님의 명랑한 웃음으로 우리는 시간 가는 줄 몰랐습니다. 아울러 그분의 어머니가 단동병원에 와서 며칠을 입원했는데, 그때부

터 빠지지 않고 우리를 위해 기도하시고 아침에 눈만 뜨면 우리를 위해 자동적으로 기도하신다는 소식을 전해 주었습니다. J 목사님은 지금 우수리스크에 있다면서 그동안 그곳을 까맣게 잊고 있던 제게 그곳 이야기를 한참 재미있게 들려주었습니다.

1997년에 북한에서 출입금지를 당하고 더 이상 사역을 할 수 없게 되자 이 힘든 사역을 다시 하지 않아도 된다는 생각에 오히려 기뻤습니다. 병원을 세우고 10년 동안 인도적 지원을 하느라 모든 어려움을 감수하고 달려가다 보니 육신이 지쳤습니다. 그때는 아직도 제가 학교에서 강의도 하고 있을 때라 젊은 열정으로 감당했지만, 세계를 다니며 모금하는 일은 하면 할수록 힘들었고, 또 솔직히 녹록지 않은 현실에 부닥쳐 지치기 시작했습니다. 12시간 장거리 비행 후 미국으로 돌아와서 그다음 날 이미 잡힌 스케줄에 따라 수술을 하면서 바쁜 나날을 보내야 했습니다. 그 고단한 삶을 더 계속할 수는 없었습니다.

그럴 때에 같이하던 어떤 동역자들이 저를 모함하고 제 설교와 강의를 녹음해 북한 관리들에게 고자질을 하고 "그는 예수쟁이며 포교를 하고 남쪽의 권력 기관과 연결되어 있다"는 거짓 정보를 주면서 저는 북한 관리들의 적이 되었습니다. 저는 출입금지가 지친 상태의 저를 살려 주시는 하나님의 은혜라 생각하고 하나님이 스스로 돌이켜 볼 수 있는 시간을 주신 것이라 믿으니 오히려 기뻤습니다.

드디어 모든 것을 내려놓고 신 나서 재미있게 살 것이라 믿었던 저는 압록강, 두만강에 있는 우리 동포들과 조선족들을 위해 제네바의 UN본부를 다녀온 후 강변 사역을 다시 시작했습니다. 그때 강변 사역은 육신은 힘들고 피곤했지만 마음만은 신 났습니다. 강변을 따라가다가 백두산 주위와 그 아래 동네들을 찾아갔습니다. 그때는 전철도 없고 길도 없어 돌짝밭을 헤매며 많은 환자를 만나 진료했는데, 매일 아침 모여서 새벽 예배를 드리며 오히려 우리가 감격해 울고 그들의 손을 잡고 기도하면서 즐겁게 다녔습니다. 그러면서 지역을 확장하다 보니 두만강 끝자락을 지나 러시아 블라디보스토크와 우수리스크까지 가게 되었던 것입니다.

블라디보스토크에 진료실을 열고 고려인들을 치료하다가 결국은 소련 경찰에게 쫓겨나 그쪽 사역을 접었습니다. 우리는 고려인들, 가정교회, 그리고 현지 병원과 함께 병원을 하려다가 그 병원 원장이 마피아임을 알게 되었습니다. 마피아 단원인 부시장 4명이 저를 찾아와서 큰돈을 벌게 해 줄 테니 자기들을 좀 도와 미국과 한국에서 헌 자동차, 옷 등을 모아 보내 달라고 했습니다. 저는 그 말을 듣고 그곳 형편을 알게 되어 모든 것을 포기했습니다. 그때 그 일을 지금도 잊을 수 없습니다.

그런데 J 목사님이 우리를 찾아와서 이야기한 첫마디가 "원장님은 선구자세요. 그래서 장로님을 늘 생각하고 있습니다"가 아닙니까. 그러면서 "원장님을 위해 하루도 빠짐없이 기도하는 것 아시죠?" 하자 감회가 새로웠습니다. 그리고 그분은 자기 이야기를 꺼냈습니다.

자신은 현지에서 나와서 지금은 우수리스크에서 새로운 사역을 시작했다는 것입니다. 제가 20여 년 전에 개척한 그곳에서 다시 사역하게 되니 이 사실을 저에게 꼭 알려 주고 싶었고, 이미 오래전에 그곳의 길을 갔던 제가 잊을 수 없었다고 했습니다. 그때 저는 하나님의 섭리가 참 놀랍다는 생각에 빠져들었습니다.

주님이 인도해 가십니다

우리도 J 목사님을 처음 만난 날부터 꾸준히 지켜보았고, 그 어려운 지역에서 핍박 가운데서도 묵묵히, 그리고 현명하게 거의 10년이 넘도록 교회를 지켜 온 그분이 항상 대견해 궁금하던 참에 우수리스크로 다시 연결되면서 '혹시 여기에 예수님의 큰 의지가 있는 것인가?' 하며 흥분이 되었습니다.

하나님은 20여 년 전 우리를 우수리스크로 인도하셨고, 우리는 열정적으로 봉사와 사역을 감당했습니다. 단동병원에 모든 열정을 다 쏟았지만, 지난 2-3년은 너무 힘들었습니다. 그래도 하나님이 하신 계약 20년을 완전히 끝까지 마치게 하셨습니다. 이제 다시 고려인들과 그곳의 수많은 북한 동포를 지원하고 복음 사역을 하며, 결국은 우리 민족이 복음으로 하나가 되게 하시는 주님의 인도하심을 보는 것 같아, 그 가운데 크신 하나님의 섭리가 있음을 알게 되자 가슴이 뛰었습니다.

우리가 연해주를 다니던 때에는 블라디보스토크에 이미 교회가 있었는데, 그 교회는 당시 소련 사람들을 위해 한국 목사님이 개척한 교회였습니다. 제가 그들에게 말씀을 전할 때 그들은 통역이 끝날 때마다 "아민"(아멘)으로 답했습니다. 그곳은 지인들이나 학교와 연결되어 여러 곳에서 의료봉사 요청을 받고 열심히 돌보아서 큰 호응을 얻었습니다. 그곳에 2-3명의 한국인 선교사가 있었지만, 블라디보스토크는 치안이 너무 위험해 강도들이 많아 밤에 잘 때는 총을 머리맡에 둔다며 불안한 마음을 하소연해 마음이 아팠습니다.

마피아가 그 지역을 차지하고 있다는 말을 들은 우리는 근처 다른 지역을 찾다가 안나 집사를 만나 1시간 거리 떨어진 시골 마을인 우수리스크로 사역 대상을 옮기게 되었습니다. 그때 이미 하바로브스키에서는 한국인 의료 선교사 부부가 순교했다는 뉴스가 언론에 크게 보도되었습니다.

그때도 이미 북한의 노동자들이 그곳에 와서 건설 현장에서 일하고 있었고, 또 3,000명으로 추정되는 벌목공들이 일을 하고 있었습니다. 하지만 그들은 혹 길에서 우리를 만나면 모두 피했고 인사를 해도 돌아서 버렸습니다. 그러나 한편으로는 중요한 선교지임이 틀림없었습니다. 그곳에는 50만의 고려인들이 어렵게 살고 있었기 때문입니다.

그들의 상황이 참 딱해 도움이 절실하게 필요했습니다. 특히 추운 겨울에는 노인들이 당시 소련 군인들이 쓰다 버리고 간 군인 막사에서 살아갔는데 지붕에 큰 구멍이 나서 비나 눈이 새어 물바다가 되기

일쑤였고 먹거리가 없었습니다. 우리가 그들에게 의복과 쌀 한 포대를 주자 눈물을 흘리며 고마워했습니다.

그런데 이제는 이 지역에 교회도 여러 개가 생겼고 한국에서 여러 선교사들이 파송되어 사역을 하고 있다고 합니다. 그리고 지금은 한국에서 블라디보스토크 여행 붐이 일어나 하루에 많을 때는 10편의 국적 비행기가 왕복을 할 정도라고 합니다. 원래 블라디보스토크는 구소련의 유일한 바다를 소유해 최대 소련 해군 기지가 있었습니다. 그래서 바다를 내려다보는 풍경이 아름답고 해산물, 특히 킹크랩이 특산물입니다.

시베리아 벌판은 겨울이면 너무 추워 사람이 살기 어렵지만, 그 넓은 지역에 양배추를 재배하고 갈아 밭을 만들면 우리나라 사람들의 먹거리에 큰 도움이 될 것입니다. 연해주에서 한국의 강릉까지 약 3시간 걸린다고 하니 국가 간에 잘 협의해 부족한 땅을 개발한다면 큰 도움이 될 것이라 믿습니다. 무엇보다도 중요한 것은 이 지역에는 독립투사들의 후손들이 모여 산다는 것입니다. 그들의 생활력과 조국을 잊지 못하는 향수를 보면, 그 어느 땅보다도 우리가 신앙을 꼭 전하고 잘 살 수 있도록 도와야 하는 곳입니다.

이것이 우리가 연해주에 관심을 가졌던 이유입니다. 그런 제 꿈은 단동병원 하나만도 감당하기 어려운 20년이라는 긴 세월을 보내면서 잊었다가 오늘 J 목사님의 방문을 통해 다시 살아났습니다. 지금 특히 남북 관계, 북미 관계가 우리가 기대했던 것보다 더 복잡하고,

진전되지 못하고, 오히려 더 악화되어 가고 있고, 국제 정치와 여러 곳에서 일어나고 있는 충돌은 더욱 복잡해지고 있습니다. 이것이 제가 더욱 우수리스크 사역을 생각해 보는 이유입니다. J 목사님은 그곳에 시설을 세워 봉사와 사역을 할 계획인데, 주님이 인도하실 미래를 기도합니다. 주님의 뜻대로 하옵소서.

단지 나는
시작했을 뿐입니다

근래 우리 사무실에 목사 선교사님 두 분이 저를 찾아왔습니다. 자기들의 사역을 설명하며 북한 선교를 어떻게 할지 모르던 시절 제 소식을 듣고 기도했고, 지금은 연해주에서 교회를 설립해 북한에 농작물 씨를 보내 농업 발전을 위해 열심히 봉사하는 사람들이라고 소개했습니다. 그러면서 이렇게 말했습니다.

"장로님은 많은 사람에게 길을 보여 주셨습니다. 특별히 이것은 우리 민족이 반드시 해야 하는 사명임을 가르쳐 주셨습니다. 장로님은 선구자이십니다."

뜻하지 않은 칭찬에 갑자기 지난 30여 년간의 사역이 제 눈앞에 영화 필름처럼 지나가며 한동안 깊은 감회에 빠졌습니다. 긴 세월 동안 저와 우리 가족은 목숨 걸고 충성했습니다. 실망도 하고, 핍박도 받고, 배신도 당하면서 뼈를 깎는 고통을 겪었습니다. 육신의 연약함으로 힘든 시간을 보냈지만 그래도 지금까지 중단하지 않고, 특히 이제 큰딸 수지가 같은 길을 걸으며 이어 가는 이유는 오직 하나, 예수님의 사랑과 은혜 때문입니다.

1988년 남들이 생각하지도 못하던 시절, 저는 북한의 초청을 받게 되었고 평양을 방문했습니다. 하나님은 북한에서 제가 큰 도전을 받게 하셨고 병원을 건설하게 인도하셨습니다. 불가능한 것 같았지만 한국 내 교회들에게 신선한 충격과 도전을 주었고, 이것이 평양제3병원을 완성할 수 있었던 힘이었습니다.

그 후 우리는 압록강 강변 의료봉사를 하면서 용정에 있는 일송정에 갔습니다. 우리의 선조들은 빼앗긴 나라를 되찾아 독립하기 위해 일제의 눈을 피해 산꼭대기에 모여 밤을 새웠습니다. 그들이야말로 참 선구자입니다. 그곳에 푸른 솔은 일제가 잘라 버렸지만, 해란강을 보며 말 달리던 선구자들의 꿈은 포기할 수 없었습니다.

일송정 꼭대기에서 까마득하게 발 아래로 내려다보이는 해란강은 지금도 우리에게 그때의 선구자들이 가졌던 뜨거운 마음을 굽이굽이 펼쳐 보이듯 속삭입니다. 그들이 말 타고 달리던 넓은 땅이 제 마음을 뜨겁게 하고, 이 답답한 세상, 자기만 알고 희생과 섬김에는 메마른 세상을 살아가는 우리를 부끄럽게 만듭니다.

저 같은 사람이 선구자라고 생각해 본 적도 없습니다. 그러나 교회와 국가가 포기한 채 엄두도 내지 못할 때 하나님은 저를 부르셨고, 저는 우리 동족의 평화와 하나 됨을 외쳤습니다. 많은 젊은이가 제 30년 헌신으로 조금이라도 도전을 받는다면 그 이상 바랄 것이 없습니다.

《사랑의 왕진가방》이 출판된 후 많은 사람이 제게 칭찬을 해 주었습니다.

"무조건 반대만을 했던 것을 후회하고 왜 동족들의 생명과 영혼을 구원해야 하는지 알게 되어 참 감사합니다."

"계란으로 바위를 치는 것처럼 불가능하리라 생각했는데, 이 일은 우리가 마땅히 해야 하고, 우리 힘이 아니라 하나님이 하실 것을 믿고 우리는 묵묵히 최선을 다해야 한다는 사실을 알게 되었습니다."

"제 이기적인 마음으로 들어도 못 들은 척 잊어버리고 살았는데, 이 잘못된 생각을 깨우쳐 주셔서 감사합니다. 그리고 이제부터는 열심히 기도하겠습니다."

다짐하는 사람들이 많아 저 스스로도 놀랍고 감동했습니다. 제가 선구자가 될 수 있냐, 없냐는 문제가 아닙니다. 누구보다 먼저, 아무도 생각하지 못했던 때에 이 사역을 시작해 많은 사람에게 그 가능성과 도전을 주었다는 것이 스스로 대견하고 감사할 뿐입니다. 이제 젊은 사람들이 나서서 한국은 물론 미국 사람들에게도 이를 알려 국제적으로도 큰 호응을 받고 있다는 것이 하나님이 기뻐 받으시는 증표입니다.

우리 모두가
선구자입니다

두만강 건너 만주 벌판에 독립운동의 본부였던 용정촌의 용두레 우
물이 해란강의 한 근원이 되고, 이 강을 건너는 다리가 용문교입니
다. 우리는 사역 초창기에 나진 선봉에 의료봉사를 갔다가 나오면서
이곳을 찾았고, 비암산 정상에 있는 일송정을 보면서 잃어버린 나라
를 다시 찾기 위해 모였던 애국지사들이 일본 경찰의 눈을 피해 깜깜
한 밤에만 모여 "조국의 독립을 위해 같이 죽고 같이 살자"는 맹세를
했던 그곳에서 큰 감동을 받았습니다.

그곳에 높은 소나무 한 그루가 있었는데, 독야청청한 모습이 독립
운동의 상징이 되어 일본 경찰들이 고사시켜 없애 버렸습니다. 하지
만 1991년 한국 국민의 후원으로 소나무가 심겨 복원되었습니다. 그
높은 정상에 서서 발 아래로 멀리 내려다보이는 까마득한 해란강 줄
기와 개미보다도 더 작게 보이는 사람들의 살아가는 모습을 보면서
"선구자" 노래를 목이 터져라 불렀습니다.

그 선구자들은 대통령도, 국회의원도, 장관도, 더욱이 장군도 아
닌 평범한 조선 사람들로, 나라를 살리고 독립을 찾기 위해 자기의
목숨을 바친 사람들입니다. 그들은 정당도, 계파도, 더욱이 권력도,
고급 자가용도 없이 나라를 다시 찾겠다는 생각으로 모인 참된 선구
자들이었습니다. 새로운 길을 찾아 그것에 목숨을 바쳤던 그들이 있

었기에 오늘 우리가 있을 수 있습니다. 그들이 가졌던 것은 나라 사랑을 위해 뜨거운 마음으로 동지가 된 것뿐이었습니다.

여기에는 또 윤동주 시인이 다녔던 중학교와 기념관이 있습니다. 일제 강점기에 짧은 인생을 살았던 그는 어둔 시절과 가난 속에서 인간의 삶과 일제의 억압 아래 살아가는 조국의 슬픈 현실에 그 나름대로 해법을 제시한 시들을 남겼습니다. 다음은 윤동주 시인의 "서시"입니다.

"죽는 날까지 하늘을 우러러 / 한 점 부끄럼이 없기를, / 잎새에 이는 바람에도 / 나는 괴로워했다. / 별을 노래하는 마음으로 / 모든 죽어 가는 것을 사랑해야지 / 그리고 나한테 주어진 길을 / 걸어가야겠다. / 오늘 밤에도 별이 바람에 스치운다."

이 시에서 '모든 죽어 가는 것'은 핍박받는 민족을 뜻한다고 합니다. 자기 스스로에게 엄격했던 그는 잎새에 스치는 바람에도 괴로워했고, 힘들게 죽어 가는 모든 불쌍한 것에게 사랑을 베풀며 자신에게 주어진 사명을 감당할 것이며, 누가 뭐래도 변하지 않는 것은 하나님의 진리요 그분의 뜻임을 절절히 노래했습니다. 윤동주 시인의 서정시는 우리를 부끄럽게 합니다.

이렇게 이름도, 빛도 없이 스스로 모든 것을 내려놓고 목숨 바쳐 민족을 위해 본을 보이는 사람들이 많이 나올 때에 세상은 변할 것이고, 좋은 국가가 될 것입니다. 나라와 백성을 섬기는 리더들, 국가와 민족을 위하여 기도하는 믿음의 사람들, 그리고 이런 사람들을 올바른 방향으로 인도할 교회들, 무엇보다도 하나님의 사랑과 은혜가 넘치는 함께하심과 인도하심이 가장 필요한 때입니다.

그래서 나라의 독립을 위해 강을 건너 이국 땅에서 일본 경찰을 피해 다니며 독립을 위해 목숨을 바쳤던 선구자들이 많이 나와야 합니다.

'선구'(pioneer)라는 것은 '앞섬'입니다. 그래서 관심과 희생입니다. 다른 사람들보다 먼저 깨닫고 추진하며 그 일을 이루어 가려고 앞장서는 것입니다. 그러기 위해서는 올바른 판단이 있어야 하고, 그 판단이 주님의 뜻과 의지에 합당해야 합니다. 주님의 함께하심과 인도하심이 없다면 이것은 올바른 선구가 아니기 때문입니다. 그래서 꾸준히 기도함으로써 하나님이 동의하시고 하나님의 부르심이 있어야 합니다. 때에 따라서는 자기도 모르는 사이에 주님이 먼저 이루어 가시며 우리를 부리시기도 합니다. 나는 둔하여 미리 알지 못하지만, 주님이 보시기에 내가 합당한 자라 하시면 미리 준비하시고 부르셔서 선구자가 되게 하십니다.

지금 세계는 한 치 앞을 내다볼 수 없는 혼란과 어려움의 시대를 지나고 있습니다. 미국과 중국, 한국과 북한, 중국과 세계 등 언제, 어디서, 어떤 일들이 일어날 것만 같은 현실입니다. 여기에 코로나19로 인해 손상된 큰 자국들이 완전히 회복되려면 아직도 갈 길이 멀었습니다. 세계는 지금 엄청난 일들이 생길 듯 급박하게 돌아가고 있습니다.

풍전등화와 같은 현재의 세계 정세는 그 결과가 오리무중입니다. 지금이야말로 우리 모두가 하나가 되고 한마음으로 국가를 살릴 때입니다. 국민이 선구자들이기 때문입니다.

"너희 자녀들이 장래 일을 말할 것이며 너희 늙은이는 꿈을 꾸며 너희 젊은이는 이상을 볼 것이며"(욜 2:28). 하나님의 말씀입니다. 하나님의 영이 우리 안에 충만하면 국민이 선구자들이 될 수 있습니다. 지금이야말로 여당도, 야당도, 또 어느 계파들도 "우리가 어떻게 도울까요?" 하며 멋있는 선구자들이 되어야 합니다. 특히 '내가 하면 로맨스고 남이 하면 불륜'이 계속되면 국민이 그들을 떠날 것입니다. 한국이 없으면 대통령도, 국회의원도, 아무도 없고, 국민들은 버려진 자식들처럼 될 것이기 때문입니다. 언론도 더 긍정적이고 적극적인 보도를 하고, 부정적이고 아직 확인도 되지 않은 소식들은 '아니면 말고' 식의 보도를 자제해야 합니다.

2016년 미국 대선에서 모든 언론의 결론을 무색하게 한 이변이 있었습니다. 언론보다도 더 무서운 숨은 국민의 힘, 즉 샤이 트럼프(shy trump, 숨은 트럼프 지지자)가 있었기 때문입니다. 100만 명의 촛불 시위는 자랑스러운 민중의 힘입니다. 그러나 침묵하는 5,000만 명의 전체 인구에 비하면 그 뒤에는 많은 숨은 변수가 있을 수 있습니다.

선구자는 어떤 경우에도 나라와 국민이 먼저이고, 이를 위해 목숨을 바치는 사람입니다. 죽는 자가 사는 자이고, 결국은 국가를 바로잡는 자가 선구자입니다. 이 나라는 국민의 것이기 때문입니다.

chapter 12

이때를
위함이군요!

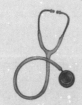

현명한 인도적 지원,
"강을 건너 세계 선교로"

우리 사역의 궁극적인 목적은 민족의 통일과 세계 평화입니다. 이 중 차대한 사명은 말씀을 바탕으로 하는 마음과 마음이 하나가 되는 것이 먼저입니다. 특히 한국과 같이 여러 강대국으로 싸여 있고 그들의 이해관계에 큰 영향을 받는 상태에서는 정치적으로 평화를 얻기란 어렵습니다. 과거에 수많은 침략과 전쟁을 겪었고 많은 생명을 잃고 희생했으면서도 평화는 아직도 멀었습니다.

그런데도 시간이 지날수록 강대국들은 자기들의 욕망과 목적을 위해서는 전쟁도 불사할 것 같은 심각한 위험 속으로 몰아가고 있습니다. 하지만 우리는 무슨 일이 있든지 전쟁만은 없어야 한다고 믿습니다. 많은 인명 피해와 파괴로 큰 희생이 발생하는 전쟁은 있을 수도 없고, 있어서는 안 되는 것입니다.

전쟁 이후부터 미국과의 동맹은 오늘날 한국이 이만큼 잘 사는 나라가 되는 기반이 되었으니 미국은 우리의 동맹국입니다. 한편 중국과의 깊은 경제적인 파트너십도 중요합니다. 이처럼 양국 모두 무시할 수 없는 관계 가운데서 한국은 이러지도, 저러지도 못하는 어려운 결정을 해야 하는 운명에 처해 있습니다.

그러나 두 개를 다 가질 수 없는 막다른 골목에 와 있다면, 오랫동안 우리를 도와준 고마운 미국이 우선입니다. 전쟁에 밀려 낙동강까지 밀려가 마치 적화통일이 코앞에 닿은 것처럼 급박할 때에 미국이 연합군과 함께 우리를 도왔습니다. 그 결과 3만 명이 넘는 미국의 꽃다운 청년들이 목숨을 잃고 수만 명의 부상자가 생겼습니다. 하지만 미국은 한 번도 이 일에 대해 책임을 지라는 말을 한 적이 없습니다. 그 악착스러웠던 일제 강점기에서 우리를 해방시켜 준 나라도 미국입니다.

지금은 세상이 많이 변해서 미국도 한국의 미군기지가 그들의 세계 패권을 유지하는 데 큰 역할을 한다고 믿습니다. 그리고 많이 달라진 국제관계 속에서 한국의 달라진 경제력과 국방력으로 우리의 국익이 먼저임은 물론입니다. 여기에 전문가들의 능숙한 외교, 그리고 통 큰 대북정책이 어느 때보다도 필요한 시기입니다.

그래서 우리가 믿는 통일은 반드시 복음을 통해 우리가 하나가 되는 것이고, 그래서 우리 사역의 궁극적인 목적은 "강을 건너 세계 선교로"입니다. 말씀으로 하나가 된 우리가 복음을 들고 강을 건너 세계로 나가 세계 선교를 감당하는 것입니다. 하나님이 하나님의 방법으로 하나님의 때에 이런 복잡한 문제들을 모두 이루실 줄 믿습니다. 그렇다고 해서 우리는 아무것도 하지 않는다는 의미는 아닙니다.

세상은 지금 미중 무역전쟁이 해결의 끝이 보이지 않고, 여기에 저작권 침해와 지적재산 보호로 번지고 있습니다. 이외에도 남사군도의 대결, 대만과 티베트, 그리고 홍콩의 민주화 운동으로 중국을 압박하는 미국의 정책에 몰려 중국의 시진핑 주석이 북한을 방문했습니다. 미국에게 맞불을 놓은 것입니다. 이 모든 것이 결국은 세계 패권 싸움으로 확대되고 있습니다. 그래서 총성 없는 전쟁이 날로 강해지고, 상대방의 아킬레스건을 잡으려는 창과 방패의 싸움이 계속되고 있습니다.

이 사이에 끼어 있는 한국은 샌드위치가 되어 이러지도, 저러지도 못하는 안타까운 처지입니다. 분명한 것은 정치적, 그리고 군사적 해결만으로는 통일과 남북 화해는 불가능하다는 사실입니다. 우리가 유일하게 할 수 있는 일은 사랑의 의료봉사와 인도적 지원으로 북한 주민들을 살리고 그들의 고통을 치유해 그들이 마음 문을 열고 마음과 마음이 하나가 되는 것입니다. 한마음은 천심이 되고 천심은 하나님의 마음이 되기 때문입니다.

현명한 인도적 지원은 소위 퍼 주기와는 다르고, 어떤 조건도 없습니다. 가장 중요한 것은 지원에 우리의 기도와 사랑이 없으면 아무런 효과가 없다는 것입니다. 또 여기에 어떤 국가나 단체의 이익이나 대가를 바라는 것이 없습니다. 무조건 주고, 나머지는 하나님께 맡깁니다. 그래서 우리는 매년 계속해서 2-4개의 대형 컨테이너로 생명을 살리는 의약품과 영양식품을 보내고 SAM의 중국 스태프들이 북한 땅에 들어가 분배를 확인합니다. 중국 조선족들은 어느 외국인들보다 쉽게 북한 출입이 가능하고, 또 북한 내부에서도 우리보다 훨씬 쉽게 요구할 수 있으며 다른 지역으로 움직일 수 있기 때문입니다. 이것은 현지에 병원을 운영하는 우리만이 할 수 있는 일입니다. 이것이 하나님의 인도하심이요 은혜입니다.

차라리 우리를
죽게 해 주시오

2007년 12월에 한국과 미국, 호주, 인도네시아, 뉴질랜드에서 모인 SAM재단 대표 62명이 평양을 방문했습니다. 우리는 한국 통일부의 협조를 받아 어린아이들과 임산부들을 위한 비타민과 영양제 공장을 설립하고 개원식을 했습니다. 그 공장은 기존의 제약공장을 시설과 기계들을 보강해 북한에서 두 번째로 국제제약협회에서 정식 인증을 받은 'SAM평양제약공장'이 되었는데, 생산된 임산부와 어린아이들의 약품들은 각 지방으로 분배되었습니다.

북한에서도 62명의 세계 각처에서 모인 한민족 대표들이 들어온 것에 크게 놀랐고 'SAM재단은 명실공히 국제단체'라고 인정하고, 지금까지 이렇게 순수한 민간인 대표들이 함께 방문한 적은 없다고 감탄했습니다.

한 여인은 얼마 전에 임신 7개월 만에 쌍둥이 아이를 낳았는데, 첫 아이는 낳는 도중에 죽고 둘째 아이만 살았습니다. 그런데 그 아이는 척추에 구멍이 생겨 척추액이 줄줄 새는 선천성 기형아로 하반신이 마비가 되었습니다. 주위 사람들이 보기에 참 딱해서 혹시나 하고 제게 연락을 해서 찾아가 만났습니다. 저를 본 쌍둥이 엄마는 제 옷깃을 붙잡고 연신 외쳤습니다.

"저주받은 씨를 그것도 둘씩이나 낳고, 아이는 안지도 서지도 못하고 똥오줌을 질질 싸 대고 뒹굴고! 차라리 우리를 죽게 해 주시오!"

저도 아무것도 해 줄 수 있는 일이 없어 그냥 어린아이와 엄마에게 필요한 위생품들을 도와주었습니다. 얼마 후에 그 아이도 죽었습니다. 하지만 제 마음속에서는 "우리가 사람 새끼라고 먹여 주고 도와주어 고맙습니다. 살려 주시오. 살려 주시오!" 하던 쌍둥이 엄마의 말들이 항상 떠나지 않습니다.

기형아 출산은 임신 중 산모가 충분한 엽산과 영양을 섭취하면 예방할 가능성이 높습니다. 그래서 지금은 임신 전부터 충분한 엽산을 복용하게 되어 있습니다. 만약 쌍둥이 엄마가 엽산과 미네랄을 충분하게 섭취했다면 이런 비극은 생기지 않았을 수도 있다는 생각을 하니, 마치 이 모든 일이 제 잘못인 것처럼 부담이 되었습니다. 예방할 수 있는 일이기 때문입니다.

그래서 생각한 것이 어린아이와 임산부들을 위한 비타민과 영양제를 만드는 제약공장을 짓기로 한 것입니다. 이 일이 결실을 맺어 공장이 세워졌고, 외부에서 재료를 보내면 약을 만들어 전국에 분배했습니다. 그 후 약 1년간 잘 운영되다가 그 후는 우리가 요구하는 재분배 확인이 잘 이루어지지 못해 중단된 것이 참으로 아쉽습니다.

이런 경우를 대비해 중국에도 같은 제약공장을 설립해 외부에서 공급하면 우리의 요구 사항을 관철할 수 있겠다는 계획으로 공장 부지를 장만했지만, 이것도 중국의 복잡한 마지막 허가를 얻지 못해 포기하게 되었습니다. 그래서 SAM국제본부에서는 유니세프와 연결해 우리 자체의 어린아이들과 결핵 환자를 포함한 노약자들을 위한 RUTF 공장을 건설하고 1년을 운영하면서 놀라운 결과를 얻었지만, 결국은 중단할 수밖에 없었습니다.

우리의 부족한 능력과 현실의 어려움, 특히 경직된 남북관계와 UN의 금지로 아무도 아무것도 할 수 없는 현실이 아쉽습니다. 저 같은 사람은 정치를 잘 알지도 못하고, 또 솔직히 관심도 없습니다. 다만 우리 민족이 둘로 갈라져 원수가 되어 전쟁도 불사하고 서로를 적으로 여기며 살아가는 현실, 특히 그 가운데서 병들어 고통받는 사람들을 돕고 치료해 주자는 지극히 작은 일 하나도 제대로 되지 못하는 현실이 가슴 아픕니다.

그러나 실망하지 않습니다. 포기하지 않고 최선을 다하며 한 생명이라도 더 구원하면서 참고 인내하면 아름다운 선이 이루어질 것을 믿기 때문입니다. 비록 RUTF는 중단되었지만, 미국에서 RUD-

F(Ready to Use Dried Food, 응급식량)는 우리가 미국에서 타 기관의 도움을 받아 계속 매년 1-2회씩 대형 컨테이너로 의약품, 유아식품, 비타민 등과 함께 미국 상무성의 허가를 받은 후 보내고 있습니다.

누가 진실이고, 누가 거짓인가?

세상은 점점 발전해 복잡해지고 기성세대들은 여기에 뒤떨어지지 않기 위해 처절한 마음으로 적응하려고 노력하지만, 포기하는 경우가 많습니다. 개인적으로는 그나마 컴퓨터도 잘 사용하고 처음 나온 자율주행자동차를 운전하며 샌프란시스코에서 로스앤젤레스까지(약 600km) 다닐 수 있으니, 속 모르는 주위 사람들은 "대단하다"며 놀라기도 하지만, 사실은 10살짜리 우리 손녀의 컴퓨터 실력보다 못함을 고백합니다.

이런 우리가 진짜와 가짜를 옳게 구별하지 못하고 빠르게 변하는 세상에서 길을 잘못 들어선다면 이것은 스스로 망하는 것입니다. 인생은 한 번밖에 없고 종말과 심판이 있어 천국으로, 또는 영원한 불못으로 가게 되어 있는데, 그 선택은 바로 나에게 있습니다.

종말에 있을 하나님의 재앙을 실행하는 짐승, 사탄, 마귀, 그리고 음녀는 하나님과 어린양을 모방하기에 누가 하나님께 속한 사람인지, 누가 좋은 사람인지, 누가 악인인지 혼동하게 만듭니다. 요한계시록 17장 1-8절을 보면, 음녀는 호화찬란한 옷과 보석으로 꾸미고 손에 금 잔을 들었고 이마에는 하나님의 비밀을 모방한 숫자로 현혹하고 있습니다. 하나님의 권세를 모방한 7개의 머리와 10개의 뿔을 가진 짐승은 무저갱에서 나와서 결국은 멸망으로 들어갈 자니, 그는 이름이 생명책에 기록되지 못한 자들을 유인합니다.

하나님의 비밀, 즉 복음과 말씀(mystery)을 '바벨론의 비밀'(mystery Babylon)로 제목을 슬쩍 바꾸어 유혹하는 그들에게 넘어가지 말아야 합니다. 전에도 있었고, 지금은 없고, 장차 잠깐 무저갱에서 올라와 멸망하는 사탄과 달리 하나님은 이제도 계시고, 전에도 계셨고, 장차도 오셔서 함께하시는 분이십니다.

그리고 사탄들은 자기들끼리 싸우고, 서로 죽이며, 스스로 멸망합니다. 만반의 준비를 다 한 사탄들의 치열한 유혹과 보복에 현혹되지 않으려면 길이요 진리요 생명 되신 어린양을 확실한 구별의 영을 가지고 확신하고, 예수님의 사람, 하나님의 생명 안에 있는 자들이 되어야 합니다. 여기서 이기려면 지혜, 성경, 믿음으로 능력과 힘이 있어야 합니다.

그러나 현실은 너무나 많은 사람이 교회와 말씀에서 떨어져 있고, 심지어 반대하고 욕하는 사람이 너무 많습니다. 믿는 자들(교회와 선교단체 포함)이 세상 사람들에게 감동을 주지 못했고, 세상 사람들도 하지 않는 일들을 서슴지 않게 저지르는 경우가 있어 세상에 알려집니다. 믿는 자들이 세상 사람들에게 본이 되어 예수님의 마음과 가르침을 실천함으로 아름다운 세상을 만들어야 하는데, 때에 따라서는 믿는 자들이 세상 사람들도 하지 않는 잘못을 저질러 부끄럽게 하는 경우가 있어 참으로 안타깝습니다.

우리의 믿음과 삶으로 본이 되어 영혼을 구원하는 것이 우리가 할 일입니다. "와 보라!" 이 한마디가 능력의 말씀인 것처럼, 확신의 메시지를 보여 주고 기도하고 그들에게 본이 되어야 하는 것입니다. 하나님께 속한 자가 아니라 땅과 세속에 속한 자들을 구원하고, 그들에게도 예수님의 성육신, 십자가에서 죽으심, 그리고 부활하심이 전해져 영원토록 변하지 않는 은혜와 사랑을 약속하신 주님의 마음을 따라 승리하는 우리 모두가 되기를 소원합니다.

이번에 SAM국제본부가 UN 대북 제재 면제 허락을 받고, 또 미국 정부의 재정부, FBI, CIA를 포함한 10개의 정부 전문가들로부터 모든 검사를 통과했으며, 수많은 국제 재단도 하지 못한 완전한 인정을 받아 국제 재단이 되었습니다. 우리는 이로써 그동안의 사역에 하나의 잘못도 없이 오직 주님만을 바라보고 여기까지 오게 하신 하나님의 은혜와 사랑을 확인했습니다.

지금까지 그러했듯이, 앞으로도 끝까지 세상 풍파와 유혹에 굴하지 않고 충성할 것입니다. 이것이 저와 우리 재단과 함께하시는 주님의 의지이기 때문입니다. 하나님은 하나님의 때에 반드시 이루십니다. 다만 우리가 참고 기다리지 못할 뿐입니다.

"하나님의 때에"(In his time).

평생을 살아온 후 마음속 깊은 곳에서 나오는 저의 고백입니다.

"평양제3병원 활성화 프로젝트"와 여성암센터

"평양제3병원 활성화 프로젝트"

지금 우리는 전쟁의 종결과 민족 평화의 가능성을 보게 되었습니다.
통일은 말씀을 바탕으로 사랑과 인도적 지원의 힘으로 이루어질 것이
라고 믿는 제게 하나님은 1995년 500병상의 평양제3병원을 개원하게
하셨습니다. 처음 평양을 방문한 1988년 이후 30년 넘게 주위 여건에
상관없이 인도적 지원을 계속하며, 동시에 국경 근처에 단동복지병
원을 세워 20년 동안 사랑의 의료봉사로 병들고 연약한 자들을 도우
며 영혼 구원을 위해 봉사를 하고 있습니다.

경직된 국제정세와 어려움으로 마음대로 치료를 받으러 오지 못
하는 가운데서도 매월 100여 명(1년에 약 1,200명)의 동족들에게 의료
봉사를 했습니다. 이처럼 우리는 지난 20년 동안 수만 명의 환자들
에게 사랑을 전달했습니다. 그러나 아쉬웠던 것은 우리가 세운 병원
인데도 정기적으로 의약품과 응급식량 등 인도적 지원을 하는 것 외
에는 아무것도 할 수 없었다는 것입니다.

이제 평양제3병원은 오래된 건물들의 대대적인 보수, 의료기계 교체, 그리고 재활성화 등이 시급합니다. 그리고 궁극적으로 단동병원과 평양제3병원이 하나의 네트워크를 이루어 육신의 치료와 영혼 구원이 이루어지는 베이스캠프가 될 것입니다. 우리는 민족 통일을 30여 년 기다리며 우리 때에는 포기하고 우리 다음 세대가 감당할 수 있도록 준비하며 기도하고 있었습니다.

이제 UN의 제재가 해제되고 문이 열리면 수많은 사람과 단체가 각각 다른 목적으로 북한에 앞다투어 들어갈 것인데, 이에 따른 시기와 질투, 모함으로 과거와 같은 혼돈이 재발할 것이 불 보듯 뻔합니다. 평양제3병원을 개원했을 때 북한 관리들은 저에게 사진 한 장을 주면 입구 복도에 걸어 놓고 병원 창립자로서 그 역사를 보존하겠다고 했지만, 제가 반대했습니다. 제가 한 것이 아니고 하나님이 하셨기 때문입니다. 그 후 대부분 제가 인솔해 북한을 방문하도록 기회를 만들어 준 사람들이 저를 모함해 제 선교적인 비전에 부담을 가졌던 북한 관리들이 저를 경계하고 출입금지를 시켰습니다.

그러나 이제 모든 진실이 해명되었고, 우리의 끊임없는 봉사와 인도적 지원으로 병원의 재활성화를 위해 외국인들의 자유로운 출입과 신변 보장을 합의했습니다. 이것은 과거의 일들이 반복되어 또다시 과거에 우리를 방해했던 혼란을 예비하고, 또 우리 동역자들에게 확신을 갖게 하기 위함입니다.

지난 30여 년간 사랑의 의료봉사는 물론 매년 2-4개의 컨테이너로 응급식량과 의약품 등 인도적 지원을 끊임없이 했던 기도와 노력이 이제 그 결실을 보게 되었습니다. 이때를 놓치지 않고 새로운 준비를 해야 할 때입니다. 모든 문제가 풀리면 미국과 한국의 정부와 교회의 도움을 받아 평양제3평원을 현대적인 참 병원으로 만들어 사랑의 의료봉사를 계속할 것입니다.

지금은 미국과 한국의 교회와 정부, 동역자들이 힘을 합해 평양제3평원을 현대적인 병원으로 만들어 사랑의 의료봉사를 계속할 준비를 해야 할 때입니다. 평양제3병원은 평양의 중심지인 만경대 지역에 있어 그 지역 60만 명의 보건을 감당하고 있습니다. 그들에게 사랑의 의료봉사를 펼칠 때 그들이 마음의 문을 열고 마음과 마음이 사랑 안에서 하나가 되고, 우리 모두의 마음이 민심이 되고, 민심은 천심이 되어, 이 천심이 하나님의 마음이 될 것입니다. 이것이 진정한 평화와 통일의 힘이 될 것입니다.

지금도 평양제3병원은 미국, 한국의 지원을 받는 병원으로 알려져 400명의 의사들과 간호사들이 서로 이곳에서 배우고 봉사하기를 선호하는 병원입니다. 평양제3병원을 개원했을 때 보낸 의료기계들이 모두 낙후되어 더 이상 쓸 수가 없어 이제 모든 의료기계를 다시 채워야 합니다. 개원 이후 제가 전문으로 하던 복강 내시경 진단과 수술 센터를 만들어 실질적인 의료 보건과 치료에 도움이 되고자 내시경 세트 전체를 보냈고 기술 전수를 하여 지금은 평양제3병원이 내시경 진단과 수술의 센터가 되었습니다.

앞으로 평양제3병원은 첫째, 건물을 보수하고 재건할 것입니다. 20년이 넘은 병원은 지붕과 내외부를 시급하게 보수해야 합니다. 지붕에 구멍이 나서 비가 오면 그 밑은 홍수가 납니다.

둘째, 의료기계들을 모두 다시 교체해야 합니다. 비싼 장비를 들여놓고 누구의 이름을 내거나 다른 사람들의 목적을 위해 사용하는 것이 아니라, 기초적인 의료기계를 먼저 채워 기본적인 의료 진료와 모든 사람이 고르게 혜택을 받을 수 있는 일반 병원으로 만들고, 복강 내시경 세트, 관절 내시경 세트, 엑스레이, 초음파, 혈액 검사기, 치과 장비 등을 차례로 준비해 기본적인 의료 시술과 진단 센터를 만들 것입니다. 이미 이 병원은 내시경 전문 병원으로 소문이 났습니다.

셋째, 한국과 미국의 전문의들을 초청해 시술과 강의를 통해 센터로 발전할 수 있게 할 것입니다. 이를 위해 이미 출입국 보장을 약속받았습니다. 1995년 병원을 개원할 때도 북한 관리들은 기도실과 성경공부실을 약속했습니다. 우리가 기도할 수 있는 공간도 다시 요구할 것입니다.

넷째, 미래의 단동병원과 함께 하나의 의료 네트워크를 만들어 "강을 건너 세계 선교로"의 베이스캠프로 만들 것입니다.

여러 교회들과 동역자님들이 오랜 세월을 믿고 인내하며 기도해 주심에 감사드리고, 특별히 물질로 도와주신 분들께 진심으로 감사드립니다. 지금이야말로 다시 힘을 모아야 합니다. 이때를 준비하는 여러분과 우리 SAM국제본부가 하나님이 주신 사명을 함께 감당하기를 소원합니다.

2030
비전

바울이 다메섹 도상에서 하나님께 부르심을 받았을 때 그의 나이는 20-30대였고, 로마 감옥에 2년 동안 감금되었을 때는 50-60세였습니다. 그러니 바울은 20대 청년에 사역을 시작해 30년을 전도했습니다.

제3차 전도 여행 때 고린도에서 로마서를 쓰며 이오니아해를 건너 로마를 바라보던 바울은 "로마도 보아야 하리라"(행 19:21) 하며 로마로 갈 꿈을 품었습니다. 바울이 제3차 전도 여행 때 마지막으로 예루살렘으로 가려고 할 때 주님은 그에게 "담대하라 네가 예루살렘에서 나의 일을 증언한 것같이 로마에서도 증언하여야 하리라"(행 23:11)라고 말씀하셨습니다. 이 말씀은 '동방의 예루살렘'이라 믿고 있는 강 건너편 평양을 위해 기도하는 우리에게 주시는 하나님의 말씀입니다.

우리의 사역도 처음 북한의 초청으로 평양을 방문한 때로부터 30년이 넘었습니다. 그리고 26년 전에 평양제3병원을 설립했고, 이후 압록강 앞에 단동병원을 세워 그 맞은편에 있는 민족을 위해 SAM다락방에서 밤낮으로 기도하며 20년 동안 사역했습니다.

이렇게 우리는 긴 세월 동안 견디기 힘든 고난과 여러 번의 출입금지를 당했습니다. 주위 사람들의 모함과 배신으로 포기하기 직전까지 갔지만, 그래도 이것이 물론 바울에게 주신 하나님의 사명과 크기는 다르겠지만, 바울이 우리의 멘토가 되어 여기까지 오게 했음을 믿습니다. 우리도 매일 압록강을 넘어 사랑의 의료봉사를 마음껏 할 수 있는 날이 올 것이라 믿었기 때문입니다. 그 꿈이 능력이 되어 20년, 30년 사역을 감당할 수 있었고, 이제는 큰딸 박수지가 저의 '2030 비전'을 이어 가는 단계까지 와 있습니다.

한국 사람들과 교회들은 여러 가지 이유로 이 일을 별로 귀하게 여기지 않지만, 미국 교회들은 다릅니다. 얼마 전까지만 하더라도 '북한'이라고 하면 지구상에 그런 국가도 있느냐고 되물어보는 사람들이 많았습니다. 심지어 좋지 않은 인식을 가지고 오히려 우리를 불쌍하게 생각하기도 했습니다. 그러나 이제는 달라졌습니다. 큰 관심을 가지고 오히려 우리를 찾아오는 교회도 있고, 미지의 나라 북한에 대해 깊은 관심을 가지는 단체들도 있습니다. 그리고 30년 넘게 사역을 해 온 것이 매우 놀랍고, 수많은 동역자와 후원자가 함께 기도하고 2세대가 함께 감당하는 것에 대해 감사하다며 부러워하기도 합니다.

경의선이 대륙과 연결되면 전체 동북아시아의 경제에 획기적인 새로운 역사가 가능합니다. 여기에 실크로드는 우리가 알고 있는 10/40 창으로, 아직도 미전도 종족이 집결되어 있어 이곳에 복음이 들어가면 예수님이 다시 오실 것이라고 믿고 있는 지역입니다. 복음으로 하나가 된 한국이 "강을 건너 세계 선교로" 나가는 날이 반드시 올 것입니다. 20년 전부터 제가 가진 20(단둥병원), 30(평양제3병원)비전이 이후 세상에 알려져 '유라시아 프로젝트', '일대일로' 등으로 현재 이어지고 있습니다.

우리를 부르시고 비전을 주신 하나님은 지난 30여 년간 많은 눈물과 수고의 산을 넘게 하셨습니다. 그리고 이제 사도 바울이 이오니아 해를 건너 로마를 보고 기도했던 그 모습을 본으로 삼아 계속 사명을 주십니다. 이 비전에 공감하는 많은 사람이 함께하기를 소망합니다.

30년 넘도록 묵묵히 감당해 온 사역,
하나님이 인정해 주셨습니다

우리 사역은 1988년 제가 처음 북한의 초청을 받고 그 땅에 갔을 때부터 30년 넘게 계속되었습니다. 여러 난관과 어려움을 겪으면서 어떻게 여기까지 왔는지 스스로 놀랍습니다. 그래도 억울해서 눈물을 흘리면서도 그만둘 생각을 하지 못한 것을 생각하면 참 신기합니다. 오히려 제가 우리 내외의 은퇴 자금 중 한 부분인 건물까지 온전히 바쳐 가며 목숨 걸고 다녔던 이유를 저도 잘 모르겠습니다. 게다가 오히려 트집을 잡는 사람들에게 우리를 욕하고 악성 루머를 퍼뜨려 오해를 받게 만들어 우리를 힘들게 하는 빌미를 주기도 했습니다. 그러나 한마디 대꾸도 없이 묵묵히 30년이 넘도록 우리는 우리 일을 했습니다.

드디어 UN 대북 제재 면제를 받았고, 연이어 미국 정부의 대북 사역 허락을 받았습니다. 미국에서 네 번째로 UN과 미국 정부의 검사와 과정을 지나면서 우리의 30년 이상의 재정 검사를 포함한 모든 역사와 사역 자체를 통틀어 총 검사를 완전하게 마쳤습니다.

관리들이 제일 싫어하는 말은 '선교 사역'이라고 어떤 분이 일러 주셨습니다. 사람들은 UN 제재 면제를 받는 것이 더 힘들다 하지만, 사실은 미국 정부의 재정부, CIA, FBI 등 10개 기관의 검사를 받는 것이 훨씬 더 복잡하고 쉽지 않았습니다. 잘하고 있는데 괜히 긁어 부스럼 만드는 격이 될까 두렵기도 했습니다. 그러나 이 일을 굳이 추진한 이유가 있습니다.

첫째, 이제 우리의 역할을 2세들에게 넘겨주어야 하는데, 모든 부분에서 깨끗하고 확실하게 객관적인 검사를 받고 넘겨줄 준비를 하기 원했습니다. 세무 검사만을 받을 수도 있었지만, 그뿐 아니라 재정은 물론 모든 사역을, 그것도 개인적인 검사를 받는 것이 아니라 국가의 공식적인 기관으로부터 법적인 문제까지 모두 통틀어 검사를 받기 원했습니다. 이 사역은 우리 어른들만이 아니라 앞으로 우리 큰딸 박수지가 중심이 되어 이어 가야 하는데, 수지에게 확실한 사역을 넘겨주기를 원합니다.

둘째, 그동안 저를 배신하고 모함하던 사람들에게 한마디 대꾸도 없이 듣고, 견디고, 그리고 기도로 주님께만 매달렸습니다. 그 누구도 아니고 주님이 하셨고, 특히 선교 사역은 우리의 지식이나 욕심으로 이루어지는 것이 아니라 성령님의 인도하심으로 하나님이 직접 하심을 알게 하기 위함이었습니다. 개인적인 문제들이 아니라 하나님의 일을 하나님의 의지에 따라 죽도록 충성하는 것이 우리의 사역입니다. 이제 저의 남은 역할은 더 열심히 기도하고 매일 회개하면서 하나님이 맡겨 주신 사명을 끝까지 잘 감당하고 부르시는 날 하나님께 가는 것입니다.

그런데 2020년 2월에 UN의 대북 제재 면제 허락은 이미 받았고, 3개월 후 미국 재정부를 시작으로 10개의 각각 다른 사찰 기관의 모든 검사가 완전히 통과되고 완전무결한 결과를 받았습니다. 할렐루야! 아멘!

하나님이 처음부터 끝까지 모든 것을 주관하시고 이처럼 아름답게 인정해 주시니 참으로 뛸 듯이 감사하며 기쁩니다. 너무 후련합니다. 제 30년 넘는 사역이 헛되지 않고 하나님의 기대에 어긋나지 않았음을 확인해 주신 것에 참으로 감사하고 감격합니다. 끝까지 함께한 우리 스태프들, 후원자들, 기도해 주시는 분들께 진심으로 감사드립니다. 우리 하나님은 항상 공평하시고 의로우심을 믿습니다.

"너의[나의] 하나님 여호와가 너의[나의] 가운데에 계시니 그는 구원을 베푸실 전능자이시라 그가 너로[나로] 말미암아 기쁨을 이기지 못하시며 너를[나를] 잠잠히 사랑하시며 너로[나로] 말미암아 즐거이 부르며 기뻐하시리라"(습 3:17). 아멘!

계속되는 이야기

 단동병원에서의 사역과 예배

단동복지병원 개원식

단동병원의 진료 모습

하나님이 보여 주신 한 가지,
그 꿈만 보며 따라갔습니다.
그렇게 따라온 길이 지금은 이렇게 넓은 길이 되었습니다.

단동병원 감사예배

단동병원 영성 수련회 "은혜에서 영성으로"

평양제3병원에서의 사역과 의료봉사

평양제3병원의 입원 병동 전면

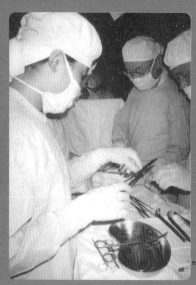

평양제3병원에서 수술하는 장면

진료를 기다리는 환자들

안과 수술을 성공적으로 마친 모습

강변 의료봉사

사랑의왕진버스 의료버스

사랑의 왕진가방을 직접 분배하는 모습

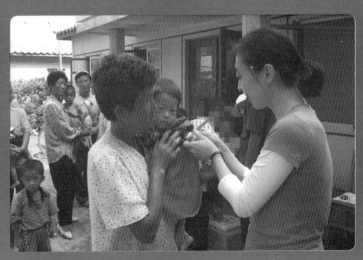

국제팀의 의료봉사

정기적으로 보내는 RUTF 응급 식량

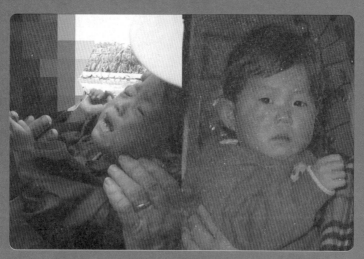

RUTF를 통해 건강해진 지혜(가명)

방문 진료를 하러 가는 길

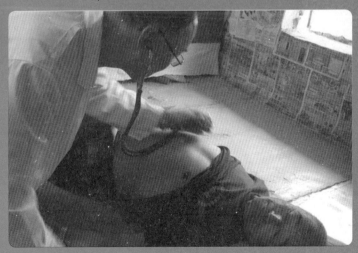

환자를 진료하는 모습

함께하는 사람들

국제팀과 함께

우리는 하나다

평양 어린이들과 함께

환자들을 돕는 아내 박 권사의 모습

재단에 사랑의저금통을 보내 온 천사들